Was mein Leben sinnvoll macht

DENISE BATTAGLIA

Was mein Leben sinnvoll macht

Über persönliche Werte, Selbstbestimmung, das Altern und das Sterben

Beobachter
EDITION

Dank

Für dieses Buch haben mir vier Menschen mutig und offen von ihren Schicksalsschlägen erzählt. Ihnen gilt mein erster Dank: Ich danke herzlich Silvano Beltrametti, Nadine Koller, Gabriel Hofmann und Irène Schlenk, die trotz ihrer schwindenden Kräfte mit mir noch über das Sterben, über ihr Sterben, sprach. Sie ist anderthalb Monate nach unserem Gespräch, am gleichen Tag wie Muhammad Ali, eingeschlafen.

Beobachter-Autorin und -Lektorin Christine Klingler Lüthi schulde ich grossen Dank für das Konzept dieses Buches, das für mich sehr stimmig war.

Ich danke herzlich den Expertinnen und Experten, ohne die dieses Buch nicht möglich gewesen wäre: Andreas Brenner, Daniela Ritzenthaler, Diana Meier-Allmendinger, François Höpflinger, Jean-Pierre Wils und Roland Kunz, der sich viele Stunden Zeit nahm, um mit mir über das Sterben zu sprechen.

Hildegard Huber, Patrizia Kalbermatten-Casarotti, René Regenass und Rita Bisig danke ich herzlich für Rat und Vermittlungen. Weiter danke ich Barbara Haab für ihr Vertrauen, Sandra Bourguignon für ihr liebevolles Lektorat und Urs Gysling für seine Ermutigungen.

Fachlektorat

Mein spezieller Dank gilt Kurt Seifert für sein kritisches Gegenlesen.

Beobachter-Edition
2., aktualisierte Auflage, 2020

www.beobachter.ch

Herausgeber: Der Schweizerische Beobachter, Zürich
Lektorat: Sandra Bourguignon, Oberrieden
Umschlaggestaltung: fraufederer.ch
Umschlagbild: Achim Thomae/Moment/Getty Images
Kapitelauftaktbilder: iStock
Bilder Inhalt: S. 23: Horst Galuschka; S. 25: ERF Medien; S. 67: Werner Ernst; S. 92: Jonathan Heyer; S. 157: Josef Ritler; S. 185: Friedel Ammann; S. 197: Horst Galuschka; restliche Bilder privat zur Verfügung gestellt
Reihenkonzept: buchundgrafik.ch
Satz: fraufederer.ch
Druck: Grafisches Centrum Cuno GmbH & Co. KG, Calbe

ISBN: 978-03875-247-9

Inhalt

«Es ist nicht das Schlimmste für einen Menschen, festzustellen, dass er gelebt hat und jetzt sterben muss; das Schlimmste ist, festzustellen, dass man nicht gelebt hat und jetzt sterben muss.»

Dame Cicely Saunders, Begründerin der Hospiz-Bewegung

Vorwort

Dieses Buch handelt vom Leben. Es geht um Lebensfreude, Zufriedenheit, die Frage, was ein gutes Leben ausmacht; es geht um Zäsuren, die uns erschüttern: Krankheit, Schmerz, der Verlust von Fähigkeiten; es berührt auch das Altwerden und unsere grosse Angst vor Abhängigkeit. Das Buch handelt vom Sterben und von unserer Beunruhigung deswegen; es dreht sich auch um die Frage, wie wir sterben möchten.

Sicher ist: Wir möchten ein erfülltes Leben, bevor wir gehen müssen – an den eigenen Tod denken wir lieber nicht. Doch was macht mein Leben zu einem erfüllten? Wofür möchte ich leben? Was gibt meinem Leben Sinn?

Könnte gerade der Gedanke an mein eigenes Lebensende mir Antworten darauf geben? Gemäss Studien sind Menschen, die hin und wieder an den Tod denken, zufriedener mit ihrem Leben als diejenigen, die dies nicht tun. Der Gedanke an die eigene Endlichkeit macht uns offenbar bewusst, was wichtig ist und wie wir unsere Lebenszeit verbringen möchten.

Wichtig für ein gutes Leben, das ist mir beim Schreiben dieses Buches klar geworden, sind gelebte Beziehungen. Wir sind immer nur mehr oder weniger selbstbestimmt, wir sind auch bedürftige, verletzliche und emotional voneinander abhängige Wesen. Für ein erfülltes Leben brauchen wir nicht nur Hilfe, Beistand, Trost und Rat, sondern auch Lob, Anerkennung und Ermutigung von anderen – es ist auch schön, dies alles geben zu können.

Dieses Buch möchte Sie dazu einladen, Ihren Alltag zu unterbrechen und die Frage, was *Ihr* Leben sinnvoll machen könnte, zu ergründen. Es möchte Sie ermutigen, Ihren eigenen Lebensfaden – vom Ende her denkend – zu spinnen.

Denise Battaglia
Zürich, im Juni 2020

1

Die Menschen sterben, wie sie gelebt haben

Die moderne Gesellschaft verdrängt den Tod. Dabei raten nicht nur die Philosophen der Antike, sondern auch Sterbende, die eigene Sterblichkeit früh(er) zu bedenken. Denn der Gedanke an den eigenen Tod kann uns bewusst machen, was wichtig ist, und er hilft uns, so zu leben, wie wir es wirklich möchten.

Wer sich mit dem Tod befasst, ist zufriedener und humorvoller

Menschen, die an den Tod denken, sind glücklicher, humorvoller und grosszügiger als jene, die dies nicht tun. Weil die meisten von uns aber Angst vor dem Ende haben, vermeiden wir diesen Gedanken und versuchen, so viel wie möglich in unser Leben zu packen. Leidet der Mensch an «Versäumnisangst» und verpasst die Gegenwart?

Neuere Studien zeigen, dass der Gedanke an den Tod den Menschen hilft, ihrem Leben Sinn zu verleihen. Menschen, die sich mit der eigenen Sterblichkeit befassen, sind demnach zufriedener mit ihrem Leben als jene, die sich damit nicht beschäftigen. Zufriedener seien sie vermutlich deshalb, weil sie ihre eigenen Wünsche, Ziele und Werte beim Gedanken an den Tod reflektieren und neu ordnen würden, interpretiert zum Beispiel der US-Psychologe Kenneth E. Vail von der Universität Missouri-Columbia die Ergebnisse seiner Studie. Menschen, die über den Tod nachdenken:

- bleiben ihren Tugenden oder Prinzipien eher treu,
- bauen mehr liebevolle Beziehungen auf,
- sind gütiger und friedfertiger,
- sind im Ganzen zufriedener mit ihrem Leben,
- zeigen sich hilfsbereiter gegenüber Fremden,
- sind einfühlsamer, toleranter und gerechter,
- leben gesünder,
- finden die Geldvermehrung weniger wichtig als Menschen, die sich nicht mit der eigenen Sterblichkeit beschäftigen.

Die grossen Religionen praktizieren seit jeher den vorausschauenden Blick auf die eigene Endlichkeit zum Beispiel in Gebeten, Meditationen und schriftlichen Ermahnungen. In der christlichen Kultur nennt man diese gedankliche Tätigkeit *memento mori*: «Bedenke, dass du sterben musst!»

INFO *Der Ausdruck memento mori ist eine Abkürzung von memento moriendum esse (bedenke, dass du sterblich bist). Die Bibel ermahnt an verschiedenen Stellen dazu, sich der eigenen Endlichkeit bewusst zu sein, so etwa in Psalm 90: «Herr, lehre uns bedenken, dass wir sterben müssen, auf dass wir klug werden.»*

Wer sich mit dem Sterben auseinandersetzt, ist deswegen nicht traurig oder niedergeschlagen. Im Gegenteil: Eine Studie aus den USA kam im Jahr 2013 zum Schluss, dass jene Menschen, welche die Studienleiter unterschwellig mit dem Tod konfrontierten, indem sie ihnen zum Beispiel während des Lösens einer Aufgabe am Computer für 33 Millisekunden das Wort «Tod» einblendeten, humorvoller und kreativer waren als jene, die sie «nur» mit dem Thema Schmerz konfrontierten.

Der Tod ist des modernen Menschen grösster Feind

Doch wir verdrängen meist, dass wir sterben müssen. Der Tod sei seit der Erfahrung der Pest, die im Mittelalter zwischen einem Viertel und der Hälfte der europäischen Bevölkerung dahinraffte, unser grösster Widersacher, erklärt die deutsche Autorin Marianne Gronemeyer unser Verhältnis zum Tod. Wir betrachten ihn nicht mehr als Schicksal, über das wir keine Macht haben, sondern wir versuchen, ihn mit allen Mitteln zu bekämpfen. Seit der Neuzeit betrachte der Mensch den Tod als einen Makel der Natur, den es zu beheben gelte, sagt Gronemeyer. Deshalb ist die Lebensverlängerung seit rund 400 Jahren *das* Thema und Ziel der Medizin. Und die *Sicherheit* ist das Thema und Ziel aller staatlichen Aktivitäten. Der moderne Mensch möchte dem Tod möglichst viel Leben abringen.

«Tu nicht so, als ob du Tausende von Jahren zu leben hättest! Das Schwert des Todes schwebt schon über dir. Werde gut, solange du noch lebst, solange noch die Möglichkeit dazu besteht!»

Marc Aurel, Philosoph und römischer Kaiser

INFO *Mehrere Studien bestätigen, dass die Menschen in modernen Gesellschaften den Tod zu verdrängen versuchen und nicht über das eigene Lebensende sprechen wollen. So sagten Ärzte in* *einer Befragung im Rahmen des Schweizerischen Nationalfonds-projekts «Lebensende», dass Patientinnen und Patienten das Thema abblocken würden, wenn Ärzte sie darauf ansprechen (mehr dazu auf Seite 181). Auch Familienmitglieder schätzten den Zustand eines Patienten oft zu positiv ein, weil sie nicht wahrhaben möchten, dass er sterben wird. Eine Studie in den USA zeigte: Die grosse Mehrheit der Patienten mit fortgeschrittenem Krebs, denen ihr Arzt sagte, dass ihre Krankheit nicht heilbar sei, man aber mit einer Chemotherapie womöglich die Schmerzen lindern oder den Verlauf etwas verzögern könne, hörte aus dem Gespräch das Gegenteil heraus; zwischen 60 und 80 Prozent glaubten, dass die angebotene Chemotherapie sie heilen könne (siehe Seite 174).*

Warum ängstigt uns der Tod so sehr?
Weil das Lebendigsein an sich unser höchstes Gut ist, vermutet der US-amerikanische Philosoph Thomas Nagel, der sich in einem Essay mit dieser Frage auseinandergesetzt hat. Denn mit dem Tod habe all das Gute ein Ende, das uns das Leben bietet. Dazu gehört für ihn wahrnehmen, wünschen, handeln und denken zu können, obwohl diese Fähigkeiten nicht nur Freud, sondern auch Leid auslösen. Der Tod beraubt uns nicht nur jener Dinge, die wir noch erleben und haben *könnten*, er beraubt uns auch dessen, was wir bereits haben und geniessen: Er beendet unsere Beziehungen, unsere Aktivitäten, unsere Interessen und Leidenschaften, unsere Arbeiten und Vorhaben, unsere Freuden – für immer (sofern man, wie Thomas Nagel, nicht an ein Leben danach glaubt).

Es geht um den Lebenssinn

Ist es wirklich das blosse Leben, an das wir uns klammern? Es gibt doch auch Menschen, die nicht mehr leben wollen, die dem Leben nicht genug Gutes mehr abgewinnen können. Wie lebenswert wir unser Leben empfinden, hängt davon ab, ob wir es als erfüllt betrachten. «Ich kann ihm Sinn geben. Und wenn mir das nicht gelingt, finde ich das Leben häufig [...] unerträglich: Manche wollen dann lieber tot sein», sagt der deutsche Philosoph Ernst Tugendhat. Um meinem eigenen Leben Sinn zu geben, muss ich tätig werden, muss ich die Fähigkeiten, mit denen ich ausgestat tet bin, nutzen und aktivieren. Aber *wie*, werden Sie sich nun fragen, wie soll ich konkret leben, damit mein Leben erfüllend wird? Ernst Tugendhat hat darauf leider keinen allgemeinen Rat, «weil es eine Frage ist, die sich jedem einzelnen stellt».

Der Gedanke an den Tod zeigt mir, wie ich lebe

Jene, die leben, als ob sie ewig lebten, sehen offenbar weniger, was ihnen wichtig ist, als jene, die sich der eigenen Sterblichkeit bewusst sind. Der Tod wird somit zum Sinnstifter. Er erinnert mich daran, «dass ich nicht nur dies und das verfolge und befürchte, sondern eben – in all dem – *lebe*. Im Verhalten zum Tod – dem Ende meines Lebens – werde ich meines Lebens ansichtig», sagt Tugendhat. Oder in den Worten des römischen Philosophenkaisers Marc Aurel ausgedrückt: «Darüber musst du dir doch im Klaren sein, dass niemand ein anderes Leben verliert als das, was er lebt, und dass er kein anderes lebt als das, was er hingeben muss.»

Der moderne Mensch leidet an Versäumnisangst

Früher glaubte die Mehrheit der Menschen an ein ewiges Leben nach dem Tod, an ein Jenseits. Wir modernen Menschen dagegen rechnen in der Regel nur noch mit dem Diesseits. Damit ist unser Leben – eingespannt zwischen Geburt und Tod – deutlich kürzer als jenes unserer Vorfahren. Wenn aber das Leben im Diesseits unsere einzige und letzte Gelegenheit ist, dann «steigert sich die Verlustangst ins Unerträgliche», beschreibt Marianne Gronemeyer, die sich mit aktuellen Gesellschaftsphänomenen beschäftigt, das typische Leiden der heutigen Zeit. Der Mensch habe Angst, das Meiste, das Beste, das Wichtigste zu versäumen. Er leide an einer «Versäumnisangst» und versuche, so viel wie möglich in sein Leben zu packen. Dadurch sei er aber «getrieben wie eine brünstige Hündin», schreibt sie in ihrem Buch *Das Leben als letzte Gelegenheit*. Deshalb planen wir oft immer schon das Zukünftige, all das, was wir noch erleben und haben wollen, das, was noch nicht ist. Die Gefahr besteht, dass uns die Gegenwart, das wirkliche Leben, entgleitet und wir am Lebensende das Gefühl haben, keine Tiefe erlebt, das «falsche» Leben gelebt zu haben.

> *«Sinn erfordert Fülle, Fülle erfordert Zeit […]»*
> *Karl Ove Knausgård, Schriftsteller*

Der Tod ist uns nicht vertraut

Der Tod ist zwar in Bildern allgegenwärtig. Wir werden überschwemmt mit Nachrichten von Todesfällen und mit Bildern von Toten. «Für den Tod gibt es in dieser Hinsicht keine Grenzen, er ist massiv, allgegenwärtig, unerschöpflich. Doch das ist der Tod als Vorstellung, der Tod als Gedanke und Bild, der Tod als Geist», schreibt der norwegische Schriftsteller Karl Ove Knausgård in seinem autobiografischen Roman *Sterben*. Den wirklichen Tod, den körperlichen, sehen wir nicht. Das hat unter anderem damit zu tun, dass wir das Sterben aus unserem Blickfeld geschafft haben: Gestorben wird in Spitälern und Pflegeheimen.

FRÜHER STARB MAN ÖFFENTLICH

So wie man öffentlich geboren wurde, so starb man noch bis Anfang des 19. Jahrhunderts auch öffentlich. «Sobald jemand krank ‹auf dem Sterbebett ruhte›, füllte sich das Zimmer mit Leuten, Angehörigen, Kindern, Freunden, Nachbarn [...]. Die Fenster und Vorhänge wurden geschlossen. Man zündete Kerzen an. Wenn auf der Strasse Passanten dem Priester begegneten, der das Viatikum [letztes Abendmahl] trug, wollten es Brauch und fromme Sitte, dass sie ihm ins Zimmer des Sterbenden folgten, selbst wenn der ihnen unbekannt war», schreibt der französische Historiker Philippe Ariès in seinen *Studien zur Geschichte des Todes im Abendland*. Die Mahnung «Allein wird man sterben» von Philosoph Blaise Pascal (1623–1662) bezieht sich auf dieses Ritual. Pascal meinte damit: Auch wenn sich viele Menschen um dein Sterbebett drängen, du stirbst allein. Heute sei diese Mahnung sinnlos, so Ariès, weil man heute fast immer alleine sei, wenn man sterbe. ■

Während noch unsere Grosseltern oder Urgrosseltern eine verstorbene Angehörige in der Wohnung aufbahrten und gemeinsam mit Verwandten, Nachbarn und Freunden von ihr Abschied nahmen, indem sie sie ein letztes Mal betrachteten und berührten, ist für uns der Tod etwas Fernes. «Dieser Teil des Todes, der dem Körper angehört und konkret, physisch, materiell ist, dieser Tod wird mit einer solchen Sorgfalt verborgen gehalten, dass sie frenetisch erscheint [...]», meint Knausgård. Der Tod ist kein Teil unserer Lebenswelt. Der Tod ist «das letzte grosse Ausserhalb».

Marianne Gronemeyer erstaunt dies nicht. Weil wir die kurze Lebenszeit, die uns zur Verfügung steht, mit möglichst vielen Spitzenereignissen anfüllen wollten, würden wir Leid, Krankheit und den Tod meiden. «Der moderne Mensch will keine Zeit vertun mit den leidvollen Seiten seiner Existenz.»

Im Austausch mit den Toten

Für den mittelalterlichen Menschen war der Tod nicht absolut, er markierte kein Ende, sondern einfach den Übergang in eine andere Welt. Die Lebenden waren im Austausch mit den Verstorbenen, denen sinnliche Fähigkeiten zugesprochen wurden: Tote waren in der Lage zu hören, zu fühlen und sie konnten Rache an den Lebenden nehmen sowie «mit Unfruchtbarkeit, Krankheit, Totgeburten, Missernten [...] drohen, sofern es die Lebenden an der gebotenen Ehrerbietung fehlen lassen», schreibt die deutsche Kulturwissenschaftlerin Anna Bergmann in ihrem Buch *«Der entseelte Patient»*. Man glaubte, dass der Tote weiterlebt, mächtig ist und dass er gut und böse zugleich ist. Um die Toten wohlwollend zu stimmen, versuchte man einerseits, mit ihnen «fürsorglich umzugehen und sich um ihr Seelenheil zu kümmern» (Grabpflege, Totenwache, Verbot der Leichenschändung). Andererseits pflegte man Rituale zur physischen Abgrenzung (Fortjagen der Seele, Sperrung des Rückwegs, Schliessen der Leibesöffnungen).

AHNENGLAUBE IST LEBENDIG

Der Glaube daran, dass die Lebenden weiterhin in Kontakt bleiben mit den Verstorbenen, ist in der Schweiz auch heute noch vorhanden. Wie eine internationale Befragung des *International Social Survey Programme (ISSP)* zeigte, sind rund 8 Prozent der Schweizer Einwohner überzeugt, dass sie mit verstorbenen Angehörigen und Verwandten weiterhin im Austausch sind. Weitere fast 20 Prozent glauben «wahrscheinlich» an die Kommunikation zwischen Lebenden und Toten. Im Vergleich mit den Nachbarländern steht die Schweiz an der Spitze: In Deutschland sind nur 4 Prozent überzeugt, mit Verstorbenen in Austausch treten zu können, in Frankreich und Österreich sind es rund 6,5 Prozent, in Italien rund 5,5 Prozent. Weltweit gesehen ist der Ahnenglaube in Südafrika am stärksten: Beinahe 40 Prozent sind sicher, sich mit ihren toten Angehörigen austauschen zu können, weitere 24,5 Prozent glauben «wahrscheinlich» an diesen Austausch. ■

JEAN-PIERRE WILS

Philosoph

«Die Frage, was der Tod bedeutet, macht viele sprachlos»

Herr Wils, was ist die *ars moriendi*?
Bei der *ars moriendi* handelt es sich um eine Literaturgattung, die im 14. und 15. Jahrhundert starke Verbreitung fand. Die lateinische Bezeichnung *ars moriendi* wird oft wörtlich mit «Die Kunst des Sterbens» übersetzt. Aber eigentlich geht es um eine religiöse und moralische *Technik* der Selbsterforschung angesichts des Sterbens.

Worum geht es in den Ars-moriendi-Büchern?
Sie waren eine Art Anleitung für das Sterben. Das eigene Sterben wurde damit erstmals einer Eigengestaltung unterworfen, insofern als sich die Menschen Gedanken über ihr Seelenheil und über ihr Geschick im Jenseits machten. Die *ars moriendi* half bei der Selbsterforschung in Bezug auf die verbliebenen Sünden. Das Ziel war, die Seele zu reinigen, indem man zum Beispiel verbliebene Sünden noch beichtete, um in den Himmel zu kommen.

Halfen die *ars moriendi* und der Glaube an ein Jenseits, gelassener zu gehen?
Wir sollten uns vor der Vorstellung hüten, dass die Menschen früher dank der Jenseitsvorstellung getrösteter gestorben sind als heute. Viele Menschen

waren zutiefst verunsichert, weil sie nicht wussten, wo sie landen würden. Die Hölle konnte man sich viel besser vorstellen als den Himmel, die Vorstufe der Hölle kannte man meistens schon auf Erden. Die Höllenkompetenz war demnach grösser als die Himmelskompetenz, weshalb die Menschen damals mit Sicherheit Angst vor dem Tod hatten.

Wie gehen wir heute mit dem Sterben und mit dem Tod um?
Seit einigen Jahren widmen sich Kunst und Philosophie wieder intensiv dem Tod. Offenbar bestehen diesbezüglich kulturelle Defizite, die nicht leicht zu ertragen sind.

Woher rühren diese kulturellen Mankos?
Wir haben in unserer Kultur keine geteilte Auffassung mehr über die Art des Sterbens, über die Bedeutung des Todes und den Sinn des Lebens. Darüber hinaus gibt es keine einheitlichen Riten mehr. Besonders bei Beerdigungen werden Teile aus verschiedenen religiösen Traditionen und aus deren Riten häufig vermischt. Viele Menschen fühlen sich offenbar sprachlos bezüglich der Frage, was der Tod bedeutet, und sind unsicher im Hinblick auf die Gestaltung des Abschieds. Heute lautet die Antwort oft nur noch: Wir müssen das Leben in vollen Zügen geniessen, vor allem Leid vermeiden, uns möglichst viele Glücksgefühle verschaffen und munter konsumieren.

Was bedeutet der Tod für Sie?
Der Tod sagt etwas aus über die Unvermeidbarkeit und wesentliche Bedeutung von Grenzen. Grenzen sind dazu da, dass man sie füllt, weil sonst buchstäblich ein Leerlauf droht. In der Philosophie wird die eigene Endlichkeit oft als Bedingung dafür betrachtet, ein sinnvolles Leben führen zu können. Die Grenzerfahrung ist demnach ein Element der Sinnspende, *keine* Sinnbedrohung.

Hilft der Gedanke an den Tod, Lebenssinn zu finden?
Ich glaube schon. Der Gedanke an den Tod macht oft demütiger, bescheidener. Man kann bekanntlich am Schluss nichts mitnehmen, man muss loslassen. Der Gedanke daran kann helfen, das, was man hat oder haben möchte, neu zu bewerten. Ich glaube, dass die Erinnerung an das Sterbenmüssen eine Gesellschaft, die Glück vor allem mit einer hohen Anzahl an Vergnügungen

gleichsetzt, etwas konsumskeptischer macht, auch kritischer in Bezug auf das, was man wichtig finden soll.

Die Sicht auf das Sterben und den Tod hat sich stark verändert, welcher Wandel hat Sie am meisten überrascht?
Dass wir uns heute fast nur noch mit dem eigenen Tod befassen und weniger mit dem Tod anderer Menschen. Bis zum Zeitalter der Aufklärung richtete man seine Aufmerksamkeit vor allem auf die bereits Verstorbenen. Man bemühte sich darum, sie gut zu behandeln, damit sie ihrerseits den Lebenden wohlgesinnt blieben. Die Toten waren ja nicht weit weg, sie waren nur unsichtbar. Die Friedhöfe waren früher grosse und wichtige Stätten der Begegnung nicht nur zwischen den lebenden Besuchern, sondern vor allem zwischen den Toten und den Hinterbliebenen. Erst im Verlaufe des 19. Jahrhunderts wurde der Tod ein zutiefst persönliches Problem.

Jean-Pierre Wils ist Philosophieprofessor an der Radboud-Universität in Nijmwegen (NL) und wissenschaftlicher Beirat am Zürcher Medizinethikinstitut Dialog Ethik. Er hat unter anderem die Bücher «ars moriendi – über das Sterben» (2007, Suhrkamp/Insel) und «Das Nachleben der Toten. Philosophie auf der Grenze» (2019, mentis Verlag) publiziert.

Fünf Dinge, die Sterbende am meisten bereuen

Was das Leben gut oder schlecht macht, erfüllt oder leer lässt, hängt auch von einem selbst ab. Ich bestimme, was mir wichtig und kostbar ist, wofür ich mir Zeit nehmen und worauf ich mich einlassen möchte. Die Palliativpflegerin Bronnie Ware hat festgehalten, was die Sterbenden, die sie begleitete, am meisten bereuten. Nicht den Mut gehabt zu haben, sein eigenes Leben zu leben, hörte sie am häufigsten.

Für den griechischen Philosophen Epikur (341–270 v. Chr.) ist das schöne Leben «gleichbedeutend mit der Vorübung für ein schönes Sterben». Dass es einen Zusammenhang gibt zwischen dem guten Leben und dem guten Sterben, bestätigen auch heutige Ärztinnen und Ärzte: «Die Menschen sterben, wie sie gelebt haben», sagt zum Beispiel Gian Domenico Borasio, der als Palliativmediziner Menschen am Lebensende behandelt und begleitet. Ob jemand gut sterbe, hänge vor allem davon ab, «ob der Sterbende das Gefühl hat, dass sein Leben erfüllt ist», hat auch Borasios Berufskollege Steffen Eychmüller bei der Betreuung seiner Patienten erfahren.

«Was ein gutes Leben ist? Ich antworte mit Bertold Brecht: ‹Keinen verderben lassen, auch nicht sich selber, jeden mit Glück erfüllen, auch sich, das ist gut.›»

Jean Ziegler, Experte beim UNO-Menschenrechtsrat und Autor von «Ändere die Welt!»

Auch die Sterbenden selbst bestätigen, dass das gute Leben und das gute Sterben verknüpft sind. Die Australierin Bronnie Ware hat von den Sterbenden erfahren, was diese beim Rückblick auf ihr Leben am meisten bedauerten. Darüber hat sie im Jahr 2011 das Buch *5 Dinge, die Sterbende am meisten bereuen* geschrieben. Es wurde zu einem Bestseller und ist in 27 Sprachen übersetzt worden. Die fünf häufigsten Bedauern der Sterbenden sind ihr zufolge:

1. Versäumnis

«Ich wünschte, ich hätte den Mut gehabt, mir selbst treu zu bleiben, statt so zu leben, wie es andere von mir erwarteten.»

Diese Worte, schreibt Bronnie Ware, habe sie am häufigsten von den Sterbenden gehört: «Sie bedauerten, sich bei der Gestaltung ihres Lebens nicht selbst treu gewesen zu sein.» Die Erkenntnis, nicht sein *eigenes* Leben geführt zu haben, habe am Lebensende jeweils die grösste Enttäuschung ausgelöst.

GRACE, die Bronnie Ware an ihrem Lebensende zu Hause pflegte, hatte ihr Leben lang das getan, was man von ihr erwartet hatte: Sie heiratete, wurde Mutter, erledigte den Haushalt und liess sich, was die erwachsenen Kinder bestätigten, von ihrem tyrannischen Mann herumkommandieren. Ihr Leben lang träumte Grace davon, unabhängig von ihrem Mann zu leben. Als ihr Mann im Pflegeheim untergebracht werden musste, sah sie ihre Chance gekommen. Grace war zwar schon 80 Jahre alt, aber sie fühlte sich fit und freute sich darauf, nun endlich *ihr* Leben zu leben. Doch kurz nach dem Auszug ihres Mannes diagnostizierte der Arzt bei Grace eine unheilbare, weit fortgeschrittene Krankheit. Innerhalb eines Monats wurde Grace bettlägerig. Zu ihrer Pflegerin Bronnie Ware sagte die sterbenskranke Frau verzweifelt: «Ich sterbe! Ich sterbe! Wie konnte ich nur jahrelang darauf warten, frei und unabhängig zu sein ... und jetzt ist es zu spät.» Was Grace am meisten schmerzte, war, dass sie nie den Mut gefunden hatte, für sich selbst einzustehen, das Leben zu führen, das ihren Werten und Wünschen entsprochen hätte. Grace habe ihr eigenes Glück verpasst, schreibt Bronnie Ware. Sie führte das Leben, das man zu jener Zeit von einer Frau erwartete. Aber es war nicht *ihr* Leben.

LOTTI LATROUS

Entwicklungshelferin

«Ich lebe das Leben, das meine Seele erfüllt»

Frau Latrous, was ist für Sie ein gutes Leben?

Ein gutes Leben ist, wenn es mir gelingt, nicht zu vergessen, dass ich heute sterben könnte, und ich dabei die Gewissheit habe, dass ich in Frieden gehen könnte.

Sie führten ein privilegiertes Leben und haben sich dann für ein Leben bei den ärmsten Menschen entschieden. Warum?

Ich habe erkannt, dass das Leben, das von mir erwartet wurde, nicht *mein* Leben ist. Das kam nicht von heute auf morgen, sondern hatte damit zu tun, dass ich Armut, Leid, Schmerz und Ungerechtigkeit kennenlernte und es schaffte hinzusehen, statt wegzusehen.

Wie schwierig ist es, sein eigenes Leben zu führen?

Das Schwierigste waren die Schuldgefühle meiner Familie gegenüber und die Erkenntnis, dass ich sie in Kauf nehmen und mit ihnen leben lernen musste. Um mein Leben bei den Menschen zu verbringen, die nicht auf der Sonnenseite des Lebens stehen, musste ich von meiner Familie verlangen, mich gehen zu lassen. Nur so konnte ich das Leben führen, das ich als wichtig und richtig empfand. Den Segen dafür erhielt ich von meiner Familie – die Kraft erhielt ich von oben.

Sie kümmern sich um die Ärmsten im Slum von Adjouffou an der Elfenbeinküste. Was gehört zu den Grundbedingungen, um ein gutes Leben überhaupt führen zu können?
Ich habe in den vielen Jahren, in denen ich nun mit den Ärmsten zusammenlebe, gemerkt, dass ein gutes Leben ein Leben in Würde ist.

Was meinen Sie mit Würde?
Dass eine Person das, was sie im Innersten ausmacht, ihr persönliches Wesen, so gut als möglich leben kann. Dass etwa eine an Aids erkrankte Mutter zum Friseur gehen oder sich schminken kann, weil es ihr wichtig ist, dass man ihr die Krankheit nicht ansieht. Oder dass ich mich auf den Boden setze, um mit der Frau auf Augenhöhe zu sprechen, die auf allen Vieren ins Spital kommt.

Gut ist ein Leben demnach, wenn man seine tiefsten Werte leben kann?
Ja. Ich habe zum Beispiel eine 40-jährige Mutter betreut, der ein Bein amputiert werden musste. Sie wollte deshalb sterben. Man muss wissen: In manchen afrikanischen Stämmen ist es unvorstellbar, einen Körperteil abzuschneiden, weil nur ein ganzer Körper begraben werden darf. Amputierte haben keinen Wert mehr. Ich sagte zu der verzweifelten Frau: «Du hast zwei Arme, um deine Kinder zu umarmen, du hast zwei Hände, um sie zu streicheln, du hast einen Mund, um sie zu herzen, hast Ohren, um ihnen zuzuhören, eine Sprache, um sie zu trösten und ihnen zu sagen, wie sehr du sie liebst. Und du hast zwei Augen, in denen ich deinen Stolz auf deine Kinder sehe, Augen, die leuchten vor Glück, diese Kinder zu haben.» Die Mutter fand ihren Wert, ihre Würde wieder – dies definitiv, als wir ihr eine Prothese anpassen konnten; man sieht sie nicht unter dem Rock.

Inwieweit beeinflusst das Zusammenleben mit den Ärmsten Ihre Werte?
Ich habe erkannt, dass man im Leben nicht sehr viel braucht, um glücklich zu sein. Dabei habe ich – wie von selbst – die Angst vor dem Tod verloren. Das ist nicht erstaunlich, darf ich doch das Leben leben, das mir entspricht. Wenn der Tod kommt, kann ich aus vollem Herzen sagen, ich habe das Leben gelebt, das meine Seele erfüllte. Afrika hat mich gelehrt zu vertrauen, dass alles, was einem widerfährt, einen wachsen lässt, wenn man es in die richtigen Bahnen zu lenken weiss.

Sie selbst sind an Lungentuberkulose erkrankt. Was sind Ihre persönlichen Glücksmomente?
Mein jetziges Leben lässt mich am Morgen glücklich aufstehen und am Abend todmüde, aber sehr zufrieden ins Bett fallen – dabei bin ich mir immer bewusst, wie privilegiert ich bin, das tun zu dürfen, was ich tun möchte, tun muss, tun will. Ich bin all den Menschen unendlich dankbar, die mir geholfen haben, den Sinn des Lebens zu erkennen; er liegt für mich in der bedingungslosen Liebe.

Lotti Latrous, Entwicklungshelferin, lebt seit zwei Jahrzehnten mehrheitlich im Slum von Adjouffou an der Elfenbeinküste und erhielt für ihr Engagement mehrere Preise. 2019 veröffentlichte sie ihre Autobiografie «Was war. Was ist. Was zählt. Mein etwas verrücktes Leben» (Wörterseh Verlag).

2. Versäumnis

«Ich wünschte, ich hätte nicht so viel gearbeitet.»

Die Arbeit ist uns enorm wichtig. Wir identifizieren uns mit der Arbeit, sie verschafft uns Ansehen und gibt uns eine Stellung in der Gesellschaft. Wenn wir eine neue Bekanntschaft machen, ist eine der ersten Fragen jene nach der beruflichen Tätigkeit. Dies bestätigen auch Zahlen des Bundesamtes für Statistik. Der Erwerbsstatus beeinflusst europaweit die Lebenszufriedenheit: Erwerbstätige Personen zeigten sich bei Umfragen zur Lebensqualität zufriedener mit ihrem jetzigen Leben als Erwerbslose. Trotzdem sei die Arbeit neben dem Sterbenmüssen die ungeliebteste aller Tätigkeiten, glaubt die Erziehungswissenschaftlerin Marianne Gronemeyer. «Die Arbeit nehmen wir nur in Kauf, damit wir das eigentliche Leben in der sogenannten Freizeit leben können. Die meisten arbeiten für das Geld, dank dem sie Weltmöglichkeiten konsumieren können.» Oder weil sie den Status geniessen, den ihnen ihre Position verschafft, wie John, den Bronnie Ware an seinem Lebensende pflegte.

DER 90-JÄHRIGE JOHN sagte eines Tages zu seiner Pflegerin: «Ich wünschte, ich hätte nicht so viel gearbeitet, Bronnie. Was für ein Trottel ich gewesen bin.» Er erzählte ihr, dass seine Frau Margaret ihn gebeten hatte in den Ruhestand zu treten, als die Kinder ausgeflogen waren. Beide waren fit und gesund und hatten genug Geld beiseite gelegt, um ihren Lebensabend geniessen zu können. Margaret wollte mit ihrem Mann mehr Zeit verbringen, wollte mit ihm grössere Reisen unternehmen. Auch John wäre gern gereist, aber er konnte sich nicht von seiner Arbeit lösen, insbesondere nicht vom Status, den sie ihm in der Gesellschaft verschaffte, wie er seiner Pflegerin gestand. Er schob die Pensionierung jahrelang hinaus. Eines Abends sagte seine Frau weinend zu ihm, sie wolle doch nur die ihnen noch verbleibende Zeit mit ihm verbringen. Da begriff John, dass sie beide nicht ewig leben würden. Seine Firma aber hatte gerade einen lukrativen Auftrag in Aussicht. Er versprach seiner Frau, dass er sich in einem Jahr zur Ruhe setzen werde. Seine Frau freute sich und machte sogleich Reisepläne. Auch John freute sich. Doch drei Monate vor Johns Pensionierung starb Margaret. Seither bereute er, dass er sich nicht früher hatte pensionieren lassen: «Ich glaube, ich hatte Angst», sagte er zu Bronnie Ware. «Das

Problem ist, dass die Jagd nach mehr und das Bedürfnis, durch unsere Erfolge und unser Eigentum Anerkennung zu finden, uns von den wirklich wichtigen Dingen abhalten: Zeit mit Menschen zu verbringen, die wir lieben, Zeit mit Dingen zu verbringen, die wir lieben.»

Arbeit gehört für viele zu einem «erfüllten Leben»

Anfang 2016 publizierten das deutsche Wissenschaftszentrum Berlin (WZB) und das Sozialforschungsinstitut infas gemeinsam mit der deutschen Wochenzeitung *Die Zeit* eine Befragung, deren Resultate über die Einstellung zur Arbeit selbst die Studienleiterin Jutta Allmendinger überraschte. Die Forscher befragten für die Studie mit dem Namen «Das Vermächtnis» rund 3000 Personen zwischen 14 und 80 Jahren in Deutschland über ihr Leben, über Solidarität, Partnerschaft und Familie, Erwartungen an die Zukunft und anderes. Ein Ergebnis war, dass die Befragten «megaabhängig» seien von der Arbeit, wie es Jutta Allmendinger in einem Interview ausdrückte. Viele würden auch dann arbeiten, wenn sie das Geld nicht bräuchten, und die Arbeit habe für die meisten einen so hohen Wert, dass sie ihn auch der nächsten Generation als hohen Wert vermitteln würden. Die Arbeit erfüllt demnach nicht nur den Zweck, den eigenen Lebensunterhalt zu verdienen, sondern auch einen immateriellen Zweck. «Sie gehört im Empfinden der Deutschen zu einem erfüllten Leben einfach dazu, das ist heute eine starke Norm», sagt Allmendinger.

Andere Befragungen in Deutschland und in den USA bestätigten zwar, dass Erwerbstätige besonders glücklich sind, nach dem konkreten Alltag befragt, ärgert die Arbeit aber die meisten Menschen, sind die meisten bei der Arbeit eher unzufrieden. Glücksforscher erklären sich diesen Widerspruch so: Die Erwerbstätigkeit ist für ein erfülltes Leben in einer Gesellschaft, in der die Arbeit einen hohen Stellenwert hat, zentral. Das gefühlte, tatsächliche Wohlbefinden bei der Arbeit ist jedoch gering.

3. Versäumnis

«Ich wünschte, ich hätte den Mut gehabt, meinen Gefühlen Ausdruck zu verleihen.»

Viele der heute über 80-Jährigen sprechen wenig über Gefühle. Sie haben gelernt, sie zu verbergen. Man schwieg, wenn man verletzt war, und man zeigte auch Stolz, Freude und Zuneigung nicht. Viele der Sterbenden, die Bronnie Ware begleitete, hatten vor allem um der Harmonie willen ihre Gefühle nicht geäussert.

BRONNIE WARE schildert das Beispiel des 94-jährigen Joszef, eines Holocaust-Überlebenden. Auf dem Sterbebett vertraute der betagte Mann seiner Pflegerin an, dass niemand, nicht einmal seine Familie ihn «wirklich» kenne. Er habe stets viel gearbeitet, seine Familie auf Distanz gehalten, um nicht über seine Gefühle sprechen zu müssen. Nun wünschte er sich, er hätte seine Gefühle offenbart, seinen Kindern zum Beispiel gezeigt, wie sehr er sie liebte. Aber statt liebevolle Wärme zu schenken, sei er seinen Kindern nur ein Vorbild dafür gewesen, wie man Geld verdiene und das Geld hoch schätze. «Sie kennen mich nicht!», sagte er weinend zu seiner Pflegerin. Dass die ganze Familie nicht über Gefühle sprach, merkte auch die Pflegerin. Joszefs Ehefrau und seine Kinder verbaten dem Arzt, dem Sterbenskranken zu sagen, wie schlimm es um ihn stehe. Die Familie gaukelte ihm vor, dass er auf dem Weg der Besserung sei. Der Sterbenskranke, der sehr wohl wusste, wie es um ihn stand, sprach seinerseits mit seiner Frau nicht über sein Sterben, weil er dachte, dass es zu schmerzhaft für sie wäre. Niemand sprach in dieser Familie über Gefühle.

Warum offenbaren wir unsere Gefühle nicht?

Bronnie Ware fragt sich, warum es so schwierig ist, über unsere Gemütsstimmungen, unsere Trauer, unsere Freuden oder unsere Ängste zu reden und unsere Gefühle zu offenbaren. Eigentlich sei dies doch eine Begabung, die in uns angelegt sei, findet sie und verweist auf die Kinder, denn Kinder zeigten ihre Gefühle oft unmittelbar: Sind sie traurig, weinen sie, geht es ihnen besser, lachen sie wieder.

TIPP *Es ist insbesondere in Beziehungen wichtig, dass man einander seine Gefühle offenbart. Vertrauen Sie Ängste, Wut, Enttäuschungen oder Sorgen Ihren Vertrauenspersonen an. Bei belastenden Gefühlen hilft es manchmal, mit jemandem darüber zu sprechen. Versuchen Sie auch Ihre Freude auszudrücken, Freude wirkt oft ansteckend.*

4. Versäumnis

«Ich wünschte, ich wäre mit meinen Freunden in Kontakt geblieben.»

Die Freundschaft ist für die meisten Menschen ein wichtiges Thema. Einen «besten Freund» oder eine «beste Freundin» wollen nicht nur Kinder haben, Freundschaften bereichern auch das Leben der Erwachsenen. Sehnt sich nicht jeder nach einem Freund, dem er sich anvertrauen kann und der einen wirklich kennt? Die Freundschaft gehört zum «Notwendigsten im Leben, denn keiner möchte ohne Freunde leben, auch wenn er alle übrigen Güter besässe», wusste schon der grosse griechische Philosoph Aristoteles (384–322 v. Chr.). In der Armut sei die Freundschaft der einzige Zufluchtsort, den Jungen helfe sie Fehler zu vermeiden, den Alten Schwächen zu kompensieren und eine helfende Hand zur Seite zu haben. Ausserdem fördere die Freundschaft edle Taten, «denn zwei sind tauglicher zu denken und zu handeln», wusste Aristoteles. Doch Freundschaften über lange Zeit aufrechtzuerhalten, ist oft schwierig: Man ist beruflich ausgelastet, zieht an einen anderen Ort, gründet eine Familie und verliert den Kontakt zueinander. So erging es auch Doris:

BRONNIE WARE lernte in einem luxuriösen Pflegeheim Doris kennen. Eines Abends weinte Doris, als Bronnie Ware sie zu Bett brachte. Sie gestand ihrer Pflegerin, dass sie sich furchtbar einsam fühle. «Am meisten vermisse ich meine Freunde», sagte sie. «Ich wünschte, ich hätte den Kontakt nie abreissen lassen. Man denkt immer, dass die Freunde immer da sein werden. Aber das Leben geht weiter, und plötzlich stehen Sie da und haben keinen Menschen auf der Welt, der Sie versteht oder irgendetwas über ihre Lebensgeschichte weiss.» Doris hatte zwar eine Tochter, aber diese wohnte in Japan. Doris hatte niemanden, der wusste, wer sie war, der ihr nahestand. Sie hatte Sehnsucht nach jemandem, der sie verstand.

BEDINGUNGEN FÜR EINE GUTE FREUNDSCHAFT

Zahlreiche Studien belegen, dass Freunde das physische und psychische Wohlbefinden erhöhen. Sie stärken das Immunsystem, schützen vor Stress und steigern sogar die Lebenserwartung. Die Freundschaft ist kein Garant für Glück und Gesundheit, aber sie ist ein wichtiger Faktor. Gesundheit und Lebenszufriedenheit werden von sozialen Beziehungen stärker beeinflusst als von Einkommen, Sozialstatus oder Ausbildung. Eine gute Freundschaft besteht aus einem Tätigsein und lebt von den wechselseitigen Bemühungen umeinander. Folgende Bedingungen erachten Philosophen und Psychologen als zentral für eine gelingende Beziehung:

- **Gegenseitiges Wohlwollen:** Freunde zeigen einander ihr Wohlwollen und beweisen es praktisch, indem sie einander Gutes tun, sich füreinander einsetzen, einander Ratschläge geben etc.
  - Setzen Sie sich für Ihren besten Freund ein? Stehen Sie hinter Ihrer Freundin, verteidigen Sie sie gegen Angriffe? Beraten Sie Ihren besten Freund ehrlich und wollen Sie für ihn das Beste?
- **Verbindlichkeit:** Eine Freundschaft zeichnet sich dadurch aus, dass man bereit ist, verbindlich als Freund tätig zu sein.
  - Halten Sie sich an Versprechen und Abmachungen? Sind Sie auch für Ihre Freundin da, wenn es ihr nicht gut geht? Erweisen Sie sich auch als Freund, wenn in Ihrem Leben nicht alles so läuft, wie Sie es sich wünschen, Ihr Freund aber Erfolg hat?
- **Zeit:** Freundschaft ist auf Zeit angewiesen, Freunde schenken einander Zeit.
  - Nehmen Sie sich regelmässig Zeit für Gespräche? Ist Ihr Freund nicht nur ein Lückenbüsser? Nehmen Sie sich auch Zeit für Ihre Freundin, wenn sie Sie braucht, Sie aber im Stress sind oder einen schöneren Zeitvertreib in Aussicht hätten?
- **Raum:** Freunde müssen sich treffen können, dafür braucht es Begegnungsräume, denn virtuelle Räume wie Facebook und Co. unterschlagen wesentliche Eigenschaften der Freundschaft, zum Beispiel jene, den besten Freund in den Arm nehmen zu können, mit ihm lachen oder weinen, seine Mimik beobachten zu können …
  - Treffen Sie Ihre beste Freundin regelmässig? Unternehmen Sie mit ihr etwas und ergreifen Sie dafür auch immer wieder die Initiative, das heisst, machen Sie Vorschläge für Treffen?
- **Aufmerksamkeit und Anteilnahme:** Freunde schenken einander beständige Aufmerksamkeit.
  - Wissen Sie, wie es Ihrer besten Freundin geht? Erzählen Sie nicht immer nur von

sich selbst, sondern fragen Sie auch Ihre Freundin, was sie beschäftigt, was ihr Freude macht, wie es ihr geht?

- **Gleichberechtigung:** Freunde betrachten und behandeln einander als gleichberechtigte, ebenbürtige Partner.
  - Fühlen Sie sich Ihrem Freund überlegen oder unterlegen? Warum? Hat nicht jeder Eigenschaften, die der andere nicht hat? Eine Freundschaft kann ungleich sein, ohne dass dies die Freundschaft stört. Wenn zum Beispiel eine Freundin der anderen punkto Lebenserfahrung überlegen ist, hat sie deswegen keinen privilegierten Rang innerhalb der Beziehung, wenn die andere dies auf einem anderen Gebiet wettmachen kann, zum Beispiel durch Mut oder Spontaneität.
- **Einzigartigkeit:** Gleichberechtigung ist nicht Gleichsein. Freunde unterscheiden sich voneinander und anerkennen die Einzigartigkeit des anderen. Eine wahre Freundschaft zeichnet sich gerade dadurch aus, dass man seinen Freund liebt, weil er «so ist, wie er ist» (Aristoteles). Auch eine Längsschnittstudie in Tacoma, Washington, zeigte, dass die Studienteilnehmer jene Menschen als ihre «besten Freunde» bezeichneten, die ihnen das Gefühl gaben, sie in der eigenen Identität anzuerkennen und zu bestätigen. Dieses Gefühl, in seinem «Sosein» angenommen und geschätzt zu werden, führt wiederum zu einem Gefühl der Geborgenheit.
  - Können Sie Ihren Freund annehmen, wie er ist, mit seinen Ecken und Kanten? Mögen Sie ihn gerade, weil er (auch) anders ist als sie? Oder möchten Sie ihn nach Ihrem Gutdünken zurechtformen?
- **Offenheit/Kritik:** Freundschaft heisst wechselseitige Offenheit. Freunde sprechen und handeln ehrlich und nehmen das Gesagte des anderen als wahr an. Zur Freundschaft gehört auch, dass die Freunde einander vor Selbsttäuschungen zu bewahren versuchen, indem man einander wohlwollend kritisiert und beide offen für diese Kritik sind. Schliesslich will man für sich selbst und für seinen Freund nur das Beste. Aristoteles sprach auch vom Freund als «dem anderen Selbst».
  - Sagen Sie Ihrer besten Freundin offen, wenn Sie glauben, dass sie einen Fehler begehen könnte, und sagen Sie es liebevoll und wohlwollend? Können Sie selbst gut gemeinte Kritik von Ihrer Freundin annehmen, hören Sie auf den Rat Ihrer Freundin?

«Lass dich vom Leben nicht davon abhalten, Freundschaften zu pflegen»

Viele ihrer Patienten hätten bedauert, dass sie sich nicht genügend Zeit für ihre Freundschaften genommen hätten, schreibt Bronnie Ware. Freunde braucht man nicht nur dann, wenn es einem nicht gut geht, mit den Freunden will man auch die Freude, das Schöne, seine Erlebnisse teilen. Eine andere Patientin, die Bronnie Ware betreute, gab ihrer Pflegerin den Rat, sich stets um ihre Freundschaften zu bemühen und sich nicht «vom Leben» davon abhalten zu lassen. Freundschaften, das zeigen Studien, bewahren Menschen vor Vereinsamung und sozialer Isolation (siehe auch Seite 91). Freundschaften gehören zu einem guten, erfüllten Leben.

5. Versäumnis

«Ich wünschte, ich hätte mir erlaubt, glücklicher zu sein.»

Wir leben in einer Leistungs- und Konsumgesellschaft, die Arbeit ist uns wichtig, die Freizeit auch. Wir konzentrieren uns oft auf Ziele, die wir noch erreichen wollen, arbeiten auf diese Ziele hin. Viele Patientinnen und Patienten, erzählt Bronnie Ware, waren in ihrem Leben «ergebnisorientiert», wie es eine ihrer Patientinnen nannte. Sie machten ihr Glück vom Ergebnis abhängig. Sie vergassen, dass sie auch glücklich sein dürfen, ohne es sich verdienen zu müssen. «Sie vernachlässigten den gegenwärtigen Moment», erlaubten sich nicht, sich auch zu freuen, ohne eine Leistung vollbracht zu haben, schreibt Bronnie Ware.

ROSEMARY hatte Karriere gemacht und es zu einer der ersten Managerinnen in ihrem Unternehmen gebracht. Doch ihre Ehe scheiterte. Bronnie Ware traf auf eine verbitterte, strenge Frau, die sich über sie ärgerte, weil sie bei der Arbeit summte. «Es geht mir auf den Wecker, dass Sie die ganze Zeit so fröhlich sind und ständig summen», schnauzte Rosemary eines Tages ihre Betreuerin an. Später fragte sie jedoch ihre Pflegerin, warum sie denn so fröhlich sei. Bronnie Ware antwortete: «Weil Glücklichsein eine Entscheidung ist.» Sie suche sich aus, worauf sie ihren Blick richte. Sie versuche, positive Dinge zu wählen, zum Beispiel eine Arbeit zu tun, die ihr wichtig sei, mit Menschen zusammen zu sein, die sie liebe. Rosemary wollte von ihrer Pflegerin lernen, in der ihr verbleibenden Zeit glücklich zu sein. Als Erstes übten die beiden das Lächeln. Später gestand Rosemary, dass sie sich nie erlaubt habe, glücklich zu sein, weil sie das Gefühl hatte, es nicht zu verdienen. In ihren letzten Lebenswochen erlaubte sie sich wenigstens noch, mit ihrer Pflegerin gemeinsam zu lachen. Auch eine andere Patientin sagte zu ihrer Pflegerin: «Wenn ich die Chance hätte, noch einmal irgendetwas anders zu machen, dann würde ich mir mehr Glück und Freude gönnen.»

«Schön ist das Leben, wenn man Freude hat. Ich habe Freude, wenn es sonnig ist und ich draussen Fussball spielen kann. Ich spiele auch gern mit meinen Freunden. Schön ist es auch immer, wenn ich Geburtstag habe oder wenn Weihnachten ist.»

Julian, Kindergärtler, Kirchberg (BE)

Was gibt denn meinem Leben Sinn?

Wie gebe ich meinem Leben Sinn? Wenn Sie darauf nicht sofort die Antwort wissen, sind Sie in guter Gesellschaft: Die griechischen Philosophen befassten sich intensiv mit der Frage, was denn ein gutes Leben ausmacht. Eine konkrete Antwort geben sie zwar auch nicht. Aber eines war ihnen klar: Die Basis eines guten Lebens ist die Selbstsorge. Zur Selbstsorge gehört die kritische Prüfung der eigenen Lebensweise.

Nach Bronnie Wares Erfahrung war das häufigste Bedauern der Sterbenden, nicht ihr eigenes Leben gelebt zu haben. Aber was macht ein Leben zu einem eigenen, zu einem Leben, das sich richtig anfühlt? Was gibt meinem Leben Sinn?

ACHTUNG *Sein Leben bejahen heisst nicht, nur für sich selbst zu leben. Wir leben nicht alleine auf der Welt und müssen Rücksicht auf unsere Mitmenschen nehmen. Wir sind zudem auf andere Menschen angewiesen, brauchen Hilfe, Lehre, Rat, Lob und vieles mehr. Ein moralischer Grundsatz lautet: «Behandle andere so, wie du von ihnen behandelt werden willst.» Der deutsche Philosoph Kant sagte sinngemäss: Ich muss die Regeln, nach denen ich handle, auch dann noch wollen, wenn alle Menschen nach diesen Regeln handeln würden. Eine andere Ermahnung lautet: Handle so, dass du dich hinterher für deine Taten nicht schämen musst.*

Die Selbstsorge ist die Basis

Die Frage, was ein Leben zu einem guten macht, ist sorgfältig zu klären. Denn allzu schnell erliegen wir Täuschungen oder Leidenschaften. Der grosse griechische Philosoph Sokrates (ca. 469–399 v. Chr.) nannte diese Umsicht Selbstsorge. Er meinte damit die Sorge um die eigene Seele und insbesondere das Bemühen um Erkenntnis, um wahrhaftes Wissen. Denn auf der Basis unseres Wissens fällen wir unsere Urteile, unsere Entscheidungen. Die Selbstsorge ist für Sokrates die Basis des guten Lebens. Was ein gutes Leben ist, wie man ein gutes Leben führt und welche Fähigkeiten man dazu benötigt, waren die zentralen Fragen in der griechischen Antike. Diese Fragen beschäftigen auch den modernen Menschen wieder: Bücher über die *ars vivendi*, die *Lebenskunst*, und Ratgeber über den *Sinn des Lebens* boomen. Offenbar wissen wir trotz der vielen Möglichkeiten, die uns offen stehen, nicht so richtig, wie wir unser Leben führen sollen, wie wir Erfüllung finden.

«Es wurde langsam Zeit, als der Mensch zu leben, der ich sein wollte […].»
Bronnie Ware, Autorin

Kritische Selbstprüfung

Ziehen wir also die griechischen Philosophen zu Rate: Sie empfehlen uns erstens, immer wieder innezuhalten und unsere Lebensweise, unsere Wünsche, Werte und Ziele selbstkritisch zu überprüfen, Rechenschaft abzulegen über unsere Gedanken und unser Handeln. Diese Tätigkeit ist mit Einkehr verbunden. Letztlich führt diese Selbstprüfung zur Frage: Was will ich für ein Mensch sein? Sokrates ermahnte der Überlieferung zufolge seine Schüler immer wieder dazu, ihre Lebensweise kritisch zu überprüfen: «Erkenne dich selbst!» Für Sokrates ist der erste Schritt zur Selbstsorge das Bemühen um Selbsterkenntnis. Ein Leben ohne Selbstprüfung verdiene gar nicht, gelebt zu werden, fand er. Wenn man sich selbst kenne, verfüge man über seelische Gesundheit und einen nüchternen Verstand. «Wenn wir uns aber selbst nicht kennen, sind wir nicht besonnen und können deshalb auch nicht wissen, was gut beziehungsweise schlecht für uns ist [...].»

Zwiegespräch mit seinem inneren Richter

Sokrates selbst zog sich immer wieder zurück oder war plötzlich in sich selbst versunken. In diesen Momenten fragte er sein *daimonion*, eine Art innere Stimme, um Rat. Man könnte von einem Zwiegespräch mit seinem Gewissen oder seinem inneren Richter sprechen. Diese Stimme gab Sokrates Hinweise für sein Handeln und seine Lebensweise. Sie hat ihn, wenn sie sich hören liess, meist vor unüberlegten Handlungen bewahrt. Sokrates ging es bei diesem Zwiegespräch mit seinem inneren Richter darum, dass er sich selbst in seinen Handlungen wiedererkennt, dass er seine Handlungen bejahen, sich selbst, wie man heute sagt, im Spiegel in die Augen blicken kann. Sokrates sagte sinngemäss: «Besser, man ist mit der ganzen Welt uneins als mit sich selbst, denn mit sich selbst muss man zusammenleben.» Er meinte damit, dass man manchmal dem Gruppendruck widerstehen oder der Meinung der Mehrheit widersprechen muss, um sich selbst, seinen Idealen treu bleiben zu können.

TIPP *Der Philosoph Friedrich Nietzsche riet dazu, sein Leben nach den eigenen Idealen wie ein Künstler zu gestalten. Um herauszufinden, was für einen das richtige Leben sein könnte, empfahl er folgenden Gedankengang: Stell dir vor, du müsstest dein Leben, wie du es jetzt lebst und gelebt hast, noch unzählige Male genau so leben, dein Leben würde sich auf ewig wiederholen. Würdest du dieses Leben bejahen? Oder würdest «du dich niederwerfen und mit den Zähnen knirschen»? Jeder müsse, so Nietzsches Rat, sein Leben so leben, dass er am Ende «da capo!» rufen und noch einmal von vorne anfangen möchte.*

Die deutsche Philosophin Hannah Arendt, die sich in ihren Büchern die Frage stellte, warum die Menschen im Nationalsozialismus handelten wie sie handelten, erachtete dieses von Sokrates empfohlene und praktizierte Innehalten, das Nachdenken über die eigenen Worte, Taten, Werte und Vorhaben als enorm wichtig. Sie war der Meinung, dass viele NS-Mitläufer dieses kritische Selbstgespräch – das Hannah Arendt Denken nennt – gerade nicht geführt, sondern im Gegenteil «gedankenlos» gehandelt hätten.

TIPP *Das geistige Zwiegespräch zwischen mir und meinem Gewissen könnte etwa so ablaufen: «Dies und das will ich nicht tun, denn mit jemandem, der dies getan hat, will ich nicht zusammenleben.»*

Üben, üben, üben

Die Philosophen der Antike empfehlen zweitens, sich in der Lebenskunst zu üben. Denn um ein gutes Leben führen zu können, braucht es ein paar Fähigkeiten – Tugenden, wie man früher sagte. Zu diesen Tugenden gehören Klugheit, Mut oder Tapferkeit sowie Gelassenheit.

- Die **Klugheit** hilft Ihnen beim Urteilen. Klug urteilen können Sie nur, wenn Sie genügend Informationen über die zu entscheidende Sache eingeholt haben, wenn Sie die verschiedenen Blickwinkel eingenommen haben, wenn Sie mit Menschen, die mehr darüber wissen, gesprochen haben. Klug zu sein heisst, dass Sie sich nicht allein von Ihren Emotionen und Leidenschaften bestimmen lassen und auch nicht einfach nachplappern, was andere sagen, sondern dass Sie darüber nachdenken. Bevor Sie aus Wut oder Enttäuschung handeln, «schlafen Sie darüber».
- Der **Mut** hilft einem, für sich selbst oder andere einzustehen. Ob eine Handlung Mut braucht, ist individuell. Manche Menschen brauchen keinen Mut, um zum Beispiel vor einem Publikum zu sprechen, sie sind nicht nervös. Andere brauchen dafür sehr viel Mut. Ob Sie mutig sind, hängt davon ab, ob Sie eine Angst überwinden müssen. Wer mutig handelt oder spricht, ist danach meist stolz auf sich, weil er sich nicht von seiner Angst hat bestimmen lassen. Mutiges Handeln und Spre-

chen kann einem viel Selbstvertrauen geben. Mutig(er) werden Sie, indem Sie immer wieder kleinere und grössere Mutproben machen wie zum Beispiel folgende:

- Bringen Sie sich an der nächsten Sitzung mit Ihren Arbeitskollegen und Vorgesetzten selbst ein.
- Halten Sie einen kleinen Vortrag, und wenn es nur ein Training vor Freunden ist.
- Geben Sie einen gemachten Fehler vor andern zu und entschuldigen Sie sich dafür.
- Vertreten Sie Ihre eigene Meinung, auch wenn alle anderen gegensätzlicher Meinung sind.
- Bitten Sie um Hilfe, wenn Sie nicht mehr weiterwissen.
- Mischen Sie sich ein, wenn Sie sehen, dass jemand ungerecht behandelt wird, auch wenn sie der Einzige sind.
- Sprechen Sie Konflikte an: «Ich möchte mit Ihnen/dir über etwas sprechen, das mich belastet» etc.

■ Die **Tapferkeit** hilft Ihnen, unangenehme und leidvolle Situationen wie Krankheit, Misserfolg, Entbehrungen, Liebeskummer oder den Verlust geliebter Menschen zu ertragen. Tapfer sein heisst, dass man etwas aushält, ohne sich dem Leid völlig auszuliefern, ohne sich selbst oder seine Ideale aufzugeben. Verschiedene Handlungen können helfen, tapfer zu werden:

- Gespräche mit Freunden oder der Familie über die schwierige Situation
- Tagebuch schreiben und sich dabei auch selbst ermutigen
- Lektüre der stoischen Philosophen (zum Beispiel Selbstbetrachtungen von Marc Aurel)
- Bewegung wie Spaziergänge in der Natur, Bergwanderungen, Schwimmen können für etwas Distanz sorgen.
- Bei schwerem Leid das Gespräch mit einer psychologischen Fachperson suchen
- Gläubigen Menschen kann auch die Lektüre religiöser Schriften helfen, ein Gespräch mit dem Geistlichen, Gebete oder Gottesdienste.

■ Die **Gelassenheit** hilft einem, die Dinge hinzunehmen, die man nicht ändern kann. Die Hightechmedizin, überhaupt unsere scheinbar kontrollierbare Welt, lässt uns manchmal glauben, wir könnten alles beherrschen und bestimmen. Sie lässt uns vergessen, dass wir alle und jederzeit in Grenzsituationen geraten können (siehe auch Seite 63). Wie können Sie Gelassenheit üben? Stellen Sie sich in Situationen, in denen Sie gerade nicht gelassen sind, folgende Fragen:

- Was regt mich auf, warum rege ich mich auf?
- Kann ich selbst an der Situation etwas ändern, kann ich sie selbst beeinflussen?
- Wenn nein – wer oder was kann sie beeinflussen und wie kann ich auf denjenigen oder dasjenige Einfluss nehmen?
- Wenn ja – was konkret kann ich tun?
- Was wäre, wenn ich die Situation einfach akzeptiere, wie sie ist? Was würde ich verlieren, was könnte ich eventuell gewinnen?
- Wie kann ich aus einer unveränderlichen Situation das Beste machen? Gibt es Alternativen zu der unveränderlichen Situation? Würden mich andere Dinge erfüllen?
- Erwarte und verlange ich vielleicht zu viel von mir? Gehe ich gnädig und liebevoll mit mir selbst um? Kann ich über mich selbst lachen?
- Erwarte ich zu viel von meiner Umgebung, kann ich auch mal fünf gerade sein lassen? Muss es vielleicht immer nach «meinem Kopf» gehen? Ist das, was mich beschäftigt, wirklich so wichtig?
- Welche zehn Dinge sind mir wirklich wichtig im Leben?

Die Fragen und Beispiele zeigen, dass man sich die Tugenden Klugheit, Mut, Tapferkeit und Gelassenheit aneignet, indem man sie trainiert. Wir werden Meister in einer Tätigkeit, wenn wir sie immer und immer wieder üben. Die alten Griechen nannten dies *áskēsis*, Askese. Es bedeutete ursprünglich: Übung, Training.

TIPP *Mit der Wenn-Dann-Regel zum Ziel*
*Psychologe Peter Gollwitzer empfiehlt, persönliche Ziele in einen Wenn-Dann-Plan einzubetten. Dieser Plan hat folgende Struktur: «Wenn Situation X eintritt, dann führe ich Handlung Y aus!» Wollen Sie zum Beispiel eine gute Chefin sein und ihren Mitarbeitern zuhören, dann könnte folgender Wenn-Dann-Plan helfen: «**Wenn** ich eine Sitzung mit meinen Mitarbeitern habe, **dann** höre ich mir zunächst die Meinung meiner Mitarbeiter an!» Den «Wenn-Dann-Plan» kann man für fast alles verwenden. Studien zeigen, dass damit Ziele besser erreicht werden.*

WALTER MEIER

Seelsorger

«Der Mensch hat eine grosse Sehnsucht nach guten Beziehungen»

Herr Meier, wer sucht Rat beim Flughafenpfarrer?
Vor allem das Flughafenpersonal. Am Flughafen in Zürich gibt es rund 25 000 Arbeitsplätze. Bei den Passagieren geht es meist um Kriseninterventionen, zum Beispiel wegen eines Todesfalls oder weil ein junger Mann mangels Unterkunft im Flughafengebäude wohnt.

Aus welchen Gründen kommen die Angestellten zu Ihnen?
Meistens wegen persönlicher Sorgen, zum Beispiel weil die Ehefrau im Spital ist oder aus Angst, den Arbeitsplatz zu verlieren. Die Menschen suchen aus den gleichen Gründen den Flughafenpfarrer auf wie den Gemeindepfarrer. Derzeit haben auch viele, die am Flughafen arbeiten, Angst vor Terroranschlägen.

Was wünschen sich Ihre Ratsuchenden vom Leben?
Die meisten wünschen sich Zufriedenheit. Ob jemand zufrieden ist, hängt wiederum davon ab, ob er gute Beziehungen hat. Ich merke immer wieder, dass die Ratsuchenden eine grosse Sehnsucht nach guten Beziehungen haben. Viele Menschen, die zu mir kommen, sagen auch, dass sie ernst genommen werden möchten. Menschen brauchen Wertschätzung, viele erfahren dies aber zu wenig. Auch das Erleben von Glücksmomenten ist für die meisten Menschen

wichtig. Die Basis eines guten Lebens aber, habe ich in meiner Arbeit als Pfarrer festgestellt, ist existenzielle Sicherheit: Es kommen oft Menschen zu uns, deren Arbeit schlecht bezahlt ist und die nicht genug zum Leben haben. Berufliche Perspektiven zu haben, ist deshalb auch ein grosses Thema.
Für viele Menschen ist es je nach Kultur auch sehr wichtig, im Glauben einen Halt zu finden.

Sprechen Sie über den Tod mit den Ratsuchenden?
Ja. Für die meisten ist der Tod aber erst dann ein Thema, wenn sie oder ihre Angehörigen mit Krankheit konfrontiert sind. Es gibt aber auch immer wieder Ratsuchende, die nicht über den Tod reden möchten.

Haben die Ratsuchenden Angst vor dem Tod?
Für die meisten Gläubigen, die Rat bei uns suchen, ist der Tod nicht das Ende. Manche sagen mir sogar, dass sie sich auf das freuen, was nachher kommt, oder dass sie neugierig darauf sind. Ich glaube, dass die meisten Menschen nicht Angst vor dem Tod an sich haben, sondern davor, zu früh zu sterben. Man möchte die Zeit, die man hat, geniessen – vor allem nach der Pensionierung.

Walter Meier, ehemaliger evangelisch-reformierter Seelsorger am Flughafen Zürich.

2

Lebensqualität ist für jeden etwas anderes

Wie zufrieden die Menschen mit ihrem Leben sind, hängt nicht nur vom materiellen Wohlstand ab, sondern auch von nicht materiellen Gütern wie Gesundheit oder frei gestaltbarer Zeit. Heute spricht man meist von Lebensqualität. Ob wir trotz Einschränkungen oder Krankheit zufrieden mit dem Leben sind, hängt stark von unseren Beziehungen ab und davon, ob wir uns in irgendeiner Form verwirklichen können.

Die Lebenszufriedenheit in der Schweiz ist gross

Die Mehrheit der in der Schweiz lebenden Menschen ist zufrieden mit ihrem Leben. Dies zeigen jährliche Befragungen zur Lebenszufriedenheit des Bundesamtes für Statistik. Zu den glücklichsten Menschen gehören die 16- bis 17-Jährigen und die Pensionierten. Allerdings sank die Zufriedenheit in den letzten zehn Jahren minim, aber stetig.

Fast zwei von fünf Personen (38 Prozent) gaben bei einer Befragung im Jahr 2018 an, mit ihrem aktuellen Leben sehr zufrieden zu sein. Auf einer Skala von 0 bis 10 bewerteten sie ihre Lebenszufriedenheit mit einer 9 oder 10 als «sehr hoch». Weitere rund 32 Prozent gaben ihrer Lebenszufriedenheit auf der Werteskala eine 8 («hoch»). In der Schweiz schätzen somit 70,8 Prozent ihre aktuelle Zufriedenheit mit ihrem Leben als «hoch» oder «sehr hoch» ein. Am zufriedensten sind die 16- bis 17-Jährigen (77,2 Prozent) und die Pensionierten (78,4 Prozent). Den geringsten Anteil an sehr Zufriedenen findet sich in der Altersgruppe der 25- bis 49-Jährigen mit «nur» 66,6 Prozent (siehe Grafik oben rechts). Die Zufriedenheit ist bei Schweizer Bürgern, Wohneigentümern und Personen mit höherem Bildungsabschluss grösser als bei Ausländern, Mietern und Personen mit obligatorischem Schulabschluss. Vergleicht man die alljährlichen Befragungen zur Lebenszufriedenheit, beobachtet man seit 2007 eine leichte Abnahme. Damals gaben noch 75 Prozent aller Befragten ihrem Leben mindestens eine 8 auf der Zufriedenheitsskala.

Am zufriedensten mit den Beziehungen

Am zufriedensten sind die Befragten mit den zwischenmenschlichen Beziehungen: dem Zusammenleben mit ihrem Partner oder ihrer Partnerin, mit dem Arbeitsklima und mit den persönlichen Beziehungen. Am wenigsten zufrieden sind sie mit der ihnen zur Verfügung stehenden Freizeit

LEBENSZUFRIEDENHEIT IN DER SCHWEIZ 2018

Anteil Personen mit hohem Zufriedenheitsgrad (Werte von 8–10 auf der Skala)

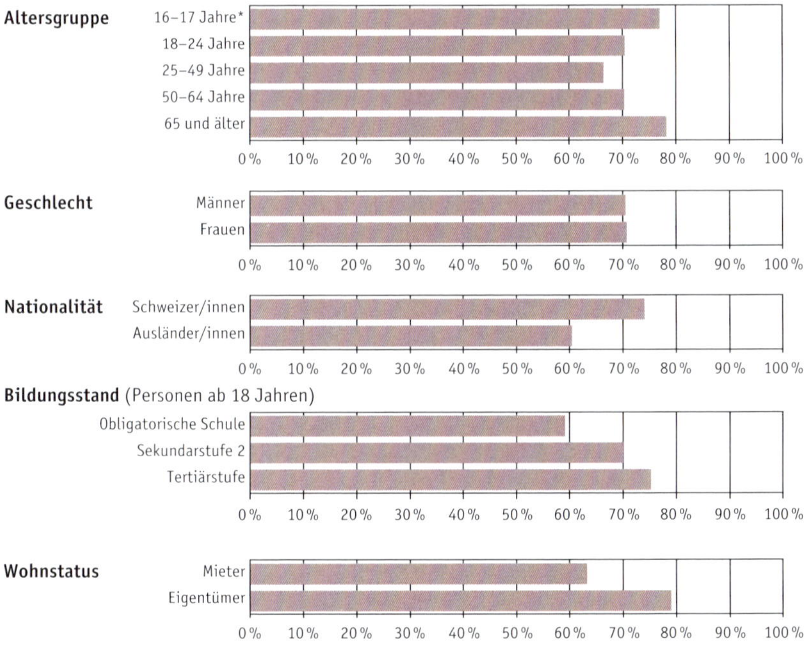

* Befragung aus dem Jahr 2017

ZUFRIEDENHEIT NACH AUSGEWÄHLTEN KRITERIEN

Anteil der Bevölkerung (in %) ab 18 Jahren mit hoher Zufriedenheit in Bezug auf

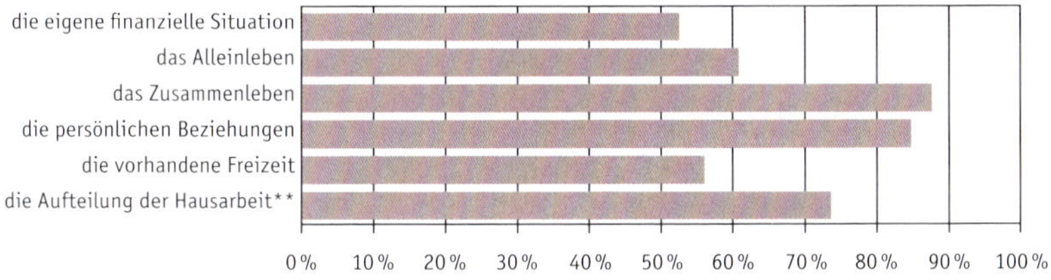

** davon Frauen: 65,8 %, Männer: 80,7 %

Quelle: BFS, Erhebung über die Einkommen und Lebensbedingungen, SILC-2018 (ausser die Pensionierten, die sind damit sehr zufrieden) sowie mit ihrer finanziellen Situation. Männer, die alleine leben, sind unzufriedener mit ihrem Leben als jene, die in einer Partnerschaft leben. Während «nur» 50,6 Prozent der Männer dem Alleinleben 8 oder mehr Punkte auf der Zufriedenheitsskala gaben, sind 69,5 Prozent der Frauen mit dem Alleinleben «hoch» oder «sehr hoch» zufrieden.

Im Vergleich mit den europäischen Ländern schwingt die Schweiz gemeinsam mit Finnland, Irland, Norwegen und Österreich oben aus, wie die Befragung der Europäischen Union über Einkommen und Lebensbedingungen (EU-SILC) von 2018 zeigt. Auf einer Zufriedenheitsskala von 0 (gar nicht zufrieden) bis 10 (vollständig zufrieden) gehört die Schweiz mit einer 8 zu den Ländern mit dem höchsten Wert an Lebenszufriedenheit, gemeinsam mit den anderen vier genannten Ländern. Am wenigsten zufrieden mit ihrem Leben sind die Menschen in Kroatien (6,3) und Bulgarien (5,4).

DIE IREN SIND DIE GLÜCKLICHSTEN

Für die jährliche Statistik der Europäischen Union über Einkommen und Lebensbedingungen (EU-SILC) werden die Menschen auch gefragt, wie oft sie sich in den vergangenen vier Wochen glücklich fühlten. Sie werden gebeten, die Häufigkeit auf der folgenden Skala einzuordnen: «die ganze Zeit», «die meiste Zeit», «einige Zeit», «ein wenig» oder «nie». Demnach waren im Jahr 2018 etwas mehr als 60 Prozent der Bevölkerung der EU-28 in den letzten vier Wochen die ganze oder die meiste Zeit glücklich. Die glücklichsten Menschen leben in Irland: 79 Prozent der Befragten gaben an, in den vergangenen vier Wochen die ganze oder die meiste Zeit glücklich gewesen zu sein. Den höchsten Anteil an Menschen, die die *ganze Zeit* glücklich waren, verzeichnete Spanien mit fast 29 Prozent. Am wenigsten oft glücklich waren im Jahr 2018 die Menschen in Lettland, Bulgarien und Griechenland. Die Befragungen in den EU-Ländern, in der Schweiz und in Norwegen zeigen auch, dass die Menschen dann mit ihrem Leben zufrieden sind, wenn sie sich häufig glücklich fühlen, wenn sie finanzielle Sicherheit und Arbeit haben sowie gute persönliche Beziehungen. ■

Nicht nur Wohlstand macht zufrieden

Bis in die 80er-Jahre galt der Wohlstand eines Landes als der Indikator dafür, wie es seinen Einwohnerinnen und Einwohnern geht. Der Wohlstand bezeichnet den materiellen Lebensstandard, den sich eine Bevölkerung leisten kann, und folgt der Idee des Wachstums: je höher der Lebensstandard, also je mehr sich die Einwohner eines Landes leisten können, desto besser geht es ihnen. Gemessen wird er mit dem Bruttoinlandprodukt (BIP), dem Volkseinkommen. Das BIP sagt jedoch nichts darüber aus, wie zufrieden die Menschen sind. Ein ganz anderes Konzept hat zum Beispiel das Königreich Bhutan: Ihm ist das Glück seiner Bewohner wichtiger als der wirtschaftliche Erfolg, es misst nicht das BIP sondern das BNG, das «Bruttonationalglück». Dieses setzt sich zusammen aus dem Lebensstandard, dem psychologischen Wohlbefinden, der Gesundheit, der Bildung, der Verwendung von Zeit, der kulturellen Vielfalt, den Umweltbedingungen (Ökologie) wie auch der guten Regierungsführung.

Unterscheidung: Wohlbefinden, Lebensqualität, Wohlstand

Das Konzept der Lebensqualität, welches nicht (nur) auf die nationalen Ressourcen, sondern auf das individuelle Wohlbefinden fokussiert, kam in den 60er-Jahren in den USA auf. Man begann auch die subjektiven Einschätzungen über nicht materielle Werte wie Gesundheit, Freizeit, Beziehungen und Arbeit in Bevölkerungsumfragen zu erheben.

- **Wohlstand:** Der Begriff bezeichnet in der Regel das Ausmass von Ressourcen in Form von Geld oder Eigentum sowie den Besitz und Konsum von Gütern und Dienstleistungen. Im angelsächsischen Raum spricht man auch von «having». Ein wichtiger Indikator für den Wohlstand eines Landes ist das Bruttoinlandprodukt, die Gesamtheit aller produzierten und mit Marktpreisen bewerteten Güter und Dienstleistungen.
- **Lebensqualität:** Es gibt viele Definitionen von Lebensqualität, die meisten davon beschreiben Lebensqualität als eine Kombination aus objektiven Lebensbedingungen und subjektivem Wohlbefinden. Zu den objektiven Lebensbedingungen gehören zum Beispiel Einkommen, Zugang zu Bildung, intakte Umwelt oder Zugang zu einem Gesundheits-

system. Gute objektive Bedingungen helfen, dass die Menschen ihre individuellen Bedürfnisse, Wünsche und Lebensziele erfüllen können.

- **Wohlbefinden (Wellbeing):** Das Wohlbefinden bezeichnet die individuelle Wahrnehmung, Bewertung und die Gefühle in Bezug auf das eigene Leben. Es setzt sich zusammen aus der Bewertung verschiedener Lebensbereiche wie Gesundheit, Arbeit, Beziehungen, Freizeit und anderem. Es drückt die dauerhafte und generelle Zufriedenheit mit dem eigenen Leben aus.

Gesundheitsbezogene Lebensqualität

Die Lebenszufriedenheit hängt auch stark vom subjektiv wahrgenommenen Gesundheitszustand ab. Gute Ärzte und Therapeuten richten sich bei der Beratung und Behandlung von Patienten deshalb nach der «gesundheitsbezogenen Lebensqualität». Aber was heisst eigentlich krank, was gesund?

Wie nehmen die in der Schweiz lebenden Menschen ihren Gesundheitszustand selbst wahr? Annähernd 85 Prozent der Männer und Frauen ab 15 Jahren beschrieben 2017 in der alle fünf Jahre durchgeführten Gesundheitsbefragung den eigenen Gesundheitszustand als «gut bis sehr gut». Knapp 12 Prozent schätzen ihren Gesundheitszustand als «mittelmässig» ein und 3,5 Prozent als «schlecht» oder «sehr schlecht». Die etwas differenzierteren Ergebnisse der Gesundheitsbefragung sind in der Tabelle auf der folgenden Seite ersichtlich.

Im internationalen Vergleich der Organisation für wirtschaftliche Zusammenarbeit und Entwicklung (OECD) liegt die Schweiz in Bezug auf den selbst eingeschätzten Gesundheitszustand auf Platz sieben. In Kanada, Neuseeland, den USA, Australien, Israel und Irland ist die Anzahl Personen, die im Jahr 2016 oder 2017 ihren Gesundheitszustand als sehr gut oder gut beschrieben, höher als in der Schweiz. Der Ländervergleich funktioniert gemäss der OECD aber nur bedingt, da nicht alle Länder die Daten gleich erheben.

SELBST WAHRGENOMMENER GESUNDHEITSZUSTAND 2017

		gut bis sehr gut	mittelmässig	schlecht bis sehr schlecht
Total (in %)		84,7	11,8	3,5
Geschlecht	Männer	85,9	10,4	3,7
	Frauen	83,5	13,1	3,4
Altersgruppe	15–24 Jahre	94,9	4,5	0,6
	25–34 Jahre	93,3	5,4	1,2
	35–44 Jahre	90,1	8,0	1,9
	45–54 Jahre	84,8	10,8	4,4
	55–64 Jahre	77,4	16,1	6,5
	65–74 Jahre	77,1	17,9	4,9
	75+ Jahre	67,1	26,7	6,3
Bildungsstand(ab 25 Jahren)	oblig. Schule	66,4	24,1	9,5
	Sekundarstufe 2	82,4	13,6	4,0
	Tertiärstufe	90,7	7,5	1,8
Sprachregionen	Deutsch	85,2	11,3	3,5
	Französisch	84,2	12,2	3,5
	Italienisch	77,8	17,2	5,0
Nationalität	Schweizer/innen	85,4	11,5	3,1
	Ausländer/innen	82,4	12,6	5,0

Quelle: BFS, Schweizerische Gesundheitsbefragung 2017

Definition von Gesundheit und Krankheit

Einen einheitlichen Begriff der Gesundheit gibt es nicht. Die Weltgesundheitsorganisation WHO definierte die Gesundheit 1948 so:

«Gesundheit ist ein Zustand völligen psychischen, physischen und sozialen Wohlbefindens und nicht nur das Fehlen von Krankheit oder Gebrechen.»

Diese Definition wurde vielfach als Utopie kritisiert, weil sich im Zustand des «völligen psychischen, physischen und sozialen Wohlbefindens» nur die wenigsten Menschen befinden und vor allem nicht ihr Leben lang. Demnach wären praktisch alle Menschen meistens krank. Die WHO hat 2015 dieses statische Verständnis von Gesundheit überarbeitet und schlägt nun vor, die individuelle Lebensqualität ins Zentrum der Definition zu stellen.

Lebensqualität wird von der WHO als dynamischer Entwicklungsprozess vor allem in Bezug auf persönliche Werte und Ziele verstanden. Die Lebensqualität und somit die Gesundheit wird daran gemessen, ob jemand seine Werte leben und seine Ziele erreichen kann. Diese Ziele können sich in einem Leben mehrmals verändern und sich von Person zu Person unterscheiden. So ist es vielleicht für einen 23-jährigen Profisportler, der nach einem Unfall querschnittgelähmt ist, das Wichtigste, dass er weiterhin Sport auf hohem Niveau betreiben kann. Mit 28 Jahren will er dann den Beruf des Grafikers erlernen, mit 35 Jahren ist ihm das Zusammensein mit der Familie besonders wichtig und mit 50 Jahren möchte er ehrenamtlich querschnittgelähmte Sportler coachen.

Der Fokus liegt somit auf der Stärkung jener Ressourcen und Fähigkeiten, die für das Wohlbefinden einer Person notwendig sind. Dafür sind auch gute soziale Rahmenbedingungen notwendig, wie zum Beispiel ein grosses Therapieangebot zur Stärkung der jeweiligen individuellen Fähigkeiten.

Sowohl die alte wie die neue vorgeschlagene Definition zeigen, dass «Gesundheit» über das körperliche Befinden hinausgeht. Der Mensch wird in seiner körperlichen und geistigen Gesamtheit betrachtet, sowie als Wesen, das für sein Wohlbefinden der sozialen Beziehungen bedarf. Mit diesem umfassenden Gesundheitsbegriff folgt die WHO einer langen Tradition, die von der Antike (Hippokrates) bis ins späte Mittelalter (Paracelsus) reicht und zum Beispiel in den asiatischen und indischen Kulturen bis heute gilt (chinesische oder ayurvedische Medizin).

«Was ein gutes Leben ausmacht? Eine liebe Familie und Freunde; Gesundheit und physische Sicherheit; materielle Sicherheit und deren Hinterfragung; geben können und nicht im Mittelpunkt stehen; staunen können und sich als kleiner Teil des Universums sehen; andere verstehen können und respektieren; Genügsamkeit und Dankbarkeit für das, was ich habe.»

Daniel Weder, Manager und Berater

Ist krank, wer von einem statistischen Normwert abweicht?
Andere Formulierungen definieren die Gesundheit über die Krankheit. So wird zum Beispiel in der Medizin «Krankheit» oft als «Funktionsstörung» oder als Abweichung von einem statistischen Normalwert aufgefasst. Wer diese Störung nicht hat oder im Normalbereich liegt, ist demnach gesund. Auch diese Definition ist problematisch, weil dann die Gesundung nur noch als Behebung einer Funktionsstörung und die Medizin als Reparaturwerkstatt betrachtet wird. Eine Statistik kann zwar eine Abweichung vom Durchschnitt feststellen, aber sie sagt nichts darüber aus, ob die Person, die vom Durchschnitt abweicht, sich krank oder gesund fühlt. Der in der Medizin vorherrschende objektivierende Blick des Naturwissenschaftlers führe zudem manchmal dazu, dass ein Patient «nicht als Person mit einem individuellen Willen betrachtet und behandelt werde, sondern als blosses Objekt medizinischer Fürsorge», schreibt die deutsche Philosophin Theda Rehbock, die sich mit medizinethischem Handeln auseinandersetzt.

Gesundheit ist auch ein Zustand der Übereinstimmung mit sich selbst

Gesundheit und Krankheit hängen nicht nur von biologischen Befunden ab, sondern auch von den Wertungen und Vorstellungen einer Gesellschaft und Kultur, in der Menschen aufwachsen. Ob man sich gesund oder krank fühlt, ist zudem auch ein höchstpersönliches Erleben. Gesundheit ist – nicht nur, aber auch – ein Zustand der Übereinstimmung mit sich selbst. Der US-Soziologe Aaron Antonovsky, Vater der sogenannten

Salutogenese (Entstehung und Erhaltung von Gesundheit), sprach vom Kohärenzempfinden. Es stelle sich ein, wenn Menschen das Gefühl haben, ihr Leben sei stimmig, sie hätten mehr oder weniger die Herrschaft über ihr Leben und verfügten über Ressourcen, um Herausforderungen meistern zu können. Antonovsky betrachtet für das Gefühl der Stimmigkeit drei Faktoren als zentral:

- Die Fähigkeit, die Zusammenhänge des Lebens zu verstehen.
- Die Überzeugung, dass man das eigene Leben gestalten kann, respektive das Gefühl, dass man handlungsfähig ist und etwas selbst bewirken kann.
- Das Gefühl der Sinnhaftigkeit, das heisst, dass man seinem Leben (wieder) einen Sinn geben kann.

Wer krank ist, wer sich krank fühlt, dem fehlt demnach diese Stimmigkeit. Wir spüren tatsächlich meistens, wenn wir aus der Balance kommen, und äussern diese Unstimmigkeit sprachlich treffend zum Beispiel mit den Worten: «Mir ist nicht wohl» oder «Mit mir stimmt etwas nicht». Diese Redewendungen zeigen, wie das Gefühl von Kranksein mit den bisherigen Erfahrungen, mit dem gewohnten Selbstgefühl zusammenhängt. Krankheit wird als etwas erfahren, das bisher nicht war, das irritiert und nicht sein soll. Ein geselliger Mensch zum Beispiel, der nach einem Burnout plötzlich Mühe hat, mit Menschen zusammen zu sein, fühlt sich fremd im eigenen Haus. Wenn man an die Grenze im Umgang mit einem körperlichen oder seelischen Zustand kommt, wenn man glaubt, diesen Zustand nicht mehr aushalten zu können, nicht mehr weiss, was man tun soll, weil man aus einer Gewohnheit, dem bisher als selbstverständlich betrachteten Tun gefallen ist, dann fühlt man sich krank. Die Gesundheit ist in diesem Sinne ein «Sich-selbst-sein»-Können, aber dieses Können ist nicht nur in Bezug auf die Arbeitstauglichkeit und Leistungsfähigkeit zu verstehen.

Die innere Widerstandskraft (Resilienz)

Ein häufig gebrauchter Ausdruck in der Psychologie und Psychotherapie ist «Resilienz». Das Wort bezeichnete ursprünglich die Elastizität und Widerstandskraft von Materialien und Systemen in der Physik. Beim Menschen bezeichnet der Begriff eine Art psychische Widerstandskraft: die Fähigkeit, mit Lebenskrisen, mit widrigen Lebensumständen wie Krieg, Armut, Krankheit oder mit Schicksalsschlägen wie dem Verlust eines geliebten Menschen umzugehen und «trotz allem» (wieder) eine gute Lebensqualität zu erreichen, eine positive Lebenshaltung zu bewahren oder sie sich wieder aneignen zu können. Das Gegenteil von Resilienz ist Verletzlichkeit (Vulnerabilität).

Zur Resilienz tragen viele Faktoren bei, wie zum Beispiel positive Erfahrungen mit Beziehungen und Vertrauen in Beziehungen. Auch das Gefühl, mit seinem Handeln etwas bewirken und in schwierigen Situationen dank seiner Fähigkeiten selbstständig handeln zu können (Selbstwirksamkeit), hilft Belastungen zu bewältigen. Studien zeigen zudem, dass auch Humor im Umgang mit schwierigen Situationen hilft und Stressgefühle mindert.

Die Bewältigung von Schicksalsschlägen

Der Mensch ist fähig, sich mit schweren Krankheiten oder Einschränkungen abzufinden, sie in sein Leben integrieren und wieder Lebensfreude empfinden zu können, wie die Beispiele von Silvano Beltrametti, Nadine Koller und Gabriel Hofmann zeigen (siehe Seite 63 und Interview mit Diana Meier-Allmendinger Seite 60). Alle drei betonen, wie wichtig für sie die sozialen Beziehungen waren, um wieder ins Leben zurückzufinden. Auch Untersuchungen zur Lebensqualität von Kranken und Gesunden haben ergeben, dass für unheilbar Kranke, die wissen, dass sie sterben werden, die Familie das Wichtigste für eine gute Lebensqualität ist. Die Beziehungen sind sogar wichtiger als die körperlichen Funktionsfähigkeiten. Der Palliativmediziner Gian Domenico Borasio schreibt zu diesen Befunden: «Diese schwerstkranken Menschen wissen also nachweislich besser Bescheid als Gesunde, was ihre Prioritäten im Leben sind. Man könnte vermuten, dies komme daher, dass sie gelernt haben – lernen mussten –, im Angesicht des Todes zu leben.»

Was unsere Gesundheit beeinflusst

Wie sehr die Wertschätzung, die Anteilnahme und der Zuspruch anderer Menschen unser Wohlbefinden und unsere Gesundheit beeinflussen, haben auch die beiden Forscher Richard Wilkinson und Michael Marmot erkannt. In einem Bericht für die Weltgesundheitsorganisation WHO betonen sie:

«Als soziales Wesen benötigen wir nicht nur gute materielle Bedingungen, sondern auch von Kindheit an das Gefühl, geschätzt und gemocht zu werden. Wir brauchen Freunde, wir brauchen menschliche Gesellschaften, wir müssen uns nützlich fühlen und wir müssen ein wesentliches Mass an Entscheidungsbefugnissen über eine sinnvolle Arbeit haben. Sonst sind wir anfälliger für Depression, Drogenkonsum, Angst, Feindseligkeit und Hoffnungslosigkeit mit entsprechenden Folgen für die körperliche Gesundheit.»

Die beiden britischen Forscher haben in diesem Bericht den Finger auf einen wunden Punkt gelegt: Es reicht nicht, den Menschen Hightechmedizin zur Verfügung zu stellen. Ob Menschen krank oder gesund sind, hängt sehr stark davon ab, ob sie arm oder reich, gut oder schlecht ausgebildet, ob sie bei der Arbeit und in der Gesellschaft Anerkennung und Wertschätzung erfahren oder nicht. Die sozialen und wirtschaftlichen Bedingungen, welche Menschen krank und hilfsbedürftig machen können, seien für die Gesundheit der Bevölkerung weitaus wichtiger als das Bereitstellen und Finanzieren medizinischer Versorgung, schreiben sie. Oder in anderen Worten: Ich bin nicht allein meines Glückes Schmied. Wie es mir gesundheitlich geht und wie zufrieden ich mit meinem Leben bin, hängt nicht nur von mir selbst ab, sondern auch von der Gemeinschaft, in der ich lebe. Wilkinson und Marmot nennen zehn soziale Faktoren, welche die Gesundheit positiv oder negativ beeinflussen. Diese sind:

- **Soziales Gefälle:** Je weiter unten sich jemand auf der sozialen Rangskala einer Gesellschaft befindet, desto kürzer ist seine Lebenserwartung und desto grösser seine Anfälligkeit für Krankheiten. Schwierige soziale Verhältnisse und wirtschaftliche Armut beeinträchtigen die Gesundheit das ganze Leben hindurch.
- **Stress:** Belastende Lebensumstände machen die Menschen besorgt, ängstlich und handlungsunfähig, sie sind schädlich für die Gesundheit und können zu vorzeitigem Tod führen. Wenn man weder am Arbeitsplatz noch zu Hause selbstbestimmt handeln kann, wirkt sich das auf die Gesundheit aus.
- **Unterstützung in der Kindheit:** Zu einem guten Lebensanfang gehört die Unterstützung von Mutter, Vater und Kleinkind: Frühentwicklung und Erziehung wirken sich ein Leben lang aus. Bereits in früher Kindheit werden die Grundlagen für die Gesundheit des Erwachsenen geschaffen.

- **Soziale Ausgrenzung:** Not und Verbitterung durch Armut und soziale Ausgrenzung sind Ursache und Wirkung von Scheidungen und Trennungen, Behinderungen, Krankheiten, Sucht und sozialer Isolation. Es entsteht ein Teufelskreis, der die düsteren Lebensaussichten der Menschen weiter verschlechtert.
- **Arbeit:** Stress am Arbeitsplatz verstärkt das Krankheitsrisiko. Wer bei seiner Arbeit mehr selbst entscheiden kann, ist gesünder.
- **Arbeitslosigkeit:** Wenn man sicher sein kann, seinen Arbeitsplatz zu behalten, ist man gesünder, man fühlt sich wohler und ist mit seiner Arbeit zufriedener. Hohe Arbeitslosigkeit führt zu mehr Erkrankungen und frühzeitigem Tod.
- **Soziale Unterstützung:** Freundschaften, gute zwischenmenschliche Beziehungen und ein starkes, stützendes soziales Netz verbessern die Gesundheit zu Hause, am Arbeitsplatz und in der Gemeinschaft. Wenn man in ein soziales Netz aus Verständnis und gegenseitiger Verpflichtung eingebunden ist, hat man das Gefühl, umsorgt, geliebt, geachtet und geschätzt zu werden. Das ist ein starker Schutzfaktor für die Gesundheit.
- **Sucht:** Der Drogengebrauch ist mitunter eine Reaktion auf den Zusammenbruch des sozialen Gefüges und trägt zugleich entscheidend dazu bei, die dadurch bewirkten gesundheitlichen Ungleichheiten weiter zu verstärken. Menschen flüchten in Alkohol, Drogen und Tabak, um die durch die harte wirtschaftliche und soziale Wirklichkeit hervorgerufene Not zu betäuben.
- **Lebensmittel:** Eine gesunde Ernährung und eine bedarfsgerechte Lebensmittelversorgung sind entscheidend für die Förderung von Gesundheit und Wohlbefinden. Zu viel Essen trägt zur Entstehung von Herz-Kreislauf-Erkrankungen, Diabetes, Krebs, degenerativen Augenerkrankungen, Fettleibigkeit und Karies bei. Was die Menschen essen, hängt weniger von gesundheitlicher Aufklärung als vielmehr davon ab, was gesunde Lebensmittel kosten und wie zugänglich sie sind.
- **Verkehr:** Fahrrad fahren, laufen und öffentliche Verkehrsmittel dienen der Gesundheit vierfach. Man verschafft sich Bewegung, es passieren weniger tödliche Unfälle, man stärkt die sozialen Kontakte und verringert die Luftverschmutzung.

«Das Leben, so finde ich, ist ein wunderbares Geschenk und ich möchte jeden Tag sinnvoll, bewusst und mit viel Freude an jedem Augenblick gestalten. Dies gelingt mir glücklicherweise oft und gibt mir die Kraft, auch die Endlichkeit des Daseins positiv zu respektieren.»

Tanja Grandits, Spitzenköchin und Chefin des Restaurants Stucki in Basel, von Gault Millau 2020 zum zweiten Mal als «Koch des Jahres» ausgezeichnet

Fragebogen zur Lebensqualität von Patienten

Ein häufig verwendeter Test für die Ermittlung der sogenannten gesundheitsbezogenen Lebensqualität bei Patientinnen und Patienten ist der Short-Form-36-Gesundheitsfragebogen. Dieser von der US-Organisation RAND Corporation entwickelte Test erfasst acht Dimensionen der Lebensqualität und kann den individuellen Gesundheitszustand beschreiben und die Belastungen (zum Beispiel Schmerz oder Einschränkungen) über die Zeit messen und vergleichen. Die acht Dimensionen umfassen:

- **Allgemeine Gesundheitswahrnehmung:** Über das Ganze gesehen, wie geht es Ihnen? Im Vergleich zu Ihrem Zustand vor einem Jahr, wie geht es Ihnen heute?
- **Vitalität:** Sind Sie beim Tragen schwerer Objekte, beim Laufen, Treppensteigen und anderem eingeschränkt? Wie oft?
- **Körperliche Funktionsfähigkeit:** Waren Sie in den letzten vier Wochen bei der Arbeit oder täglichen Aktivitäten eingeschränkt?
- **Körperliche Schmerzen:** Wie oft hatten Sie in den letzten vier Wochen körperliche Schmerzen? Wie stark waren sie?
- **Körperliche Rollenfunktion:** Haben Schmerzen Sie bei der Arbeit oder täglichen Aktivitäten eingeschränkt?
- **Emotionale Rollenfunktion:** Wie oft haben Sie in den letzten vier Wochen aufgrund emotionaler Schwierigkeiten nicht arbeiten oder Ihre sozialen Kontakte nicht pflegen können?
- **Soziale Funktionsfähigkeit:** Wie oft haben psychische oder körperliche Beschwerden Sie daran gehindert, Ihre normalen sozialen Aktivitäten einzuhalten?

- **Psychisches Wohlbefinden:** Haben Sie sich in den letzten vier Wochen depressiv oder nervös gefühlt, waren Sie voller Energie, waren Sie ruhig und gelassen?

Die persönlichen Gespräche mit dem Patienten über seine Lebensqualität sind jedoch viel wichtiger als das Ausfüllen von Formularen. Im Fragebogen erfährt die Ärztin meistens zu wenig über die konkreten Wünsche, Vorstellungen und Werte ihrer Patientin oder ihres Patienten.

- Versuchen Sie Ihrem Arzt oder Ihrer Ärztin zu sagen, was Sie unter Lebensqualität verstehen. Bringen Sie ganz konkrete Beispiele und scheuen Sie sich nicht davor, auch scheinbar banale Alltagshandlungen aufzuzählen, wie zum Beispiel:
  «Ich spaziere täglich in den zwei Kilometer entfernten Schrebergarten – er bedeutet mir alles!»; «Ich koche jeden Mittwoch für meine drei Enkelkinder das Mittagessen, sie bleiben bis zum Abend bei uns.»; «Ich gehe mehrmals pro Woche mit meinem Pferd reiten.»
- Machen Sie auf mögliche Hürden aufmerksam, die bei Krankheit oder nach einer Operation auftreten könnten:
  «Wir wohnen im dritten Stock ohne Lift.»; «Ich bin verwitwet, die Kinder leben im Ausland.»
- Sprechen Sie über Wünsche und Vorhaben, zum Beispiel:
  «Ich wollte nächstes Jahr mit meinem Mann meinen in den USA lebenden Sohn für zwei Monate besuchen.»
- Sprechen Sie über Belastungen und Sorgen im Alltag:
  «Ich habe Angst vor dem Verlust meiner Arbeitsstelle.»; «Ich habe Schlafprobleme.»; «Ich fühle mich mit der Pflege meines Mannes manchmal überfordert.»

Nur im persönlichen, offenen Gespräch erfährt Ihr Arzt, was Ihnen wichtig ist, wovor Sie sich fürchten, was Ihnen Sorgen macht. Nur so können Sie gemeinsam besprechen, wie Sie vielleicht trotz Einschränkungen Ihre Bedürfnisse stillen, Ihre Wünsche (weiterhin) leben können oder in welchen Bereichen Sie Kompromisse eingehen könnten (zum Gespräch zwischen Arzt oder Fachperson und der Patientin siehe Seiten 70 und 113).

DIANA MEIER-ALLMENDINGER

Psychiaterin

«Jeder Mensch braucht eine Form der Selbstverwirklichung»

Frau Meier-Allmendinger, was hilft Menschen in einer Krise?
Das Wichtigste ist, dass sie sich in Beziehungen getragen fühlen. Das können familiäre, freundschaftliche oder therapeutische Beziehungen sein. Es hilft dem Betroffenen, wenn andere seine Erkrankung oder seine Krise gemeinsam mit ihm ertragen, aushalten. Deshalb ist die Solidarität der Gesunden mit den Kranken so wichtig. Der Mensch braucht die Sicherheit, dass jemand da ist, wenn er krank ist, und ihn annimmt, wie er ist. Es braucht Institutionen für Menschen, denen es nicht gut geht, die Rat, Hilfe oder Therapie benötigen.

Ist es in modernen Gesellschaften schwierig, krank zu sein?
Ja, moderne Gesellschaften haben die Tendenz, den Menschen auf seine Funktionalität zu reduzieren. Der Mensch muss funktionieren und wenn er krank wird, versucht man, ihn wieder funktionstüchtig zu machen. Die psychische Verfassung, die Frage, was es braucht, damit ein Mensch leben will und Lebensfreude spürt, kommt oft zu kurz.

Wie gewinnt ein Mensch trotz Schicksalsschlag wieder Freude am Leben?
Ich suche mit dem Patienten gemeinsam nach einem inneren Kern, der unverletzt geblieben ist. Auch eine an Krebs erkrankte Person findet vieles,

das von der Krankheit nicht betroffen ist, wie zum Beispiel die Liebe zum Partner. So leben vielleicht eine krebskranke Frau und ihr Partner in der ihnen noch verbleibenden Zeit ihre Paarbeziehung sehr intensiv und geniessen sie trotz der Schwere.

... Beziehungen sind demnach wichtig.
Beziehungen sind sehr wichtig, wenn es einem nicht gut geht. Zwar trägt der Betroffene sein Schicksal alleine, aber er ist nicht einsam, wenn er in seinen Beziehungen bleibt. Deshalb arbeiten wir im Ambulatorium der Klinik Schützen in Aarau auch eng mit den Angehörigen zusammen, denn sie sind von der Krankheit immer mitbetroffen.

Wie gewinnt jemand wieder Lebensfreude, wenn sein altes Leben unwiederbringlich verloren ist, weil er zum Beispiel nach einem Unfall an den Rollstuhl gebunden ist?
Indem er versucht, den neuen Zustand zu akzeptieren, die negativen Gefühle gegenüber seiner Situation aber nicht verdrängt. Das ist ein paradoxer Prozess: Der Querschnittgelähmte versucht, mit der neuen Situation leben zu lernen, gleichzeitig wehrt er sich dagegen, dass er nicht mehr gehen kann. Die Patientin mit Krebs versucht ihre Krankheit zu akzeptieren, macht aber eine Chemotherapie, um den Krebs zu besiegen. Es hilft, wenn man diese innere Spannung zulässt, auch Emotionen wie Enttäuschung, Wut, das Hadern mit seinem Schicksal. Nur sollte der Betroffene den negativen Gefühlen nicht nachgeben, da diese in eine Hoffnungslosigkeit bis hin zu Todeswünschen führen können. Damit nach einem Schicksalsschlag wieder Perspektiven möglich sind, ist er auf die Unterstützung seiner Mitmenschen angewiesen.

Wie findet man wieder eine Perspektive?
Dies geschieht oft dadurch, dass der Betroffene unbekannte Bereiche in sich entdeckt. Jeder Mensch braucht eine Form der Selbstverwirklichung und Selbstbestimmung, eine Tätigkeit, mit der er sich identifizieren kann, etwas, was er selbst schaffen, worüber er bestimmen kann. Eine Krise fragt nach der Identität des Betroffenen: Wer bin ich und wer will ich sein? Was steckt in mir? Es gibt wie gesagt immer Anteile, die von der Einschränkung oder der Krankheit nicht betroffen sind. So entdeckt vielleicht ein Gelähmter,

dass er gut zeichnet. Ein Mensch mit Depressionen stellt fest, dass ihm Gartenarbeit guttut, selbst eine Schwerkranke kann noch eine Perspektive entwickeln, und sei es nur das gemeinsame Abendessen mit ihren Kindern.

Wann sollte man Hilfe suchen?
Wenn man feststellt, dass man den Alltag nicht mehr meistern kann, wenn man nach einem Schock merkt, dass der Prozess der psychischen Gesundung nicht in Gang kommt; wenn man im Schmerz verharrt, das Gefühl hat, es bewege sich nichts, oder wenn man nicht mehr schlafen kann, die Gedanken sich im Kreise drehen und man sich gefangen fühlt.

Diana Meier-Allmendinger, Fachärztin für Psychiatrie und Psychotherapie, ist Leitende Ärztin im Ambulatorium der Klinik Schützen, Aarau.

Nach einem Schicksalsschlag wieder ins Leben zurückgefunden

Nadine Koller lag mit 22 Jahren nach einem Herzstillstand drei Monate im Wachkoma. Silvano Beltrametti ist nach einem Skiunfall querschnittgelähmt. Gabriel Hofmann kann seit seinem Burn-out nicht mehr arbeiten. Die drei Menschen erzählen, wie sie nach ihrem Schicksalsschlag wieder ins Leben zurückfanden.

NADINE KOLLER

Künstlerin, Langendorf

«Ich arbeite hart daran, wieder gehen zu lernen»

Am 24. April 2005 erlitt ich beim Abendessen bei den Eltern meines damaligen Freundes einen Herzstillstand. Ich war 25 Minuten lang klinisch tot. Dank der Reanimation meiner herbeigerufenen Mutter und der Notärzte fing mein Herz wieder zu schlagen an. Ich wachte aber nicht auf. Drei Monate lang lag ich im Wachkoma. Die Ärzte machten meinen Eltern und meinem Freund wenig Hoffnung.

Ich war 22 Jahre alt, wollte am Tag nach dem Abendessen mein Abschlusspraktikum als Lehrerin beginnen. Danach wollte ich Rechtswissenschaften studieren und Juristin werden. Der Herzstillstand hat alles verändert. An das Wachkoma erinnere ich mich nicht, aber an das Aufwachen. Ich wusste nicht, was passiert war, spürte aber eine grosse Erleichterung darüber, dass ich wach war. Ich erkannte sofort meine Eltern, meinen Freund. Ich hatte aber keine Kontrolle über meinen Körper und ständig Angst zu stürzen. Pflegende haben mich später in einem Heim tatsächlich mehrmals fallen lassen, einmal habe ich mir dabei die Vorderzähne ausgeschlagen. Die Angst, fallen gelassen zu werden, ist immer da.

Ich sitze im Rollstuhl, weil ich motorisch eingeschränkt bin. Ich habe spastische Hände, kann nicht alles fassen, das Klavierspiel musste ich aufgeben, Essen und Trinken dauert lange. Ich musste wieder sprechen lernen, fremde Menschen verstehen nicht alles, was ich sage. Ich gehe wöchentlich in die Physiotherapie, Ergotherapie, Logopädie. Die Krankenkasse reduzierte leider die Therapiestunden. Ich sei «austherapiert», heisst es. Aber ich brauche die Therapien doch auch, um meinen erreichten Stand halten zu können! Ausserdem arbeite ich hart daran, gehen zu lernen.

Dass ich nicht mehr gehen kann, ist das Schlimmste für mich. Am Morgen alleine aufstehen, alleine auf die Toilette gehen zu können, das wäre Freiheit! Ich möchte auch wieder Auto fahren können, mobiler sein. Jetzt bin ich total abhängig von meinen Eltern, die mich nach dem schrecklichen Aufenthalt im Heim zu sich nach Hause geholt haben. Ich kann inzwischen stehen und mit der Hilfe meiner Mutter einzelne Schritte machen. Mein neuer Freund Urs hatte auch einen Herzstillstand. Er kann gehen und sagt oft zu mir: «Irgendwann gehen wir zusammen spazieren.» Das gibt mir Hoffnung. Ich trainiere täglich, mache auch Kraftübungen, kann 100 Rumpfbeugen machen. Ich bin sehr zielstrebig, wenn ich etwas will.

Meine grosse Liebe hat mich ein paar Jahre nach dem Herzstillstand verlassen. Wir waren zwölf Jahre zusammen. Dass er nur gut ein halbes Jahr nach der Trennung geheiratet hat, war sehr schmerzhaft. Aber gegen Ende unserer Beziehung hatte ich bemerkt, dass er ungeduldig mit mir war, wenn ich etwas nicht konnte.

Ich bin zwar keine Juristin geworden, dafür bin ich jetzt Künstlerin. Ich male Bilder und konnte sie schon mehrfach ausstellen. Ich töpfere auch, zum Beispiel bunte Vögel auf Eisenbeinen. Sie kriegen Namen: Lady Gaga, Hörnligödu und einer heisst «A. Thiel», weil er den gleichen pinkfarbenen Irokesenschnitt trägt wie der Satiriker Andreas Thiel.

Reisen, Ausgang, Konzerte, Theater oder Ferien machen mich glücklich. Ich mag es, wenn etwas läuft, wenn man mit mir etwas unternimmt. Meine Unternehmungslust ist manchmal zu viel für meine Eltern, die mich ja meistens begleiten müssen. Manchmal kommen meine Tante, mein Bruder, die von der IV angestellten Assistentinnen oder Freunde mit mir in den Ausgang. Ich gehe auch einmal pro Woche in der Tagesstätte von Pro Infirmis in Gerlafingen (SO) arbeiten.

Derzeit spare ich Geld für den Genny-Rollstuhl. Er kostet aber rund 25 000 Franken. Dieser Rollstuhl wäre toll! Man kann ihn mit dem Körper bewegen – und er ist schneller.

Manchmal bin ich traurig, dass ich nicht mehr das machen kann, was ich früher konnte. Aber ich bin auch stolz, jetzt eine Künstlerin zu sein und eine eigene Website zu haben.

SILVANO BELTRAMETTI

ehemaliger Skirennfahrer, Direktor des Berghotels Tgantieni, Lenzerheide

«Ich versuche, meinen Blick auf das Positive zu lenken»

Zu einem erfüllten Leben gehören für mich Aufgaben, denen ich mich widmen kann, Herausforderungen, Zufriedenheit sowie Momente der Freude. Aufgaben finde ich vor allem bei meiner Arbeit im Hotel Tgantieni, das ich zusammen mit meiner Frau Edwina führe. Herausforderungen suche ich auch in meinen Hobbys. Ich lote gern meine Grenzen aus. Ich habe zum Beispiel nach meinem Unfall Monoski und Handbike fahren gelernt. Dieses Jahr möchte ich erstmals abseits der Piste auf Firnschnee Monoski fahren lernen. Ich bin ein Mensch, der Ziele braucht, sich Ziele setzt, manchmal nur kleine für die Arbeit: Mein Tag ist erfolgreicher, wenn ich Tagesziele mache. Aber ich habe auch Visionen – für das Hotel zum Beispiel. Sich Ziele setzen und auf sie hinarbeiten zu können, habe ich im Spitzensport gelernt.

Meine körperliche Fitness als Spitzensportler hat mir sicher geholfen, dass ich nach dem Sturz auf der Abfahrt vor 15 Jahren in Val d'Isère, der mich zu einem Querschnittgelähmten machte, rasch meine Selbständigkeit zurückerlangte. Aber der mentale Umgang mit dieser Zäsur hängt vom Charakter ab, da spielt es keine Rolle, ob man ein ehrgeiziger Sportler war. Manche Menschen sehen das Glas halb leer, andere halb voll. Ich bin ein positiv denkender Mensch. Ich habe von Anfang an versucht, meinen Blick auf das Positive zu lenken. Schon als ich auf der Intensivstation lag, stellte ich fest, dass alles noch viel schlimmer hätte kommen können: Ein 14-jähriges Mädchen lag nicht weit von mir. Es war vom vierten Brustwirbel an gelähmt, es konnte auch seine Arme nicht mehr bewegen. Die junge Frau wird nie alleine essen, sich nie alleine in den Rollstuhl hieven können. Wenn ich ein Tief habe, ermahne ich mich selbst mit dem Satz: «Es könnte alles viel schlimmer sein!» Auch bei meinen Freunden versuche ich, wenn sie wegen Kleinigkeiten jammern, den Blick wieder auf das Wesentliche zu lenken.

Grosse Veränderung kann man nur annehmen, wenn man das Alte loslassen lernt. Dabei geht man durch eine Trauerzeit, man begreift, was alles verloren ist, was man nicht mehr kann. Aber danach sollte man versuchen, sich neu zu orientieren, neue Träume zu entwickeln. Jeder Mensch braucht Träume. Bei der Verwirklichung wird man zwar an Hürden stossen, Rückschritte machen, Tiefs erleben, aber umso schöner ist es dann, wenn das Rad sich wieder zu drehen beginnt.

Das Schwierige war, am Anfang nicht zu wissen, was die Veränderung bedeutet. Man hat ja noch keine Erfahrung mit dem Neuen. Als der Arzt mir nach dem Unfall sagte, ich würde mein Leben lang gelähmt sein, wusste ich nicht, was das konkret bedeutet, worauf ich verzichten muss, auf welche Hürden ich stossen würde. Das Neue, die Zukunft, ist ein Geheimnis. Das Einschätzen der Zukunft braucht Erfahrung mit der neuen Situation und das wiederum braucht Zeit.

Wenn man wie ich plötzlich die Kontrolle über sein Leben verliert, hilft es, wenn man ein gutes Umfeld hat, Familie, Freunde, Menschen, die einem nahestehen. Manche haben mich motiviert, wenn ich ein Tief hatte, haben mich angespornt. Das war enorm wichtig. Mit anderen konnte ich über meine Ängste, meine Trauer oder meine Träume reden. Ich habe das Glück, viele Menschen um mich zu haben, die mir guttun.

Der Unfall hat meine Seele gestärkt. Ich kann besser mit Problemen umgehen, schöne Momente intensiver geniessen. Ich habe Freude an einem schönen Sonnenauf- oder -untergang, ich bin glücklich, wenn ich in der Natur bin, zum Beispiel auf der Jagd. Es macht mir Freude, wenn unsere Gäste zufrieden sind, und ich empfinde Freiheit, wenn ich auf dem Monoskibob am Morgen früh den verschneiten Hang hinunterfahren kann. Das sind Momente, die mich zufrieden machen.

GABRIEL HOFMANN

Laienschauspieler, Niedergösgen

«Beim Schauspielern habe ich den Zugang zu den Gefühlen gefunden»

Früher war mir die Karriere wichtig. Ich komme aus bescheidenen Verhältnissen und wollte reich werden. Ich habe nach der Lehre als Radioelektriker die Technikerschule in Zürich gemacht, obwohl ich als Kind ein schlechter Schüler war. Ich leide an ADS, habe Mühe, mich zu konzentrieren. Aber dank der Nachhilfe eines Kollegen habe ich das Studium geschafft. Ich habe 17 Jahre lang beim Bund gearbeitet, später war ich im mittleren Kader in der Banken- und Versicherungsbranche tätig. Ich war anerkannt und erfolgreich.

Mit 45 hatte ich meinen grossen Zusammenbruch. Es begann damit, dass ich am Morgen keine Kaffeetasse mehr fand, obwohl viele Tassen vor mir im Schrank standen. Im Büro brauchte ich mehrere Stunden, um sechs VIP-Konzerteinladungen in ein Couvert zu packen. Ich schwitzte, war unruhig, sagte meinem Chef, dass ich mich krank fühlte, und ging nach Hause. Im Bett ist alles auf mich eingebrochen, es war wie ein Sturm im Gehirn – ich konnte keinen klaren Gedanken mehr fassen, fühlte mich desorientiert, war verzweifelt, weinte, fragte mich, wozu ich eigentlich tauge.

Ich war auch vorher manchmal krank, hatte Migräne, Bauchkrämpfe, «diffuses Zeugs», blieb den ganzen Tag im Bett, fühlte mich wertlos. Schon als Kind war ich ein Einzelgänger und oft traurig. Einmal rastete ich bei einem Chef aus. Wie sich später beim Psychiater herausstellte, leide ich an einer Depression und an einer narzisstischen Persönlichkeitsstörung. Ich bin eine Diva, will gefallen, der Beste sein und versuche, mich den Erwartungen anzupassen, perfekt zu sein.

Ich ging nach dem Zusammenbruch fünf Jahre lang zu einem Psychiater. Das Reden tat gut, verbessert hat sich aber nichts. Ich habe eine Weile Freiwilligenarbeit geleistet, nahm auch an Wiedereingliederungsprogrammen teil, aber alles war zu viel. Ich bin jetzt 59 Jahre alt und beziehe seit zwölf Jahren Invalidenrente. Ich kann nicht mehr die Leistung bringen, die der Arbeitsmarkt verlangt.

Ich weiss nie, wie es mir am nächsten Tag gehen wird, kann keine Termine abmachen, nicht verbindlich sein, keine Verantwortung übernehmen. Das ist für mein Umfeld schwierig. Ich versuche eine Tagesstruktur einzuhalten, stehe jeden Morgen mit meiner Partnerin auf. Ich mache mir eine To-do-Liste mit Arbeiten, die ich erledigen will, und priorisiere sie. Denn nur in den Tag hinein zu leben ist ein «Seich».

Nach der erfolglosen Psychotherapie machte ich einen Theaterkurs für Laien an der Zürcher Hochschule der Künste. Ich habe von den ersten drei Monaten Kurs mehr profitiert als von fünf Jahren Therapie. Beim Schauspielern habe ich den Zugang zu den Gefühlen gefunden, Zugang zu mir selbst. Ich absolvierte alle Schauspielkurse und trat danach auf der Theaterbühne auf. Inzwischen habe ich in mehreren kleinen Schweizer Filmen mitgemacht. Das Schauspielern tut mir gut, ich brauche aber viele Pausen. Ich spiele immer die Bösewichte oder erfolglose Menschen, einen Drogendealer, einen sadistischen Vater, einen einsamen Betrunkenen in einer Bar. Ich bin nie der «Heroe». Das ist sehr befreiend für jemanden, der immer gefallen und perfekt sein will. Ich möchte einmal einen wirklich fiesen Typ spielen. Ich habe bei einem Wiedereingliederungsprogramm meiner Betreuerin gesagt, dass ich als Schauspieler arbeiten möchte. Sie hat mich ausgelacht.

Durch meine Krankheit, über die ich offen spreche, haben sich meine Vorstellungen eines guten Lebens verändert. Wichtig ist nicht mehr die Karriere, wichtig sind Ruhe, Liebe, Zuneigung und Zärtlichkeit. Auch ein gutes Essen mit einem guten Tropfen Wein geniesse ich; ich koche sehr gern. Zu den Lichtblicken gehören die Filmdrehtage. Auch wenn ich danach total erschöpft bin, empfinde ich am Ende des Tages ein Glücksgefühl, von dem ich tagelang zehren kann.

Das Arzt-Patienten-Gespräch

Eine medizinische Massnahme bedeutet nicht immer, dass sich die Lebensqualität des Patienten verbessert. Der Arzt hat die Pflicht, Sie über Vor- und Nachteile von Massnahmen so aufzuklären, dass Sie einen selbstbestimmten Entscheid fällen können. Sie wiederum sollten sich vor einem grösseren medizinischen Eingriff überlegen, was für Sie Lebensqualität bedeutet.

Als Patientin oder Patient werden Sie im Spital oder bei der Hausärztin mit vielen medizinischen Abklärungen und Behandlungsmöglichkeiten konfrontiert. Schon Entscheidungen über sogenannte Vorsorgeuntersuchungen sind oft schwierig. In vielen Kantonen werden zum Beispiel Frauen ab dem 50. Altersjahr automatisch zum Brustkrebs-Screening aufgeboten. Doch ist eine solche Untersuchung sinnvoll, und falls ja, für wen? Männer ab 50 müssen sich entscheiden, ob sie die laborchemische Suche nach Prostata-Krebs (PSA-Test) durchführen sollen. Noch schwieriger sind Entscheidungen, wenn man bereits krank ist. Eine Patientin mit fortgeschrittenem Krebs muss sich entscheiden, ob sie die experimentelle Therapie im Rahmen einer Studie auch noch versuchen soll. Damit Sie nicht plötzlich in einen medizinischen Automatismus hineingeraten, ist es wichtig, dass Sie vorab all diese Fragen mit Ihrem Arzt oder Ihrer Ärztin besprechen und sich über die Folgen der Massnahmen umfassend aufklären lassen.

Oft besprechen die Ärztinnen und Ärzte diese schwierigen Entscheidungen nämlich zu wenig mit ihren Patienten. Vielfach haben sie im Voraus ein Urteil über die «richtige» Behandlung gefällt, oder sie handeln aus Gewohnheit (und unter Zeitdruck): Sie bieten an, was man in solchen Situationen meistens anbietet. Der Patient wiederum, der oft nicht richtig versteht, wozu die Untersuchungen und Therapien gut sind und welche Auswirkungen sie auf seine Lebensqualität haben können, überlässt dem medizinischen Experten die Entscheidung, was zu tun ist, und sagt Ja zu den Interventionen, die ihm seine Ärztin vorschlägt.

INFO *Ärztinnen und Ärzte sagten in einer Befragung im Rahmen des Schweizerischen Nationalfondsprojekts «Lebensende», dass sie aktiv versuchten, ihre Patientinnen von einer Therapie oder von der Unterlassung der Therapie (zum Beispiel Reanimation bei Herzstillstand) zu überzeugen. Die Entscheidung von Patienten hänge auch stark davon ab, wie Ärzte über Chancen und Risiken informieren und wie sie diese gewichten oder welche Varianten sie als sinnvoll erachten, schreiben die Studienautoren. Oft übernähmen die Ärzte auch eigenmächtig Lebensendentscheidungen.*
(Aus: Iris Graf, Peter Stettler, Kilian Künzi et al.; 2014: Entscheidungen am Lebensende in der Schweiz)

Dabei zeigen Studien: Die Ärzte selbst überschätzen häufig den Nutzen und die Vorteile einer Therapie. Fehlender oder umstrittener Nutzen, wie beim PSA-Test zur Abklärung von Prostatakrebs oder bei der Mammografie zur Abklärung von Brustkrebs, sowie mögliche Schäden von weiterführenden Abklärungen oder Therapien thematisieren die Ärztinnen und Ärzte vielfach nicht oder zu wenig. Die Patienten sind somit nicht vollständig informiert und fällen auf der Basis dieses lückenhaften Bildes den Entscheid über eine medizinische Intervention.

ÄRZTE ÜBERSCHÄTZEN VORSORGETESTS

Gerd Gigerenzer, Risikoforscher am Max-Planck-Institut für Bildungsforschung in Berlin, zeigte an einer Fortbildung für Gynäkologen im Jahr 2007, wie diese die Mammografie überschätzen und ihre Patientinnen falsch informieren. Er fragte die anwesenden 160 Gynäkologinnen und Gynäkologen: «Wie viele Frauen mit positivem Testergebnis haben tatsächlich Brustkrebs?» Die richtige Antwort wäre gewesen: Eine von zehn Frauen. Die meisten dachten aber, dass die Folgeuntersuchung das positive Mammografie-Ergebnis zu 80 bis 90 Prozent mit Krebs bestätigen würde. Nur 21 Prozent der Ärzte wussten, was ein positives Ergebnis beim Brustkrebs-Screening bedeutet, und hätten die Frauen entsprechend richtig informiert.

Viele Mediziner überschätzen auch den Früherkennungstest für Prostatakrebs. Dies obwohl das Swiss Medical Board, das medizinische Interventionen abwägt, im Jahr 2011 zum Schluss kam, dass der PSA-Test bei beschwerdefreien Männern ohne familiäre Belastung nicht gerechtfertigt sei. ■

Gemeinsam entscheiden

Sie können als Patientin oder Patient Ihr Recht auf Selbstbestimmung in Bezug auf eine medizinische Massnahme nur wahrnehmen, wenn Ihr Arzt Sie richtig über Diagnose, Therapieziel und die möglichen Folgen informiert, wenn diese Informationen auf dem neusten wissenschaftlichen Stand sind und der Arzt sie Ihnen in einer verständlichen Sprache vermittelt sowie transparent Vor- und Nachteile medizinischer Untersuchungen und Therapiemöglichkeiten aufzeigt. Ärzte haben von Gesetzes wegen diese Aufklärungspflicht.

§ **URTEIL** *Das Schweizerische Bundesgericht hielt in einem Urteil 1991 fest: «Ein zu Heilzwecken vorgenommener ärztlicher Eingriff in die körperliche Integrität des Patienten ist widerrechtlich, sofern nicht ein Rechtfertigungsgrund – insbesondere die Einwilligung des ausreichend aufgeklärten Patienten – vorliegt. Da die ärztliche Aufklärungspflicht sowohl dem Schutz der freien Willensbildung des Patienten wie auch dem Schutz seiner körperlichen Integrität dient, besteht im Fall ihrer Verletzung nicht nur eine Ersatzpflicht für immateriellen, sondern auch für anderen Schaden.» (BGE 117 Ib 197)*

Shared Decision Making nennt man in der Fachsprache die gemeinsame Entscheidungsfindung von Arzt und Patient. Bei dem Modell der gemeinsamen Entscheidungsfindung betrachten sich Arzt und Patient prinzipiell als gleichwertige Gesprächspartner. Der Arzt bemüht sich darum, den Patienten in verständlicher Sprache über die Vor- und Nachteile einer möglichen medizinischen Intervention aufzuklären, und bezieht ihn in die Entscheidung mit ein. Der Patient übernimmt durch sein aktives Mitentscheiden ebenfalls Verantwortung für die Behandlung. Auch die FMH, die Verbindung der Schweizer Ärztinnen und Ärzte, begrüsst das Modell der gemeinsamen Entscheidungsfindung. In einem Artikel in der Ärztezeitung fordert sie ihre Mitglieder dazu auf, «Verantwortung für die sorgfältige Behandlung» ihrer Patientinnen und Patienten zu tragen. Die Ärztinnen und Ärzte sollten vor allem darauf achten, die verschiedenen Behandlungsmöglichkeiten mit ihrem Patienten zu besprechen, ihn über Risiken und Chancen aufzuklären und die medizinischen Massnahmen auf die Wünsche, Hoffnungen und Erwartungen des Patienten abzustimmen. Auch wenn der Patient die Lebensqualität höher gewichte als die Lebensdauer, müsste ein Arzt keine Schadenersatzforderungen fürchten, wenn sie zum Beispiel den Verzicht auf eine Behandlung gemeinsam beschlossen hätten und der Arzt dies nachweisen könne.

TIPP *Es gilt der Grundsatz: Der Arzt ist der Experte der Fakten und muss diese ausgewogen und verständlich dem Patienten erklären. Der Patient ist Experte seiner selbst und muss dem Arzt mitteilen, was für ihn Lebensqualität bedeutet, was ihm wichtig ist, mit welchen potenziellen Nachteilen einer Behandlung er Mühe hätte.*

Das Gespräch mit Ihrer Ärztin: Hilfreiche Fragen und Überlegungen

Fragen Sie Ihren Arzt, machen Sie sich vorher Notizen darüber, was Sie wissen möchten, was Sie verunsichert, wovor Sie Angst haben, was Ihnen wichtig ist und was für Sie Lebensqualität ausmacht. Wenn Sie etwas nicht verstehen, fragen Sie nach; fragen Sie Ihren Arzt auch, ob er Informationsmaterial abgeben könne, ob er eine Skizze anfertigen könnte, um etwas anschaulich zu machen. Bitten Sie ihn, die Fachausdrücke, die Sie nicht verstehen, zu erklären.

- **Fragen zu Diagnose und Therapieziel:**
  - Wie lautet die Diagnose?
  - Was ist das Ziel der Therapie (Heilung, Verlängerung des Lebens um ein paar Wochen oder Monate, Schmerzlinderung etc.)?
- **Fragen zu den vorgeschlagenen Massnahmen:**
  - Ist das Ziel mit der vorgeschlagenen Massnahme erreichbar? Welche Verbesserung oder Erkenntnisse darf ich durch die Behandlung oder Untersuchung erwarten?
  - Welche Argumente sprechen gegen die Behandlung oder Untersuchung? Welche Risiken gibt es?
  - Mit welchen Konsequenzen – auch in Bezug auf meine Lebensqualität – muss ich rechnen? Welche Risiken gibt es, wenn ich die Behandlung oder Untersuchung nicht mache, und mit welchen Konsequenzen muss ich dann rechnen?

GESPRÄCH BEI EXISTENZIELLEN ENTSCHEIDUNGEN

Man muss als Patient nicht alles hinterfragen. Bei einem entzündeten Blinddarm oder einem Armbruch ist meist klar, was zu tun ist. Geht es aber um existenzielle Entscheidungen oder ist nicht klar, welche Behandlung zu wählen ist, braucht es das Gespräch. Wenn zum Beispiel ein Patient mit einem fortgeschrittenen Krebsleiden drei erfolglose Chemotherapien hinter sich hat, dann sollten der behandelnde Arzt und der Betroffene besprechen, welche Vor- und Nachteile eine vierte Chemotherapie hat. Dabei kann es um die Frage gehen, ob der Patient lieber noch drei Monate zu Hause bei seiner Familie leben will oder ob er ein paar Monate länger leben möchte und dafür auch lange Spitalaufenthalte in Kauf nimmt (siehe auch Kapitel Palliative Care auf Seite 175). ■

  - Gibt es Alternativen zur Behandlung oder Untersuchung und welche? Risiken und Chancen der Alternativen?
  - Wie dringend ist die Behandlung oder Untersuchung, kann ich zuwarten und wie lange?
- **Fragen zu Krebsvoruntersuchungen:**
  - Fragen Sie Ihre Ärztin oder Ihren Arzt nach dem Risiko für Überdiagnose und Überbehandlung.

Bei Prozentangaben bezüglich der Risiken oder des Nutzens ist Vorsicht geboten. Die Angabe zur relativen Reduktion eines Risikos, ohne das absolute Risiko zu kennen, ist nicht aussagekräftig. Wenn Ihnen eine Ärztin sagt, diese oder jene Vorsorgeuntersuchung senke die Sterblichkeit um 25 Prozent, sagt dies nichts aus. Ihre Ärztin sollte die absolute Anzahl geretteter Patienten von der Gesamtzahl der an der Studie teilgenommenen Personen angeben (zum Beispiel: machen 2000 Frauen das Brustkrebs-Screening, kann ein Todesfall verhindert werden).

- **Klären Sie Ihre Werte:**
  - Was erwarte ich von dieser Vorsorgeuntersuchung, von dieser Therapie oder Operation? Was ist mir wichtig? Will ich möglichst lange leben (Quantität der Lebensjahre) oder will ich möglichst gut leben (Lebensqualität)?

Diese Fragen spielen zum Beispiel bei Krebspatienten eine grosse Rolle. Ein Patient mit Prostatakrebs sollte vor einer Operation zum Beispiel über folgende Fragen nachdenken:

- Ist es mir wichtig, das Krebsrückfallrisiko so weit als möglich auszuschliessen? Ist es mir wichtig, dass ich potent bleibe? Wäre es schlimm, wenn ich inkontinent würde?

Die unterschiedliche persönliche Gewichtung und Inkaufnahme von Risiken kann den Entscheid für den Behandlungsplan wesentlich beeinflussen.

Das Recht, eine Behandlung abzulehnen (Abwehrrecht)

Der urteilsfähige Patient darf jederzeit eine medizinische Behandlung ablehnen, ausser die Verweigerung gefährde Dritte oder – wie bei einer Epidemie – die Bevölkerung. Dieses «Abwehrrecht» fusst auf dem in der Bundesverfassung verankerten Recht auf persönliche Freiheit, welches das Recht auf körperliche und geistige Unversehrtheit einschliesst. Deshalb muss der Arzt Sie immer über die medizinischen Massnahmen aufklären, die in Frage kommen, und Sie müssen ihnen explizit zustimmen. Ohne Einwilligung darf der Arzt keine Massnahmen ergreifen (ausser in einem Notfall). Jeder medizinische Eingriff in den Körper gilt juristisch als Körperverletzung. Erst durch die Zustimmung des urteilsfähigen Patienten wird der Eingriff legitimiert. Ist der Patient nicht urteilsfähig, muss der Arzt dessen Anweisungen in der Patientenverfügung befolgen, respektive den Stellvertreter des Patienten in die Entscheidungsfindung einbeziehen (mehr dazu auf Seite 104).

Der Arzt weiss oft nicht, was seinem Patienten wichtig ist, was für ihn Lebensqualität ausmacht. Nicht jeder Person ist das Gleiche wichtig, wie folgendes Beispiel zeigt:

BEI EINEM 68-JÄHRIGEN MANN wurde vor zehn Jahren gleichzeitig Darm- und Prostatakrebs diagnostiziert. Der Tumor im Darm wurde operativ entfernt, jener in der Prostata lokal erfolgreich bestrahlt. Nach der Darmoperation brauchte der Patient einen künstlichen Darmausgang (Enterostoma) und dies ein halbes Jahr länger als ursprünglich geplant. Das machte dem ehemaligen Angestellten in Kaderposition, dem die Hygiene immer äusserst wichtig war, grosse Mühe. Er ging während dieser Zeit kaum aus, weil er sich schämte und befürchtete, dass man «das Säckchen riecht oder blubbern hört». Er

KENNEN SIE IHRE RECHTE ALS PATIENTIN UND PATIENT?

- **Recht auf Selbstbestimmung:** Sie haben das Recht, über Ihren Körper selbst zu bestimmen (solange Sie als urteilsfähig betrachtet werden und keine Drittpersonen gefährdet sind). Sie entscheiden, ob Sie sich behandeln lassen wollen oder nicht. Sie können eine Behandlung ablehnen (Abwehrrecht), auch wenn die Behandlung in Ihrem gesundheitlichen Interesse läge.
- **Recht auf Information:** Ohne Aufklärung und ohne ihre informierte Zustimmung (in der Fachsprache *informed consent* genannt) ist jede Behandlung aus juristischer Sicht eine Körperverletzung. Ihre Ärztin oder Ihr Arzt ist verpflichtet, Sie über Diagnose, Therapieziel, Behandlungsmöglichkeiten sowie deren Vor- und Nachteile wie auch Risiken zu informieren. Haben Sie keine Hemmungen, alle nötigen Fragen zu stellen, bis Sie sich ein Bild über Ihre Situation, die vorgeschlagenen Massnahmen mit ihren Vor- und Nachteilen machen können.

befürchtete, dass das Enterostoma nicht mehr rückverlegt werden könne. Doch nach gut zehn Monaten konnte es entfernt werden, was für den Betroffenen ein grosser Rückgewinn an Lebensqualität bedeutete.

Nach zehn Jahren zeigte eine Kontrolle, dass in der Prostata wieder ein Tumor wuchs. Der behandelnde Onkologe schlug ihm unter anderem eine operative Entfernung des Tumors vor. Er machte ihm aber klar, dass das Risiko gross sei, nach der Operation für immer ein Enterostoma tragen zu müssen und inkontinent zu werden. Nach Gesprächen mit seiner Frau und seinem Hausarzt teilte der Patient dem Onkologen mit, dass für ihn ein Enterostoma eine massive Lebensqualitätseinbusse wäre und er lieber so lange als möglich «ohne ein Säckchen» leben wolle.

Er gehe das Risiko ein, dass sich dadurch seine Lebenszeit verkürzen könne. Der Onkologe und der Patient entschieden sich gemeinsam, vorerst auf eine Operation zu verzichten, den Verlauf des Tumors aber streng zu überwachen und bei aggressivem Wachstum neu zu entscheiden.

Gerade ältere Patienten stellen die Lebensqualität häufig über die Überlebensdauer. Die Bereitschaft, für einen kleinen Nutzen grosse Nebenwirkungen oder lange Spitalaufenthalte in Kauf zu nehmen, ist bei ihnen meistens kleiner als bei jüngeren Personen. Deshalb ist es wichtig, dass der Arzt seine Patientinnen und Patienten offen über die Risiken aufklärt – vor allem auch in Bezug auf eine Verminderung der Lebensqualität.

TIPP *Aktuelle Ratgeber für das Arzt-Patienten-Gespräch gibt es bei folgenden Organisationen:*

- *Das Zürcher Medizinethikinstitut Dialog Ethik hat gemeinsam mit der Schweizerischen Herzstiftung die Informationsbroschüre «Arzt-Patienten-Partnerschaft – gemeinsam zum stimmigen Entscheid» herausgegeben.*
- *Die Stiftung SPO Patientenschutz hat den Ratgeber «Patientenkompass» publiziert, in dem auch die Rechte und Pflichten von Patienten erläutert werden.*
- *Der Dachverband Schweizerischer Patientenstellen gibt Merkblätter zu verschiedenen medizinischen Entscheidungen und Fragen heraus.*
- *Im Gesundheitsdossier von MediX gibt es unter anderem Informationen zu den Rechten und Pflichten von Patientinnen und Patienten.*

(alle Adressen im Anhang)

Was kann ich von einer Ärztin oder einem Arzt einfordern?

Zwar können Sie als urteilsfähiger Patient alle medizinischen Massnahmen ablehnen (Abwehrrecht), aber Sie können von Ihrem Arzt nicht alle Massnahmen einfordern. Es gibt kein generelles Einforderungsrecht. Jeder Patient hat das Recht auf Behandlung und Betreuung in dem im obligatorischen Krankenpflegeversicherungsgesetz (KVG) beschriebenen Umfang. Die Grundversicherung zahlt jene Therapien und Behandlungen, die *wirksam*, *zweckmässig* und *wirtschaftlich* sind, man spricht in diesem Zusammenhang von den WZW-Kriterien.

Selbstbestimmung in Bezug auf eine medizinische Intervention heisst in erster Linie, dass Sie als urteilsfähiger Patient oder Patientin Ja oder Nein zu einer vorgeschlagenen Therapie sagen können. Sie können aber nicht die Therapie bestimmen. Vielmehr wählt der Arzt im Rahmen der sogenannten ärztlichen Kunst jene Therapie aus, von der er meint, sie sei die beste für Sie, und die den WZW-Kriterien entspricht.

In der Praxis legt der Arzt aufgrund der Diagnose und des Gesundheitszustandes fest, welche medizinischen Interventionen indiziert sind. Dies bedeutet, dass der Arzt darüber urteilt, welche Massnahmen dem Patienten helfen können (um ihn zu heilen oder die Beschwerden zu lindern). Ist eine

Therapie in der gegebenen Situation nicht indiziert, das heisst aus Sicht des Arztes für den Patienten nicht sinnvoll, kann der Patient (oder dessen Stellvertreter) diese Therapie von einem Arzt oder einer Ärztin nicht einfordern.

INFO *Medizinisch indiziert ist eine Behandlung, Therapie oder Voruntersuchung dann, wenn der Arzt zum Schluss kommt, dass sie dem Patienten in seiner aktuellen klinischen Situation einen Nutzen bringt, also sinnvoll ist. Ist eine medizinische Intervention nach dem Stand der Wissenschaft für diesen bestimmten Patienten wirkungslos oder sogar schädlich, ist sie medizinisch nicht indiziert und darf vom Arzt nicht angeordnet werden, auch dann nicht, wenn der Patient sie will.*

Kein Patient kann einen Arzt zu einer medizinischen Massnahme zwingen. Der Arzt ist verpflichtet, nach bestem Wissen und Gewissen zu handeln. Wenn er aufgrund seines Fachwissens der Meinung ist, dass eine bestimmte Therapie nichts bringt, darf er sie nicht anbieten. Der Arzt kann eine Behandlung auch aus Gewissensgründen ablehnen – so muss zum Beispiel kein Arzt Suizidbeihilfe leisten (mehr dazu auf Seite 122). Trotzdem können die Ärztinnen und Ärzte nicht willkürlich über Behandlungen entscheiden. Können Sie sich als Patient oder dessen Stellvertreter nicht mit dem behandelnden Arzt über eine Therapie einigen, dann wenden Sie sich am besten an eine Patientenstelle (siehe Anhang).

TIPP *Wenn ein Arzt eine Therapie bei Ihnen als nicht medizinisch indiziert betrachtet und sie nicht durchführen will, Sie aber Zweifel haben, können Sie eine Zweitmeinung bei einem anderen Arzt einholen. Fragen Sie vorher bei Ihrer Krankenkasse, ob sie die Kosten für die Zweitmeinung übernimmt. Beratung erhalten Sie auch bei den Patientenstellen (siehe Anhang).*

Risiko Überbehandlung

Fast jeder vierte Patient in der Deutschschweiz, der Romandie und im Tessin gab in einer Umfrage der Allianz der Konsumentenschutzorganisationen (SKS, FRC, ACSI) im Jahre 2016 an, selber beobachtet zu haben, dass unnötige Behandlungen oder Untersuchungen durchgeführt werden. Schon das Schweizerische Gesundheitsobservatorium war im Rahmen der Gesundheitsbefragung 2013 zum Schluss gekommen, dass fast jeder fünfte Patient in der Schweiz das Gefühl hat, eine Ärztin oder ein Arzt habe mindestens einen überflüssigen medizinischen Test angeordnet. Im Vergleich mit anderen Ländern berichten die Befragten in der Schweiz am häufigsten über überflüssige medizinische Tests, und das Gefühl, unnötig behandelt und untersucht zu werden, nahm in den letzten zehn Jahren zu.

Die Anzahl medizinischer Möglichkeiten hat sich in den letzten Jahrzehnten enorm erhöht. Zu bestimmen, was für den jeweiligen Patienten bedarfsgerecht ist, ist nicht immer einfach für die Ärztinnen und Ärzte. Dazu kommt, dass der Krankheitsbegriff immer mehr ausgeweitet wird. Auch der Wunsch vieler Patientinnen und Patienten, Krankheiten so weit als möglich auszuschliessen, vom Arzt die Bestätigung zu erhalten, «dass nichts Negatives» vorliegt, sowie die Sorge der Ärzte, etwas zu übersehen, seien Gründe für Überdiagnostik und Überbehandlung, schreiben der Epidemiologe Arnaud Chiolero und seine Kollegen im *Swiss Medical Forum*. Auch die immer sensibler reagierenden Diagnoseinstrumente führen zu Überdiagnosen. Sie seien «die Kehrseite einer stark technisierten Medizin».

INFO *Vor der Überbehandlung steht oft eine Überdiagnose. Von einer Überdiagnose spricht man, wenn ein Arzt eine (nicht gesuchte) «Anomalie» feststellt, die keine Beschwerden verursacht und von der er auch nicht weiss, ob sie für die weitere Gesundheit seines Patienten eine Bedeutung hat. Überdiagnosen entstehen oftmals bei (präventiven) Screeninguntersuchungen, diagnostischen Routineuntersuchungen, bei denen sich Zufallsbefunde ergeben.*

Überversorgung auch aus finanziellen Gründen

Die Gefahr, dass Patientinnen und Patienten Opfer von Überdiagnostik und Überversorgung werden, besteht aber auch aufgrund der finanziellen Anreize im Gesundheitswesen. Die Ökonomisierung der Medizin setzt die Ärztinnen und Ärzte unter Druck, Leistungen zu verschreiben, die nicht unbedingt notwendig sind, wie Ärzte selbst bestätigen. Dazu kommt, dass es für den Arzt einfacher ist, etwas zu tun, als nichts zu tun. Auch der Patient kurbelt die Überbehandlung an, denn ihm ist es ebenfalls wohler, wenn der Arzt etwas macht, als wenn er nichts macht.

ÜBERDIAGNOSE BEI BRUSTKREBS-SCREENING

Laut einer Studie aus dem Jahr 2013 von Cochrane Collaboration, einem weltweiten Netz von Wissenschaftlern und Ärzten, die medizinische Therapien bewerten, kann bei 2000 Frauen, die sich zehn Jahre lang einem Brustkrebs-Screening (Mammografie) unterziehen, ein Todesfall verhindert werden. Dafür werden 10 gesunde Frauen unnötig behandelt, weil das Screening ein falsches positives Resultat ergab.
Kurz: Auf eine vor dem Brustkrebstod bewahrte Frau kommen zehn überdiagnostizierte und überbehandelte Frauen. ■

So setzen Ärzte bei Herzschwäche oder Herzinsuffizienz Stents ein, obwohl diese den Patienten keinen Zusatznutzen bringen. Für eine Diagnose machen sie Koronarangiografien (Röntgen der Herzkranzgefässe) mit Herzkathetern, obwohl ein Herzkatheter nur im Notfall oder dann eingesetzt werden sollte, wenn keine nicht invasiven Massnahmen helfen; denn jeder Herzkatheter setzt den Patienten oder die Patientin einem Risiko aus. Auch unnötige Operationen des Kreuzbands, des Meniskus, der Knie- und Hüftgelenke und des Rückens sind üblich. Wegen falscher Anreize würden die Schweizer häufiger überdiagnostiziert, mit Kathetern behandelt und operiert als etwa Holländer, Norweger oder Schweden, schreibt Urs P. Gasche, ehemaliger Mitherausgeber des *K-Tipp*, im Herbst 2019 in der Internetzeitung *Infosperber*. Unter dem Titel «Schwere Körperverletzung von Ärzten: Von A bis Z» listet er mit Verweisen auf Studien mehrere medizinische Massnahmen auf, mit denen Patientinnen und Patienten traktiert werden, obwohl sie nichts nützen, sondern sie im Gegenteil schädigen können.

INFO *Überbehandlungen kommen in den reicheren Ländern auf der ganzen Welt häufig vor. Shannon Brownlee vom Lown Institute in Boston, das sich für ein gerechtes und fürsorgliches Gesundheitssystem einsetzt, listet mit ihren Kollegen in einer Studie aus dem Jahr 2017 die häufigsten Überbehandlungen auf. Dazu gehören beispielsweise die Gebärmutterhalskrebsvorsorge, Wiederholungs-EKG, Antibiotikagaben bei Virusinfektionen, Magenspiegelungen, Gebärmutterentfernungen sowie Tumormarker zur Bestimmung von Brustkrebs. Shannon Brownlee* *machte bereits im Jahre 2007 mit ihrem Buch «Overtreated» (Überbehandelt) darauf aufmerksam, dass uns «zu viel Medizin» schädigen kann.*

Besonders in der Krebsvorsorge und in der Krebsbehandlung machen Ärztinnen und Ärzte zu viel. Der jährliche Abstrich der Gebärmutter zur Früherkennung von Gebärmutterhalskrebs (Pap-Test) ist bei normalem Befund ebenso unnötig wie der PSA-Test zur Früherkennung von Prostatakrebs bei Männern ohne familiäre Vorbelastung (siehe Seite 71) oder das Mammografie-Screening zur Früherkennung von Brustkrebs (siehe Kasten Seite 80).

In der Krebstherapie zeige sich auch eine heikle Wechselerwartung zwischen Patient und Arzt, schreibt Palliativmediziner Gian Domenico Borasio. Der schwer kranke Patient höre vor allem die positiven Aspekte aus dem Gespräch mit dem Arzt heraus und gehe davon aus, dass dieser ihm keine Therapie vorschlage, die für ihn nicht gut wäre. «Leider zeigt die Erfahrung, dass Ärzte [...] Patienten häufig Therapien vorschlagen, von denen sie hinter vorgehaltener Hand sagen, dass sie diese nie und nimmer für sich selbst oder für die eigenen Angehörigen in einer vergleichbaren Situation in Betracht ziehen würden.» Aber man müsse dem Patienten ja gleichwohl «noch etwas anbieten», konstatiert Borasio.

Der Gefahr, einer Übertherapie ausgesetzt zu werden, unterliegen offenbar vor allem gut versicherte Sterbende. Eine im Jahr 2014 publizierte Studie zeigte: In den vier untersuchten Schweizer Kantonen ist die Wahrscheinlichkeit, im letzten Lebensmonat eine Chemotherapie zu erhalten, bei Privatpatienten rund doppelt so hoch wie bei Grundversicherten. Dies zeigt aber auch, dass sich das Schweizer Gesundheitswesen zu einer Zweiklassenmedizin zu entwickeln scheint: Bei Privatversicherten wird mehr unternommen als bei Patientinnen und Patienten, die nur grundversichert sind.

Kampagne: «Weniger Medizin kann mehr sein»

Verschiedene Ärztinnen und Ärzte plädieren für einen Wechsel von einer Maximal- zu einer Optimalmedizin. So hat 2014 die grösste medizinische Fachgesellschaft der Schweiz, die Schweizerische Gesellschaft für Allgemeine Innere Medizin (SGAIM), die «Smarter Medicine»-Kampagne mit dem Schlagwort «Weniger Medizin kann mehr sein» lanciert und eine

Liste mit Interventionen vorgestellt, die dem Patienten keinen messbaren Nutzen bringen und bei denen das Risiko den potenziellen Nutzen möglicherweise übersteigt (siehe Anhang). Die Kampagne in der Schweiz ist das Pendant zur Initiative «Choosing Wisely» (weise Wahl), die 2012 in den USA lanciert wurde. Bereits über 80 medizinische Fachgesellschaften und Organisationen im medizinischen Bereich sind in den USA dieser Bewegung beigetreten und haben Empfehlungen zu 500 wirkungslosen und risikobehafteten Untersuchungen und Behandlungen publiziert. In Deutschland hat der Ethikrat in einer Stellungnahme gefordert, künftig das Patientenwohl als Massstab für das Spital zu verankern (und nicht ökonomische Überlegungen). Dass dies nicht selbstverständlich ist, zeigt, wie sehr auch das Gesundheits- und Sozialwesen dem Rendite- und Profitstreben verfallen ist. Urs P. Gasche fordert in seinem Artikel in der Internetzeitung *Infosperber* denn auch, dass die finanziellen Anreize für medizinische Interventionen beseitigt werden. In Deutschland, Holland und in ganz Skandinavien ist zum Beispiel eine Entschädigung an den Arzt, die von der Zahl der durchgeführten Operationen abhängt, verboten. In der Schweiz nicht.

INFO *Von Überversorgung oder Überbehandlung ist dann die Rede, wenn medizinische Massnahmen keinen erwiesenen Nutzen bringen werden oder unnötig häufig, unnötig intensiv und lange eingesetzt werden. Dies muss nicht immer zu einer Schädigung des Patienten führen.*

So schützen Sie sich vor Überbehandlung

Sie können sich vor einer Überbehandlung schützen, indem Sie kritisch nachfragen und Massnahmen hinterfragen.

- Suchen Sie das Gespräch mit Ihrem Arzt (siehe auch Seite 73).
- Holen Sie – vor allem vor grösseren Operationen oder Therapien – eine zweite Meinung ein; fragen Sie aber vorher bei Ihrer Krankenkasse nach, ob sie die Kosten für die Zweitmeinung übernimmt.
- Fragen Sie bei einer Konsumenten- oder Patientenstelle nach, ob es zur vorgeschlagenen Therapie oder Operation Empfehlungen gibt.
- Lassen Sie sich mit der Entscheidung Zeit, die meisten Behandlungen und Untersuchungen sind planbar und müssen nicht sofort durchgeführt werden.

Auf der Website der «Smarter-Medicine-Kampagne» finden Sie fünf Fragen, die Sie dem Arzt oder der Ärztin vor einer medizinischen Massnahme stellen sollten: www.smartermedicine (→ 5 Fragen an Ihren Arzt).

Rationierung bei Betagten, Behinderten und chronisch Kranken

Der medizinische Fortschritt, unser Wohlstand und die damit einhergehenden gewachsenen Ansprüche an die Medizin haben die Kosten im Gesundheitswesen in den letzten Jahrzehnten stetig ansteigen lassen. Doch alle Ressourcen sind endlich und auch die bislang bedingungslose Solidarität der Gesunden mit den Kranken über die gemeinsam getragene Grundversicherung ist brüchig: Verschiedene Politiker haben bereits gefordert, dass Bagatellen von der Grundversicherung auszuschliessen und von den Betroffenen selbst zu tragen sind, oder dass Personen, die sich gesundheitsschädigend verhalten, für Gesundheitskosten selbst aufkommen sollen.

Die Gesellschaft komme nicht um die Aufgabe herum, auch im Gesundheitswesen Grenzen anzuerkennen, schreibt die Schweizerische Akademie der Medizinischen Wissenschaften (SAMW) in ihrem Bericht *Rationierung im Schweizer Gesundheitswesen: Einschätzung und Empfehlungen*, den sie im Rahmen des Projekts «Zukunft Medizin Schweiz» erstellt hat. Rationierung sei nicht zu vermeiden und existiere bereits.

INFO *Allgemein versteht man unter der Rationierung die Beschränkung vorhandener Güter oder Dienstleistungen. Rationierung im Gesundheitswesen heisst, dass man gewissen Patientinnen und Patienten gewisse nützliche Leistungen nicht (mehr) zur Verfügung stellt. Man unterscheidet zwischen verdeckter und offener Rationierung. Bei der offenen Rationierung macht man die Kriterien transparent, nach denen Patienten Leistungen erhalten oder nicht erhalten. Bei der verdeckten Rationierung erfährt der Patient nicht, ob ihm Leistungen aufgrund einer Rationierung vorenthalten werden.*

Tatsächlich weisen verschiedene Aufsätze und Studien darauf hin, dass bereits heute rationiert wird, um Kosten zu sparen. Diese Rationierungen finden jedoch meist verdeckt und häufig im Spital und in der Langzeitversorgung statt. Eine Studie von Samia Hurst und ihren Kollegen über Rationierungen im Vergleich mit anderen Ländern zeigte, dass Schweizer Ärzte häufiger rationieren als ihre Kollegen in Italien, Norwegen und Grossbritannien: Rund 68 Prozent der Schweizer Internisten und Allgemeinmediziner gaben an, wegen entstehender Kosten für das Gesundheitswesen auf Eingriffe, die im Interesse der Patienten gewesen wären, verzichtet zu haben. Sie haben demnach am häufigsten auf Magnetresonanztomographien, Screeningtests, diagnostische Labortests und die Abgabe rezeptpflichtiger Medikamente verzichtet.

Eine Studie von Brigitte Santos fand heraus, dass für chronisch Kranke der Zugang zu psychiatrischer Behandlung und zu Rehabilitation, wie auch die Unterbringung in Langzeitinstitutionen manchmal oder oft nicht gewährleistet ist. Die SAMW kommt deshalb zu dem Schluss, dass vor allem hochaltrige Patienten, gesellschaftlich «marginalisierte Personen», Menschen mit psychischen Störungen, mit Behinderungen und chronischen Krankheiten im schweizerischen Gesundheitssystem benachteiligt würden.

Die Bundesverfassung garantiert aber die Gleichheit der Behandlung und verbietet jede Diskriminierung.

INFO *Eine Rationierung, die sich auf eines der in der Bundesverfassung in Artikel 8 genannten Kriterien stützen würde (Herkunft, Rasse, Geschlecht, Alter, Sprache, soziale Stellung, Lebensform, religiöse, weltanschauliche oder politische Überzeugung oder körperliche, geistige oder psychische Behinderung), wäre verfassungswidrig.*

Die grosse Herausforderung für die Verantwortungsträger auf allen Ebenen des Gesundheitswesens besteht gemäss der SAMW darin, die Grenzen *gerecht* zu setzen. Die zentrale Frage sei nicht jene nach der Zulässigkeit oder Vermeidbarkeit von Rationierung, sondern jene nach der Unterscheidung zwischen gerechter und ungerechter Rationierung. Dazu gehört auch, die Rationierung offenzulegen. Als Patient oder Angehöriger eines Patienten sollten Sie sich beim Gefühl, dass Sie nicht die Behandlung erhalten, die Sie bräuchten, mit einer Patientenstelle in Verbindung setzen.

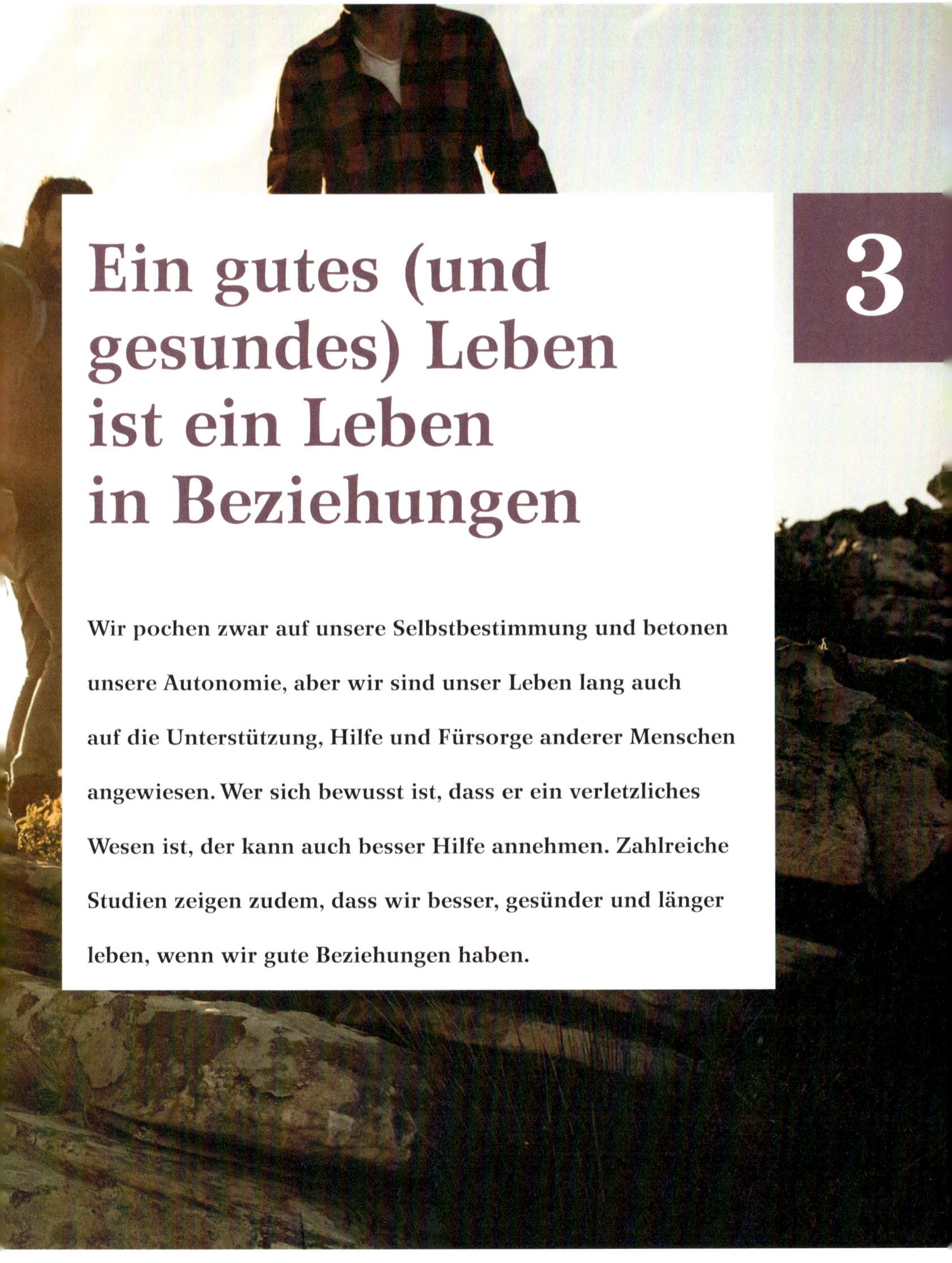

3

Ein gutes (und gesundes) Leben ist ein Leben in Beziehungen

Wir pochen zwar auf unsere Selbstbestimmung und betonen unsere Autonomie, aber wir sind unser Leben lang auch auf die Unterstützung, Hilfe und Fürsorge anderer Menschen angewiesen. Wer sich bewusst ist, dass er ein verletzliches Wesen ist, der kann auch besser Hilfe annehmen. Zahlreiche Studien zeigen zudem, dass wir besser, gesünder und länger leben, wenn wir gute Beziehungen haben.

Autonomie und Abhängigkeit – ein schwieriges Thema

Unterstützung annehmen zu müssen und abhängig zu werden, ist für viele von uns schwierig. Dabei sind wir unser Leben lang von anderen Menschen abhängig, zum Beispiel von ihrem Lob, Rat oder Trost. Hilfe annehmen zu können, sei eine «Form der Grosszügigkeit», sagt der Basler Philosoph Andreas Brenner.

Aus einer grossen Umfrage namens «Das Vermächtnis» bei über 3000 Personen in Deutschland zu ihrem Leben, ihren Werten, Überzeugungen und ihren Ängsten wurde deutlich, dass die Befragten mehr noch als vor Krieg, Klimakatastrophe, Kriminalität und Armut sich davor fürchten, kein selbstbestimmtes Leben führen zu können. Diese Angst dürfte auch in der Schweiz gross sein, wie überhaupt in allen modernen, liberalen Gesellschaften.

«Selbstbestimmung» und «Autonomie» sind zwei Begriffe, die wir fast immer bedeutungsgleich verwenden. Wir meinen mit Selbstbestimmung meistens zweierlei:

- Wir wünschen uns ein selbstbestimmtes Leben im Sinne von Unabhängigkeit. Wir wollen von anderen Menschen möglichst nicht abhängig werden, andere nicht um Hilfe bitten müssen und nicht auf andere angewiesen sein.
- Wir wünschen uns ein selbstbestimmtes Leben im Sinne von Freiheit. Wir wollen nicht, dass andere Menschen über uns bestimmen und sagen, wie wir zu leben haben. Wir wollen selbst wählen können, was wir wann tun.

Das hohe Alter, Gebrechlichkeit, Krankheit, Behinderung, Demenz und andere Einschränkungen werden gleichgesetzt mit Abhängigkeit. Abhängigkeit wiederum wird gleichgesetzt mit einem «Ausgeliefertsein», das heisst mit dem Verlust der Freiheit, selber bestimmen zu können, wie man leben möchte. Die Selbstbestimmung betrachten wir als eines unserer höchsten Güter.

INFO *Die Wurzeln der Idee von der totalen Freiheit und Autonomie des Menschen reichen bis in die Antike zurück. Die Philosophie der Stoa vertrat das unabhängige, bedürfnislose Leben. Ihr Ziel war absolute Seelenruhe, Unerschütterlichkeit. Dieser Zustand sei zu erreichen, wenn man seine Bedürfnisse und Emotionen wie Wut, Euphorie, Lust, Trauer, Angst oder Mitleid unterdrückt und nach der Vernunft lebt, lehrte die Stoa. So empfahl sie auch, tiefe Bindungen zu meiden, denn diese können Emotionen entfachen, Bedürfnisse wecken und abhängig machen. Diese Haltung wurde von vielen Philosophen auch kritisiert. Ernst Bloch nannte die Philosophie der Stoa «die Weisheit des Feiglings und Schwächlings».*

Autonom sind wir immer nur mehr oder weniger

Manchmal verwechseln wir Autonomie mit Autarkie. Wenn jemand sagt, er lebe autark, meint er damit, dass er nur sich selbst genügen muss und sich selbst genügen kann, dass er auf niemanden angewiesen ist und auch niemandem etwas schuldig ist. Dieser Glaube beruht auf einer Illusion. Wir sind keine autarke Insel. Wir alle sind bedürftige, verletzliche und sterbliche Wesen. Und wir sind emotional voneinander abhängig. Wer von sich behauptet, er lebe autark, ignoriert die Tatsache, dass wir alle in eine Gemeinschaft eingebettet sind und ohne gegenseitige Hilfe nicht existieren würden. Wir sind auf die Fürsorge und das Wohlwollen unserer Mitmenschen angewiesen. Unabhängig sind wir in unserem Leben nie vollständig, auch wenn wir das manchmal glauben – vor allem wenn wir uns gesund, fit und unbesiegbar fühlen. Als Kind sind wir abhängig von Erwachsenen, von Lehrern, Eltern, Geschwistern, Klassenkameraden, Grosseltern, Nachbarn und anderen Menschen, die uns ernähren, beschützen, lieben, mit uns spielen und uns in die Gemeinschaft einführen, uns bilden und fördern, stärken und ermutigen.

Auch als Erwachsene brauchen wir wohlwollenden Beistand, Rat, Trost, Lob, Ermutigung, Kritik und Unterstützung, Liebe und Zärtlichkeit. Als Kranke und Betagte brauchen wir Hilfe und Pflege von Fachpersonen und die Unterstützung und Aufmerksamkeit nahestehender Menschen.

DIE BEDEUTUNG DES BEGRIFFS «AUTONOMIE»
Das Wort Autonomie stammt vom griechischen *autonomía* ab und meint Selbstgesetzgebung (*autós* = selbst; *nómos* = Gesetz). Der Begriff war ursprünglich eng an die Vernunft geknüpft und bedeutete die Selbstbestimmung des Menschen *als Vernunftwesen*. Autonomie hiess in diesem Sinne nicht, dass wir tun und lassen können, was wir wollen, sondern dass unser Handeln vernünftigen Gesetzen folgen sollte. Einem Gesetz folgen bedeutet, dass meine (geplante) Handlung verallgemeinerbar sein muss, dass auch alle anderen Menschen so handeln sollen. Jemanden zu betrügen, wäre wohl für die meisten Menschen keine Handlung, die sie verallgemeinern möchten, denn wenn jeder betrügen und belügen würde, kann keiner mehr dem anderen vertrauen. Einem Menschen in Not zu helfen, würden die meisten verallgemeinern wollen, weil jeder selbst auch froh wäre, wenn ihm in Not geholfen würde. Autonomie wird heute aber meistens als das Recht auf Selbstbestimmung verstanden, dass also andere mir nicht vorschreiben sollen, wie ich zu leben habe. ■

Selbstbestimmt sind wir unser ganzes Leben lang immer nur mehr oder weniger. Aufgrund der existenziellen Verletzlichkeiten sind wir auf wechselseitige Fürsorge angewiesen, die Selbstbestimmung erst ermöglicht.

Die Patientenautonomie

Unter Patientenautonomie verstehen wir vor allem, dass niemand das Recht hat, ohne unsere informierte Zustimmung medizinische Interventionen an unserem Körper vorzunehmen (ausser in einem Notfall). Die Patientenautonomie ist nur gewährleistet, wenn die Ärztin ihren Patienten wahrheitsgetreu und verständlich informiert, sodass sich der Patient kompetent fühlt, zu entscheiden.

Dass dem Patienten Selbstbestimmung zugestanden wird, ist nicht selbstverständlich. Früher entschied oft der Arzt allein darüber, was für den Patienten gut ist, mitunter auch gegen dessen Willen. Man spricht in diesem Zusammenhang von einer paternalistischen Medizin.

Die Patientenautonomie ist für uns heute ein hohes Gut. Doch die deutsche Philosophin Theda Rehbock befürchtet, dass nun die moderne, technisierte Medizin den Paternalismus fördere. Begünstigt werde er durch die «Verwissenschaftlichung der Medizin», welche die Ungleichheit in der Arzt-Patienten-Beziehung noch verstärke. Der Arzt «verfügt über den Kranken betreffende, diesem aber schwer verständliche Informationen, die ihm eine entsprechend grosse Macht verleihen und den Patienten von ihm abhängig machen. Ihre wissenschaftlichmedizinische Kompetenz verleiht Ärzten eine scheinbar unangreifbare Autorität», schreibt sie. «Doctor knows best» glaubten nicht nur die Ärzte, sondern oft auch die Patientinnen und Patienten «und vergessen dabei allzu leicht, dass es gerade unter Bedingungen der Krankheit letztlich um ihr eigenes Leben geht, das sie selbst zu bestimmen und zu gestalten haben.»

Die Würde des Menschen ist unverlierbar

Oft sprechen wir von der «Würde» des Menschen, der Menschenwürde. Der Begriff ist hochkomplex und abstrakt. Man kann vereinfacht sagen, dass die Würde des Menschen meint, dass wir das Leben und die Selbstbestimmung jeder Person zu respektieren haben und zwar bis zu ihrem letzten Atemzug. Der Würdebegriff schliesst auch ein, dass jede Person über ihren eigenen Köper selbst verfügen kann. Die Menschenwürde verbietet auch, andere Menschen nur als Mittel zum Zweck zu benutzen, das heisst andere Menschen für irgendwelche Ziele zu instrumentalisieren. Die Menschenwürde steht jedem Menschen unabhängig von seinen Eigenschaften, Fähigkeiten oder seiner Leistungsfähigkeit zu; auch Menschen, die nicht urteilsfähig sind oder im Koma liegen, verlieren den Würdeanspruch nicht. Sie sind aber gerade in der Medizin am meisten gefährdet, dass man über sie verfügt wie über ein Objekt oder sie instrumentalisiert.

Nur wenn wir die Würde *nicht* an bestimmte Fähigkeiten und Leistungen binden, würden wir einander nicht nur als vernünftige und autonome Subjekte anerkennen, sondern zugleich auch als bedürftige, verletzliche und sterbliche Wesen, betont die Philosophin Theda Rehbock. Und wenn wir uns bewusst sind, dass unsere Autonomie immer zerbrechlich ist, wissen wir auch, dass wir auf wechselseitige Hilfe und Unterstützung angewiesen sind.

Gute Beziehungen haben heilende und lebensverlängernde Wirkung

Wie wichtig Beziehungen für unsere Gesundheit oder die Genesung von einer Krankheit sind, haben viele Studien belegt. Man spricht sogar von der «Heilkraft der Bindung». Wer auf die Unterstützung des Ehepartners, von Freunden oder Verwandten zählen kann, hat die besseren Chancen auf lange und gute Gesundheit oder Genesung von einer Krankheit.

Die US-Psychologin Julianne Holt-Lunstad konnte nach einer Auswertung von rund 150 Studien mit insgesamt 308 000 Personen zeigen, dass die Chance, alt zu werden, bei Menschen, die enge Beziehungen zu Familienmitgliedern oder zu Freunden haben, um 50 Prozent höher ist als bei Alleinstehenden. Dieser Effekt zeigte sich bei beiden Geschlechtern und in jedem Alter. Einsamkeit sei für die Gesundheit etwa ebenso schädlich wie Rauchen oder übermässiger Alkoholkonsum und fast doppelt so schädlich wie Fettleibigkeit. Holt-Lunstad fordert deshalb die Gesundheitsbehörden und die Ärztinnen und Ärzte dazu auf, die Sorge um die sozialen Beziehungen gleich ernst zu nehmen wie die Sorge um Alkoholmissbrauch, Tabakkonsum und Bewegungsmangel. Denn: Der Mangel an sozialen Beziehungen sei ein Hauptrisikofaktor für die Gesundheit.

«Ein gutes Leben zu haben setzt voraus, etwas dafür zu tun. Mein Motto: Ich lebe in der Gegenwart und geniesse es, mein Glück mit meiner Familie zu teilen. Geteiltes Glück ist doppeltes Glück. Ich würde mein Leben immer wieder so leben, wie ich es bis jetzt getan habe.»

Marc Sway, Musiker

Auch Studien des bekannten Einsamkeitsforscher John Cacioppo konnten zeigen, dass sozial eingebettete Menschen gesünder leben und sich weniger gestresst fühlen als einsame. «Soziale Isolation verringert die Lebenserwartung von Taufliegen, Menschen und allen dazwischen einzuordnenden sozialen Tierarten», schreibt er lakonisch in seinem Buch *Einsamkeit. Woher sie kommt, was sie bewirkt, wie man ihr entrinnt.* «Allein zu sein ist nicht nur gefährlich, es ist tödlich.» So erhöht Einsamkeit zum Beispiel den Cortisol-Spiegel (Stresshormon) und begünstigt Herz-Kreislauf-Erkrankungen.

Gute Beziehungen sind nicht nur beste Prävention vor Krankheit. Studien zeigen auch, dass Kranke von guten Beziehungen profitieren: Menschen, die sich selbst als einsam bezeichneten, fühlten sich bei Krankheit weniger widerstandsfähig als sozial eingebettete Menschen. Sie empfin-

WAS SIE GEGEN DIE EINSAMKEIT UNTERNEHMEN KÖNNEN:

Wer aus seiner Einsamkeit herauskommen möchte, dem stehen verschiedene Möglichkeiten zur Verfügung. Was es dazu braucht, ist ein bisschen Mut.

- Versuchen Sie, Kontakt mit ehemaligen Arbeits-, Sport- oder Schulkollegen aufzunehmen. Schreiben Sie ihnen einen Brief oder eine E-Mail oder rufen Sie sie an und sagen Sie, dass Sie sich über ein Wiedersehen freuen würden; fragen Sie, ob sie Lust hätten, sich mit Ihnen zu einem Kaffee oder einem Glas Rotwein zu treffen. Machen Sie einen konkreten Termin ab.
- Haben Sie Hobbys? Erkundigen Sie sich zum Beispiel in Ihrer Wohngemeinde nach einer Liste von Vereinen oder suchen Sie gezielt in der Regionalzeitung nach Anlässen wie Wanderungen, Jassnachmittagen, Lesezirkeln, Yogastunden, Musik- und Tanzveranstaltungen etc.
- Würden Sie gerne ehrenamtlich arbeiten? Auch über diese Tätigkeit kommen Sie aus dem Haus, lernen Sie Menschen kennen und haben zudem das Gefühl, etwas Sinnvolles zu tun: Fragen Sie auf der Gemeindeverwaltung nach Freiwilligenarbeit oder schauen Sie sich auf dieser Website um: www.benevol-jobs.ch. Hier können Sie eingeben, was Sie suchen, und Angebote studieren.
- Teilen Sie (zum Beispiel Ihren Geschwistern, Ihren erwachsenen Kindern, einem Freund oder einer Freundin) mit, dass Sie sich einsam fühlen und gerne öfters mit Menschen zusammen sein möchten. Vielleicht können diese Ihnen helfen, Sie mit anderen bekannt zu machen; sie denken womöglich bei der nächsten Einladung daran, Sie auch einzuladen, Sie an eine Feier mitzunehmen oder auf einen Ausflug.
- Haben Sie Lust auf einen Kurs? Die Volkshochschule, die Klubschule Migros und andere bieten zahlreiche Kurse an. Besorgen Sie sich das Programm der Schulen oder schauen Sie auf deren Internetseiten die Angebote an.
- Singen Sie gerne? Fast in jeder grösseren Gemeinde gibt es Chöre (Kirche). Singen tut gut und hebt die Stimmung. Man kommt zudem mit anderen Menschen in Kontakt und erlebt beim Singen ein Gemeinschaftsgefühl.
- Lesen Sie Kontaktinserate in den Zeitungen – vielleicht gefällt Ihnen ein Inserat und Sie fassen den Mut, dieser Person zu schreiben.
- Schwierig für Einsame sind oft die Wochenenden. Planen Sie gezielt die Wochenenden, schauen Sie sich zum Beispiel in der Regionalzeitung oder im Internet die Wochenendanlässe an: Wäre eine Museumsführung etwas für Sie? Oder fänden Sie einen Zoobesuch mit dem Neffen oder der Enkelin schön? Wie wäre es, wenn Sie (Ihre erwachsenen Kinder, Ihre Nachbarn, Arbeitskolleginnen) zu einem selbst gemachten Sonntagsfrühstück einlüden?

- Viele Menschen, die sich einsam fühlen, haben Mühe, auf Menschen zuzugehen. Manchmal hilft ein ganz konkreter Vorsatz (und die Wenn-Dann-Regel, siehe Seite 40) gegen diese Hürde: Schreiben Sie sich auf, was Sie tun möchten, um Menschen kennenzulernen, zum Beispiel: *Wenn* Sonntag ist, *dann* gehe ich an die Museumsführung; *wenn* ich meine Nachbarin sehe, *dann* grüsse ich sie und frage sie, wie es ihr geht; *wenn* Mittwoch ist, melde ich mich für eine Freiwilligenarbeit an etc.
- Für Menschen auf der Partnersuche gibt es zahlreiche Vermittlungsplattformen, die allerdings zum Teil auch teuer sind: Es gibt das klassische Kontaktinserat in den Zeitungen, es gibt Partnervermittlungsplattformen im Internet, es gibt (vor allem für Jüngere) Apps für das Handy (Tinder, OkCupid), über die man mit anderen Menschen aus der Region in Kontakt treten kann. Immer mehr Menschen lernen sich über solche Plattformen kennen.
- Nehmen Sie, wenn Sie unterwegs sind, Blickkontakt mit anderen Menschen auf und lächeln Sie. Meistens kommt ein Lächeln zurück, manchmal kommt man sogar ins Gespräch.
- Möchten Sie eine Reise unternehmen, aber nicht alleine? Es gibt heute auf Singles spezialisierte Reiseunternehmen oder solche, die mit Gleichgesinnten reisen wollen. Schauen Sie sich zum Beispiel die Angebote bei folgenden beiden Reiseorganisationen an:
  www.single-reisen.ch
  www.alma-reisen.ch
- Ist die Einsamkeit sehr stark, fühlen Sie sich niedergeschlagen, haben Sie Angst, auf Menschen zuzugehen, dann suchen Sie Hilfe bei einem Psychologen oder einem Psychiater. Diese können Ihnen helfen, wieder Mut zu fassen und das Selbstvertrauen zu finden, wieder auf Menschen zuzugehen. Fragen Sie Ihren Hausarzt oder einen Freund nach einer Adresse für eine gute Fachperson in Ihrer Nähe.

den Belastungen stärker, erfreuliche, aufbauende Momente dagegen schwächer, sie sind eher pessimistisch als optimistisch.

Menschen in Beziehungen brauchen auch weniger Schmerzmittel. Freunde seien wirksamer als «Morphium», schrieben die beiden Psychologen Katerina Johnson und Robin Dunbar von der Universität Oxford im Fachblatt *Scientific Reports* im April 2016. Die beiden Forscher haben herausgefunden, dass sozial gut eingebettete Testpersonen mehr körpereigene Endorphine ausschütteten als Einsame. Endorphin, manchmal auch als «Glückshormon» bezeichnet, ist eine vom Körper selbst produzierte Substanz mit opiumähnlicher Wirkung.

INFO *Die Psychologie unterscheidet zwei Formen von Einsamkeit: die emotionale und die soziale Einsamkeit. Bei der emotionalen Einsamkeit fehlt ein enger Vertrauter, ein Partner, mit dem man sich eng verbunden fühlt. Bei der sozialen Einsamkeit mangelt es grundsätzlich an sozialen Beziehungen, an Unterstützung durch Freunde, Nachbarn oder Kollegen. So erleben etwa Verwitwete weitaus häufiger als Verheiratete belastende emotionale Einsamkeit, jedoch seltener soziale Einsamkeit.*

Unsere Angst vor Abhängigkeit

Viele Menschen haben grosse Angst davor, um Hilfe bitten zu müssen, Unterstützung annehmen zu müssen, abhängig und pflegebedürftig zu werden. Ein Grund, Mitglied bei einer Sterbehilfeorganisation zu werden, lautet oft «Ich will nicht abhängig werden» oder «Ich will niemandem zur Last fallen». Aber warum eigentlich? Warum wollen wir nicht abhängig werden? Was ist für uns so schlimm daran? Oder anders gefragt: Warum ist in unserer Gesellschaft Schwäche und Hilfsbedürftigkeit negativ behaftet? Und was sagt dies über unsere Gesellschaft aus? Ist ein Mensch, der krank oder betagt ist oder an einer Demenz leidet, wertlos für uns?

Der deutsche Philosoph Gernot Böhme spricht statt vom «autonomen» vom «souveränen» Menschen. Ein souveräner Mensch ist sich seiner Abhängigkeiten bewusst, er weiss, dass er alt und gebrechlich werden wird, dass er jederzeit krank werden oder einen Unfall erleiden könnte, und fortan mit Einschränkungen leben müsste und auf Unterstützung angewiesen sein könnte. Er weiss, dass er nicht alles kontrollieren kann und die Medizin nicht immer alles kurieren kann, dass es so etwas wie Schicksal gibt. Ein souveräner Mensch weiss um seine eigene körperliche und psychische Verletzlichkeit. Die Sorge um sich selbst beinhaltet dieses Wissen. Souveränität über die eigene Lebensführung beginnt für Böhme mit der Bereitschaft, etwas auch als «gegeben sein zu lassen». Denn wenn wir verlernen würden, Gegebenes hinzunehmen, und für uns das eigentliche Leben das gesunde und optimierte Leben sei, dann gehe auch die Menschlichkeit verloren, befürchtet er.

Hilfe annehmen ist eine «Form der Grosszügigkeit»

Ein souveräner Mensch kann um Hilfe bitten. Die Einsicht in unsere eingeschränkte Macht, in unsere Grenzen, in unsere Verletzlichkeit macht uns nicht schwächer, sondern stärker. Wenn wir um Hilfe bitten, können andere Hilfe schenken. Und wir können Danke sagen. Helfen und Danken sind zwei «Gaben» – und wie das Wort andeutet, handelt es sich dabei um ein gegenseitiges Geschenk. «Da wir immer mehr in Tauschbeziehungen denken, verlieren wir die Möglichkeit des Schenkens und damit auch die des Dankens», sagt der Basler Philosoph Andreas Brenner. Tauschbeziehungen funktionieren nach dem Prinzip: Ich gebe dir etwas, du gibst mir etwas Gleichwertiges zurück. Wir seien so sehr in diesen Handel verstrickt, dass das Schenken seinen Selbstwert verloren habe, bedauert er. «Wo gerechnet wird, da wird nicht gedankt, da muss man auch nicht danken, man gibt ja einen Gegenwert.» Brenner veröffentlichte 2019 das Buch *Altern als Lebenskunst* und leitet das vom Basler Gesundheitsdepartement getragene Café Dialogue, ein Philosophisches Café für Senioren.

Ein «Danke» kann eine Beziehung aufwerten

Der Dank dagegen ist ein Geschenk und damit ein Akt der Freiheit. Wenn ich «Danke» sage, dann weiss ich etwas zu würdigen. Der Dank steht (wie die Hilfe) immer in einer Beziehung zu einer konkreten Person. Der Dank wertet eine Beziehung auf, Bezahlung kann eine Beziehung zerstören.

Ein Geschenk aushalten lernen

Nicht zu rechnen, bedeutet aber auch, ein Geschenk aushalten zu können, ohne gleichfalls mit einem Geschenk zu reagieren. Wer ein Geschenk erhält und, wie aus der Pistole geschossen, mit einem Gegengeschenk reagiert, hat damit das, was er gerade erhalten hat, schon entwertet.

Ein Geschenk auszuhalten, fällt uns ganz offensichtlich schwer, wir haben schnell das Gefühl, in der Schuld des Gebenden zu stehen. Dabei sollten wir uns klarmachen: Beziehungen sind nun einmal nicht materieller Natur und können deshalb auch nicht materiell ausgeglichen werden. «Wenn wir keine Hilfen mehr annehmen können, dann gibt es auch keine Geschenke mehr und auch keinen Anlass zu danken. Wenn beides wegfällt, sowohl das Schenken wie das Danken, dann verarmt die Welt», glaubt Andreas Brenner.

Wer Hilfe annimmt, bereichert die Gesellschaft
Eine Gemeinschaft sei darauf angewiesen, dass ihre Mitglieder bereit seien, Hilfe anzunehmen. Wer Hilfe annimmt, bereichere die Gemeinschaft ebenso wie derjenige, der Hilfe schenkt. Nicht nur zu helfen, sondern auch Hilfe anzunehmen, sind für Andreas Brenner Formen von Grosszügigkeit. Denn derjenige, der annimmt, zeigt damit, dass er des anderen bedarf, und schenkt damit dem Gebenden Anerkennung. Wer wie in der Tauschbeziehung immer «quitt» sein will, gibt sich genauso einer Illusion hin, wie jener, der glaubt, autark leben zu können. «Wir stehen immer in der Schuld von anderen», sagt Brenner und verweist als Beispiel auf die Schuld gegenüber den Eltern. Wer eine solch existenzielle Schuld nicht auszuhalten vermag, wird nach Situationen streben, in denen er nicht zu danken, sondern nur zu bezahlen braucht. «Dann ist er aber mit dem anderen wie auch mit sich selbst fertig.»

Chancen und Risiken bei der Care-Arbeit von Angehörigen

In der Schweiz pflegen und betreuen nach einer Schätzung des Büros für arbeits- und sozialpolitische Studien, Büro Bass, rund 171 000 Menschen Angehörige mit schweren körperlichen oder geistigen Krankheiten oder Behinderungen. Lebenspartner wenden im Schnitt 64 Stunden, die Kinder im Schnitt 26 Stunden pro Woche für die Pflege ihrer Partner respektive ihrer Eltern auf. Man nennt diese Pflege und Betreuung heute meist Care-Arbeit.

INFO *Das englische Wort «care» bedeutet «sich um jemanden sorgen», «für jemanden sorgen», «sich um jemanden kümmern». Es beinhaltet sowohl Achtsamkeit und Zuwendung als auch die «Sorge» um jemanden.*

Diese Arbeit ist oft mit enormen Belastungen verbunden. Die meisten Angehörigen, welche die Pflege und Betreuung eines kranken Angehörigen übernehmen, haben keine Vorbildung, kümmern sich aber oft rund um die Uhr um den Kranken. Sie sind deshalb einem grossen Risiko ausgesetzt: dem Risiko, sich selbst zu überfordern oder selbst krank zu werden. Wenn Sie jemanden pflegen, ist es sehr wichtig, dass Sie auch an Ihre Bedürfnisse, Wünsche und an Ihre Gesundheit denken und sich Erholungszeit gönnen, auch wenn es für den Kranken notwendig ist, dass Sie bei ihm sind und ihn unterstützen:

- «Ein bewusstes Ja braucht immer auch ein bewusstes Nein», bringt es der Medizinpsychologe Rolf Verres auf den Punkt. Wer auch für sich selbst sorge und nicht nur für den kranken Angehörigen, der sei ausgeglichener, gesünder und fühle sich stärker.
- Geben Sie Ihre Freundschaften oder Ihre Hobbys nicht (alle) auf. Treffen Sie sich weiterhin mit Ihren Freundinnen und Freunden, gehen Sie weiterhin einmal pro Woche ins Volleyball-Training oder in den Sprachkurs.
- Es gibt heute zahlreiche gute Unterstützungsangebote (Pro Senectute, Spitex, Angebote von der Gemeinde) für die Pflege und Betreuung zu Hause oder Pflegeheime mit Ferienzimmern. Nehmen Sie selbst Hilfe und Unterstützung für die Pflege und Betreuung an. Das können auch Verwandte, Freunde oder Nachbarn sein, die Sie zum Beispiel bei den Spitalbesuchen ablösen, den Kranken zum Arzt fahren, einmal pro Woche für den Kranken zu Hause kochen, ihn zu bestimmten Zeiten besuchen oder mit ihm spazieren gehen.
- Gerade bei langjährigen Ehepartnern besteht die Gefahr, dass die pflegende Partnerin vieles opfert, was ihr vor der Erkrankung ihres Mannes wichtig war. Die Gefahr dabei ist, dass sie sich zu viel zumutet, sich nicht mehr erholen kann und sich überfordert. Achten Sie darauf, dass Sie genügend Schlaf haben! Wenn Sie nachts für die Pflege und Betreuung aufstehen müssen, denken Sie darüber nach, den pflegebedürftigen Partner am Wochenende oder einmal pro Woche einer externen Institution anzuvertrauen.
- Diese Gefahr der Überbelastung besteht auch bei «Kindern», die ihre Eltern pflegen. Die «Kinder» sind dann selbst oft bereits im Pensionsalter. Bei Überforderung kann es leicht zu verbaler oder physischer Gewalt kommen. Der frühe Beizug externer Hilfe kann für grosse Entlastung sorgen.

MARIA UND RENO HUGENTOBLER sind seit 60 Jahren verheiratet und leben in einer Vierzimmerwohnung im zweiten Stock. Sie ist 85, er 88 Jahre alt. Reno Hugentobler ist gehbehindert und fühlt sich schwach. Er ist auf einen Rollator angewiesen. Seine

Frau ist rund um die Uhr für ihn da, hilft ihm beim Treppensteigen, Duschen, Anziehen. Sie macht den Haushalt und kocht, die Lebensmittel lassen sie sich liefern. Beide sind ein gut eingespieltes Team, aber sie gehen nicht mehr oft hinaus und haben auch kaum mehr Besuch. Nur ihre Söhne, 55 und 58 Jahre alt, kommen hin und wieder auf Besuch, manchmal eines der erwachsenen Enkelkinder.

Als ihre Wohnung teilsaniert wird, muss das Paar für ein paar Wochen im Keller duschen. Die Unterstützung ihres Ehemanns – vor allem die Hilfe beim Treppensteigen – wird nun eine grosse Belastung für Maria Hugentobler. Schon nach drei Wochen ist sie völlig erschöpft, sie kann nicht mehr schlafen, mag nicht mehr essen. Ihr Mann hat zwar gemerkt, dass mit seiner Frau etwas nicht stimmt, aber er klammerte sich nur noch mehr an sie. Als der Sohn anruft und seine Mutter am Telefon nur noch weint, begleitet er ein paar Tage später seine Eltern zu einem Beratungsgespräch bei der Regionalstelle der Pro Senectute. Hier gibt der Ehemann zu, dass er Angst davor hat, seine Frau werde ihn ins Heim überweisen. Sie sagt, dass sie sich überfordert fühle und auch die Treffen mit ihren beiden Freundinnen vermisse, sie fühle sich isoliert und einsam. Das Paar überlegt sich gemeinsam mit der Beraterin, wie es noch möglichst lange zusammenleben kann. Reno Hugentobler willigt schliesslich ein, einmal pro Woche in die Tagesklinik (mit Ergotherapie) zu gehen, damit seine Frau einen Tag für sich hat und zum Beispiel ihre Freundinnen treffen kann. Diese Entscheidung hat beide entlastet.

Fürsorge und Autonomie: eine Gratwanderung für pflegende Angehörige

«Denn jeder Mensch, der sich in Not befindet, wünscht, dass ihm von anderen Menschen geholfen werde», schrieb der Philosoph Immanuel Kant Ende des 18. Jahrhunderts in *Metaphysik der Sitten*. Wer aber will, dass ihm in einer Notlage geholfen werde, der muss selbst auch bereit sein, Menschen in Not zu helfen. Denn wenn alle Menschen nur Hilfe erwarten, aber keiner bereit ist, Hilfe zu leisten, wird niemand je Hilfe erhalten.

Die Fürsorge für einen kranken Menschen ist aber auch eine Gratwanderung. Sie kann leicht dazu führen, dass der Gesunde über den Kranken zu bestimmen beginnt. «Wir meinen leicht, der andere müsse all das gut und wünschenswert finden, was wir für uns als gut und wünschenswert ansehen», weiss die Philosophin Theda Rehbock. Wir übertragen unsere eigenen Wünsche und Wertvorstellungen auf die Person, die wir betreuen. Diese bevormundende Haltung verkennt die Tatsache, dass alle Menschen verschieden sind, auch wenn sie verwandt sind oder schon sehr lange zusammenleben. Wer über den anderen bestimmen will (oder meint, es besser zu wissen), missachtet den anderen in seinem autonomen Selbst-Sein.

TIPP *Eine wohlwollende Fürsorge erfordert – vor allem Handeln – Achtsamkeit:*

- *Nehmen Sie die Person, die Sie betreuen, aufmerksam wahr. Schauen Sie hin, beobachten Sie ihre Gesten und Mimik, hören Sie hin, hören Sie ihr zu. Was braucht sie, was wünscht sie wirklich, was möchte sie nicht?*
- *Nehmen Sie sich in Ihrem Handeln zurück, beschränken Sie es auf das Notwendige. Nehmen Sie der Person, die Sie betreuen und pflegen, nicht alles ab, ausser sie möchte es so. Angehörige machen manchmal zu viel des Guten. Dadurch geraten nicht nur Sie in Stress, es ist auch nicht förderlich für die Person, die sie betreuen. Wer dem Kranken alles abnimmt, nimmt ihm die Erfahrung des Könnens und gibt ihm das Gefühl, dass er nichts mehr kann. Manchmal ist es gut, wenn der Kranke seine Fähigkeiten (wieder) übt, statt sie verkümmern zu lassen.*

Passives Mitleid und aktives Mitgefühl

Es gebe «zweierlei Mitleid», erkannte der österreichische Schriftsteller Stefan Zweig 1939 in seinem Roman *Ungeduld des Herzens:* Das «schwachmütige, sentimentale» wolle sich eigentlich nur möglichst schnell frei machen von «der peinlichen Ergriffenheit vor einem fremden Unglück». Das andere Mitleid, «das einzig zählt», das «unsentimentale, aber schöpferische Mitleid», wisse, was es wolle, sei entschlossen, geduldig, mitduldend alles durchzustehen bis zum Letzten seiner Kraft.

Heute sprechen wir meistens nicht von «zweierlei Mitleid», sondern unterscheiden zwischen Mitleid und Mitgefühl. Den Unterschied zeigte die britische Sozialistin Annie Besant an dem Gedankengang, der stattfinden könnte, wenn wir auf einen Menschen in Not stossen: «Irgendjemand muss was tun, aber warum ich?», laute die Standardphrase der Freundlichkeit mit weichen Knien. «Irgendjemand muss was tun, warum nicht ich?», sage dagegen «der wahre Menschenfreund, der sich sofort in seine Aufgabe stürzt und sich jeder Gefahr stellt.»

Mitleid ist «jene Art von teilnahmsvollem Kummer, die sich auf eine Zuschauerrolle beschränkt, passiv bleibt und einen sicheren emotionalen Abstand wahrt. Man fühlt sich betroffen, hat eventuell ein schlechtes Gewissen, spürt aber nicht den Antrieb oder hat nicht die nötigen Mittel, einzugreifen und die Situation des anderen zu verbessern», erklärt Ulrich Schnabel in der Wochenzeitung *Die Zeit* den Unterschied der beiden Emotionen. Anders verhält sich ein Mensch mit Mitgefühl: Er ist bereit, sich persönlich zu engagieren, denn er weiss, dass uns der andere prinzipiell nicht fremd, sondern ähnlich ist. Gehirnforscher konnten diese beiden Gefühlsregungen im Gehirn sogar an unterschiedlichen Stellen lokalisieren.

Die deutsche Neuropsychologin Tanja Singer hat herausgefunden, dass passives Mitleid eher jene Teile im Gehirn aktiviert, die dazu führen, dass man das Leid der anderen abgeschwächt am eigenen Leib spürt. Dies wird meist als belastend empfunden, weshalb man dieses Gefühl möglichst schnell überwinden möchte. Im Zustand des aktiven, helfenden Mitgefühls dagegen sind im Gehirn eher Areale aktiv, in denen positive Emotionen verarbeitet werden, wie Liebe, Fürsorge oder Mut.

Selbstbestimmung – auch über den Zeitpunkt des Todes

4

Weil das in der Verfassung verankerte Recht auf Leben einen hohen Stellenwert in der Medizin hat, machen Ärzte eher mehr als weniger bei ihren Patientinnen und Patienten. In einer Patientenverfügung können Sie verbindlich festhalten, wie Sie behandelt oder eben nicht mehr behandelt werden wollen, wenn Sie nicht mehr urteilsfähig sein sollten. Immer mehr Menschen möchten auch über den Todeszeitpunkt selbst bestimmen und werden Mitglied einer Sterbehilfeorganisation.

Wer entscheidet, wenn ich nicht mehr urteilsfähig bin?

Sie können (plötzlich) in eine Situation geraten, in der Sie nicht mehr urteilsfähig sind, in der Sie nicht mehr äussern können, welche medizinischen Massnahmen Sie wollen und welche nicht. In solchen Fällen ist es gut, wenn man eine klare Patientenverfügung hat.

Mit dem neuen Erwachsenenschutzrecht, das im Jahr 2013 in Kraft trat (Art. 360–456 im Zivilgesetzbuch, ZGB), wurde die Patientenverfügung in der Schweiz rechtlich verankert und damit die Selbstbestimmung der Patientinnen und Patienten gestärkt. Ebenso gestärkt wurde das Mitspracherecht der Stellvertreter. Vorher durften zum Beispiel Angehörige als Stellvertreter des Patienten keine Entscheidungen treffen. Die Entscheidung über medizinische Therapien lag juristisch beim behandelnden Arzt, der sich dabei am mutmasslichen Willen des Patienten orientieren musste. Dies hat das Erwachsenenschutzrecht geändert, der Patient und seine Stellvertreter dürfen die Behandlung wesentlich mitbestimmen.

LINA SCHLÄPPI ist 64 Jahre alt und geniesst mit ihrem seit zwei Jahren pensionierten Mann die neu gewonnene Freiheit. Das Paar verbringt viel Zeit in seinem Eigenheim und im grossen Garten; es lädt gern Freunde zum Abendessen ein, macht neuerdings auch öfters kurze Reisen im In- und Ausland. Die Tochter wohnt mit ihrer Familie rund eine Stunde entfernt, der Kontakt ist gut. An einem Sommerabend erleidet die 64-Jährige ganz unerwartet beim Kochen eine schwere Hirnblutung. Sie kommt auf die Intensivstation im Spital und wird künstlich beatmet. Nach einer Woche ist sie immer noch nicht bei Bewusstsein. Die behandelnde Ärztin teilt dem Ehemann und der Tochter mit, dass das Hirn durch die Blutung schwer geschädigt worden sei. Die Prognose ist schlecht. Die Frage ist nun: Soll die künstliche Beatmung weitergeführt werden? Lina Schläppi hat keine Patientenverfügung erstellt …
(Fortsetzung nächste Seite)

Wer genau bestimmt über medizinische Interventionen, wenn Sie nicht mehr urteilsfähig sein sollten? Gemäss dem neuen Erwachsenenschutzrecht sind folgende Personen der Reihe nach berechtigt, Sie zu vertreten und den vorgesehenen Massnahmen die Zustimmung zu erteilen oder sie abzulehnen:

1. die in Ihrer Patientenverfügung oder in Ihrem Vorsorgeauftrag bezeichnete Person
2. Ihr Beistand oder Ihre Beiständin mit einem Vertretungsrecht bei medizinischen Massnahmen
3. wer als Ehegatte, eingetragene Partnerin oder eingetragener Partner einen gemeinsamen Haushalt mit Ihnen führt oder Ihnen regelmässig und persönlich Beistand leistet
4. die Person, die mit Ihnen einen gemeinsamen Haushalt führt und Ihnen regelmässig und persönlich Beistand leistet
5. Ihre Nachkommen, wenn sie Ihnen regelmässig und persönlich Beistand leisten
6. Ihre Eltern, wenn sie Ihnen regelmässig und persönlich Beistand leisten
7. Ihre Geschwister, wenn sie Ihnen regelmässig und persönlich Beistand leisten

Der Ehemann von Lina Schläppi glaubt, dass seine Frau nicht über längere Zeit künstlich am Leben erhalten werden möchte und einverstanden wäre, die Beatmung abzustellen. Er möchte, dass seine Frau friedlich sterben kann und glaubt, dass dies in ihrem Sinn wäre. Er erinnert sich auch, dass sie es «furchtbar» fand, als der krebskranke Mann einer Freundin über ein Jahr lang das ganze Hightechprogramm über sich ergehen liess und nicht mehr aus dem Spital herauskam – bis er starb. Die Tochter jedoch ist unsicher, sie glaubt, dass ihre Mutter gern lebt und eine Kämpferin ist. Sie möchte, dass die künstliche Beatmung weitergeführt wird. Nach dem Gesetz ist der Ehemann von Lina Schläppi entscheidungsberechtigt; er könnte die Weiterführung der Beatmung ablehnen. Die Argumente seiner Tochter verunsichern ihn jedoch, auch möchte er gern im Einklang mit seiner Tochter entscheiden.

BUCHTIPP

Umfassende Informationen über Vertretungsrechte, persönliche Vorsorge und Beistandschaft finden Sie in diesem Ratgeber: **Alles über die KESB – wie sie funktioniert. Rechte und Pflichten gegenüber der Kindes- und Erwachsenenschutzbehörde.**

www.beobachter.ch/buchshop

Die Patientenverfügung nimmt medizinische Entscheidungen vorweg

Das Fallbeispiel zeigt, wie schwierig es sein kann, wenn Angehörige über eine medizinische Behandlung anstelle der urteilsunfähigen Person entscheiden müssen. In einer Patientenverfügung können Sie, wenn Sie urteilsfähig sind, festhalten, wie Sie medizinisch behandelt werden wollen, wenn Sie aufgrund einer Krankheit oder eines Unfalls Ihren Willen nicht mehr selbst äussern können – vor allem, welche Behandlung Sie nicht möchten. Jede Person, die urteilsfähig ist, kann eine Patientenverfügung erstellen. Das gilt auch für urteilsfähige Jugendliche.

«Nehmen Sie die Patientenverfügung nicht auf die leichte Schulter. Sie müssen davon ausgehen, dass sie im Ernstfall befolgt wird.»

Gian Domenico Borasio, Palliativmediziner

INFO *Die Urteilsfähigkeit setzt die Fähigkeit voraus, die Wirklichkeit wahrzunehmen und sich ein Urteil und einen Willen zu bilden sowie diesem Willen entsprechend zu handeln. Eine urteilsfähige Person kann eine Situation und die Konsequenzen, die sich aus alternativen Möglichkeiten ergeben, abwägen; sie ist fähig, Informationen rational zu gewichten und zu bewerten sowie ihre Wahl zu äussern. Urteilsfähigkeit ist nicht an Volljährigkeit gebunden. Bei Jugendlichen zwischen 12 und 16 Jahren muss die Urteilsfähigkeit im Einzelfall abgeklärt werden. Bei Jugendlichen zwischen 16 und 18 Jahren geht man von Urteilsfähigkeit aus. Urteilsfähig heisst nicht vernünftig: Eine Entscheidung kann anderen als irrational oder verrückt erscheinen. Deswegen kann (und darf) man einer Person nicht die Urteilsfähigkeit absprechen.*

Das Behandlungsteam im Spital oder in einem Heim muss sich an Ihre in der Patientenverfügung geäusserten Anweisungen halten, ausser die Anweisungen verstossen gegen das Gesetz oder seien nicht ausführbar. Gesetzeswidrig wäre zum Beispiel, den Wunsch nach aktiver Sterbehilfe zu erfüllen (siehe auch Seite 124). Auch dem Wunsch nach Suizidbeihilfe kann ein Arzt nicht nachkommen, da man für die Suizidbeihilfe urteilsfähig sein muss, die Patientenverfügung aber dann zum Einsatz kommt, wenn man es nicht mehr ist. Der Verfügende kann auch nicht Therapien verlangen, die in der Schweiz nicht anerkannt sind; und ebenso wenig kann er fordern, dass er auf jeden Fall zu Hause bleiben kann.

ACHTUNG *Nehmen Sie sich Zeit mit dem Erstellen einer Patientenverfügung, wählen Sie die Worte mit Bedacht. Mit Sätzen wie «Ich lehne jede Form von medizinischer Behandlung in der Sterbephase ab» kann der behandelnde Arzt in der Regel nichts anfangen. Auch Schmerzlinderung ist eine medizinische Behandlung. Lassen Sie sich vor dem Erstellen der Patientenverfügung von Ihrem Hausarzt oder einer anderen Fachperson beraten.*

Eine Patientenverfügung kann angezweifelt werden, wenn die Behandelnden oder die Angehörigen beim nicht urteilsfähigen Patienten nonverbale Hinweise (durch Gesten, Mimik) zu erkennen glauben, die darauf hindeuten, dass er seine Meinung geändert haben könnte (siehe auch Interview auf Seite 118). Wenn das Verhalten des Patienten Anlass zur Annahme gibt, dass die Patientenverfügung nicht dem aktuellen Willen entspricht, muss der behandelnde Arzt mit dem Stellvertreter des Patienten oder seinen Angehörigen sorgfältig abklären, was zu tun ist. Weicht man vom Wortlaut in der Patientenverfügung ab, muss das Behandlungsteam dies im Patientendossier festhalten und gut begründen.

«Jede Nacht befinden wir uns im Vorzimmer des Ortes, an den wir im Sterben wahrscheinlich hinübergleiten. Gutes Sterben ist für mich, es soweit wie möglich nach meinen Bedürfnissen gestalten zu können.»

Mirjam Neidhart, Drehbuchautorin und Regisseurin, Zürich

Es gilt: Je klarer Ihre Patientenverfügung ist, desto einfacher ist es für das Behandlungsteam, Ihren Anweisungen zu folgen. Zudem entlastet eine klare Verfügung Ihre Angehörigen von schwierigen Entscheidungen. Es gibt heute in der Schweiz rund 60 vorgedruckte Patientenverfügungen von verschiedenen Organisationen, kürzere sowie längere. Es ist besser, wenn Sie eine vorgedruckte Verfügung ausfüllen, da sie bereits die wesentlichen Fragen enthält und Sie diese mit einer medizinischen Fachperson besprechen können, wenn Sie unsicher sind.

Eine Umfrage bei Ärzten hat gezeigt: Nur in seltenen Fällen können die behandelnden Ärzte aus Patientenverfügungen den Willen eines Patienten direkt ablesen und entsprechend handeln. Das Problem sei, dass die Verfügungen oft zu wenig konkret sind oder nicht auf die aktuelle Situation passen sowie Widersprüche enthalten, schreiben die Autoren der Studie «Entscheidungen am Lebensende».

ACHTUNG *Eine Patientenverfügung müssen Sie schriftlich abfassen, mit Datum versehen und handschriftlich unterzeichnen. Sie können sie jederzeit ändern oder aufheben. Wenn sich Ihre persönlichen Werthaltungen gegenüber Leben, Krankheit und Sterben oder Ihre gesundheitliche Situation verändern, dann sollten Sie Ihre Patientenverfügung anpassen. Die Patientenverfügung sollte Ihren aktuellen Willen wiedergeben.*

Eine Patientenverfügung kommt nur dann zur Anwendung, wenn Sie selbst nicht mehr urteilsfähig sind. Sind Sie hingegen urteilsfähig, gilt Ihr aktuell geäusserter Wille. Deshalb ist es wichtig, dass die Patientenverfügung sorgfältig verfasst ist – sehr kurze Verfügungen muss das Behandlungsteam nämlich meist interpretieren. Ausführlichere Verfügungen helfen dem Behandlungsteam, gemäss Ihrem Willen zu handeln.

INFO *Eine ausführliche Patientenverfügung bietet zum Beispiel das Medizinethikinstitut Dialog Ethik gemeinsam mit der Schweizerischen Herzstiftung und dem Schweizerischen Verband für Seniorenfragen an. Eine lange wie eine kurze Verfügung bieten die Verbindung der Schweizer Ärztinnen und Ärzte (FMH) gemeinsam mit der Schweizerischen Akademie der Medizinischen Wissenschaften (SAMW) an. Eine kürzere Patientenverfügung gibt es bei Pro Senectute, sie ist eingebettet in ein ganzes Dossier zum Lebensende (Docupass) mit Vorsorgeauftrag (darin bestimmen Sie einen Vertreter für die Vermögenssorge, für den*

Postverkehr, den Rechtsverkehr und andere vertrauliche Angelegenheiten bei Urteilsunfähigkeit), einer Anordnung für den Todesfall sowie einem Testament (Adressen siehe Anhang).

Wertvorstellungen in der Verfügung

Die Beschreibung Ihrer persönlichen Wertvorstellungen in Ihrer Patientenverfügung gibt dem Behandlungsteam Hinweise dafür, was Ihnen im Leben wichtig ist, was Sie befürchten, was Sie ablehnen, was Sie erwarten. Diese Informationen dienen dem behandelnden Arzt oder der behandelnden Ärztin auch als Orientierung in Situationen, in denen eine Patientenverfügung zu einer konkreten medizinischen Massnahme keine Angaben macht oder nur unklare. Die SAMW hat in ihrer Wegleitung über ihre medizinethischen Richtlinien für Patientenverfügungen verschiedene Musterfragen aufgelistet, die in einer Patientenverfügung stehen sollten und deren Beantwortung dem Behandlungsteam hilft, Sie nach Ihrem Willen zu behandeln (www.samw.ch/de → Ethik → Richtlinien → Patientenverfügungen):

- **Motivation für die Patientenverfügung:** Was bewegt Sie, eine Patientenverfügung zu verfassen? Gibt es einen konkreten Anlass, welchen? Was wollen Sie mit einer Patientenverfügung erreichen respektive was wollen Sie damit vermeiden? Haben Sie mit Ihren Angehörigen darüber gesprochen? Haben Sie mit Ihrem Hausarzt darüber gesprochen?
- **Leben zwischen Geburt und Tod:** Wo sehen Sie sich in Ihrem Leben? Wie wichtig ist es für Sie, noch lange zu leben? Wären Sie bereit, für den Gewinn an Lebensjahren mit Einschränkungen (zum Beispiel Pflegebedürftigkeit) zu leben? Oder wollen Sie auf Lebensjahre verzichten und dafür möglichst unabhängig leben? Was heisst für Sie «Sterben in Würde»? Was ist die Rolle Ihrer Angehörigen, welche Aufgaben sind sie bereit zu übernehmen und können ihnen zugemutet werden?
- **Lebensqualität:** Was macht Ihr Leben lebenswert? Welche Aktivitäten, welche Inhalte und Werte bestimmen Ihr Leben aktuell? Ist es für

Sie mit Blick auf eine mögliche Erkrankung oder das fortschreitende Alter denkbar, dass sich Ihre Vorstellungen über Lebensqualität verändern (zum Beispiel bezüglich Kommunikationsfähigkeit, Mobilität, geistige Verfassung)? Wie wichtig ist Schmerzfreiheit? Wären Sie bereit, dafür ein getrübtes oder im Extremfall ein ausgeschaltetes Bewusstsein in Kauf zu nehmen?

- **Krankheit, Sterben, Tod:** Haben Sie bereits Krankheitserfahrungen gemacht? Oder haben Sie Erfahrungen mit Kranksein über Dritte gemacht (Eltern, Partner, Freunde etc.)? Wie prägen diese Erfahrungen Ihr Verhältnis zu Medizin, Pflege und zur Inanspruchnahme medizinischer Leistungen?

  Leben Sie *aktuell* mit Einschränkungen oder Erkrankungen? Sehen Sie einen Sinn im Leben, auch wenn Sie stark eingeschränkt oder die Persönlichkeit verändert wäre (zum Beispiel Koma, schwere Demenz)? Wären Sie bereit, für das Überleben in einer solchen Situation medizinische Belastungen in Kauf zu nehmen? Welche Schädigungen beziehungsweise Beeinträchtigungen wären für Sie so schwerwiegend, dass Sie nicht mehr weiterleben möchten?
- **Persönliche und religiöse Überzeugungen:** Haben Sie religiöse, spirituelle oder weltanschauliche Überzeugungen? Prägen diese Überzeugungen den Umgang mit Ihrem Leben in «Grenzsituationen», das heisst, wenn Ihr Leben gefährdet wäre (Leben erhalten oder sterben lassen)? Gibt es Punkte oder Rituale, die aufgrund Ihrer weltanschaulichen oder religiösen Überzeugungen *nach dem Tod* beachtet werden sollten (Umgang mit dem Körper etc.)?

TIPP *Die Patientenverfügung ist unbeschränkt gültig. Aber überprüfen Sie sie mindestens alle zwei Jahre, bringen Sie Änderungen an, falls sich für Sie etwas geändert hat oder ergänzen Sie sie. Bestätigen Sie die Änderungen mit dem aktuellem Datum und Ihrer Unterschrift und teilen Sie Änderungen jener Person mit, die Sie zu Ihrem Stellvertreter ernannt haben (Kopie aushändigen).*

Reanimation, Beatmung, künstliche Ernährung, Organspende

In einer guten Patientenverfügung werden verschiedene, häufig auftretende medizinische Entscheidungen abgefragt. Dazu gehören zum Beispiel folgende Fragen:

- In welchen Situationen möchten Sie (noch) lebenserhaltende Massnahmen erhalten? Möchten Sie zum Beispiel eine Reanimation nach einem Herz-Kreislauf-Stillstand erhalten? In welchen Situationen möchten Sie keine lebenserhaltenden Massnahmen mehr erhalten?
- In welchen Situationen möchten Sie invasiv maschinell (das heisst über einen Tubus, der in die Luftröhre geht) beatmet werden? Bei einer schweren Lungenentzündung oder nach einer komplizierten Operation kann eine vorübergehende Beatmung sinnvoll sein, weil die selbständige Atmung nach einer Weile wieder zurückkehren kann. Bei einem schweren Schädel-Hirn-Trauma ist der Verlauf am Anfang nicht absehbar; es wird normalerweise beatmet.

  In der Patientenverfügung kann man die Entscheidung vorwegnehmen, ob überhaupt und wie lange man beatmet werden möchte. Möchten Sie in einer Situation, in der keine Aussicht auf Erholung besteht, die Beatmung abschalten und stattdessen palliativ behandelt werden (medikamentöse Behandlung zur Verhinderung der Atemnot) oder möchten Sie so lange als möglich beatmet werden?
- In welchen Situationen möchten Sie künstlich ernährt werden, in welchen nicht mehr? Möchten Sie im Endstadium einer schweren Erkrankung noch künstlich ernährt werden? Möchten Sie zum Beispiel nach einem Schlaganfall bei unklarer Prognose (unklar heisst, dass Sie sich auch wieder erholen könnten) künstlich ernährt werden? Möchten Sie bei Demenz künstlich ernährt werden?
- Möchten Sie, dass das Behandlungsteam bei Schmerzen grosszügig Schmerzmittel dosiert mit dem Risiko, dass damit Ihr Bewusstsein beeinträchtigt und Ihr Leben verkürzt wird? Oder möchten Sie so lange als möglich bei Bewusstsein bleiben und die Schmerzmittel nur so weit dosieren, dass die Schmerzen erträglich sind?
- Möchten Sie Ihre Organe bei Eintreten des Hirntodes oder nach dem Herz-Kreislauf-Stillstand spenden? Wenn ja, welche?
- Willigen Sie in eine Autopsie für die Forschung nach dem Tod ein?

Geben Sie in einer Patientenverfügung keine Anweisungen zu medizinischen Fragen, so entscheidet Ihr Stellvertreter nach Ihrem mutmasslichen Willen oder dem «besten Interesse». Ob der von ihm ermittelte mutmassliche Wille tatsächlich identisch ist mit Ihrem eigenen Willen, ist jedoch fraglich.

Studien haben gezeigt, dass die Übereinstimmung nicht wesentlich höher ausfällt, als das Zufallsprinzip erwarten lässt. Der mutmassliche Wille entspricht demnach eher den Neigungen der Stellvertreterin als dem Willen des Patienten. Ob der mutmassliche Wille authentisch sei, könne bereits dadurch in Frage gestellt werden, dass es sich um eine Vermutung von Drittpersonen handle, schreibt die Nationale Ethikkommission im Bereich Humanmedizin in ihrer Stellungnahme zur Patientenverfügung.

INFO *Beim mutmasslichen Willen geht es um die Frage, wie ein Patient, der sich selbst nicht mehr äussern kann, entscheiden würde, wenn er es könnte. Der mutmassliche Wille ergibt sich aus der Bewertung vorhandener Informationen zum Beispiel in der Patientenverfügung, in früher gemachten Äusserungen oder aufgrund anderer biografischer Hinweise. Wenn Angehörige den mutmasslichen Willen nicht ermitteln können, entscheidet das Behandlungsteam nach dem «besten Interesse» des urteilsunfähigen Patienten, das heisst nach dem Interesse eines durchschnittlichen Patienten.*

Patientenverfügung bei bestehender Krankheit

Geben Sie in der Patientenverfügung auch an, falls Sie bereits an einer Krankheit leiden. In diesem Fall ist es gut, wenn Sie die Patientenverfügung mit Ihrem behandelnden Arzt oder Ihrer Ärztin besprechen, damit Sie auf den wahrscheinlichen Verlauf der Krankheit, auf mögliche Komplikationen und Interventionen eingehen können. Es gibt auch krankheitsspezifische Patientenverfügungen. Das Institut Dialog Ethik hat gemeinsam mit der Krebsliga eine Verfügung für Menschen mit Krebsdiagnose und mit Parkinson Schweiz eine Verfügung für Menschen mit Parkinson herausgegeben (Adressen im Anhang).

Patientenverfügung bei psychischer Erkrankung

Auch Patientinnen und Patienten mit einer psychischen Erkrankung verfügen mit der Verankerung der Patientenverfügung im Rahmen des neuen Erwachsenenschutzrechts über ein Rechtsinstrument, das ihnen erlaubt, über die Art und Weise ihrer medizinischen Behandlung mitzubestimmen – auch wenn diese juristisch nicht den gleichen Stellenwert hat wie die Patientenverfügung bei körperlichen Erkrankungen. Mit einer psychiatrischen Patientenverfügung können urteilsfähige Personen, die an einer psychischen Erkrankung leiden, für Zeiten ihrer Urteilsunfähigkeit vor allem Folgendes festhalten:

- Zustimmungen zu und Ablehnungen von psychiatrischen Behandlungen
- Werte, Vorstellungen eines guten Lebens
- Ihre Stellvertreter
- Informationen zu ihrer Krankheit

INFO *Eine psychiatrische Patientenverfügung zum Download gibt es auf der Website der Stiftung Pro Mente Sana. Sie wurde zusammen mit den St. Gallischen Psychiatrie-Diensten Süd, der Psychiatrie Obwalden/Nidwalden am Kantonsspital Obwalden und den Universitären Psychiatrischen Kliniken Basel erstellt (www.promentesana.ch/de → Angebote).*

Das Gespräch über die Patientenverfügung

Eine vertretungsberechtigte Person darf an Ihrer Stelle in Therapien einwilligen oder diese ablehnen. Sie ist aber an die in der Patientenverfügung festgehaltenen Anweisungen gebunden. Die Rolle als vertretungsberechtigte Person ist mit grosser Verantwortung verbunden. Daher ist es wichtig, dass Sie mit Ihrem Stellvertreter offen über Ihre Wünsche, Ihre Ängste und Erwartungen sowie über Ihre Werte und die konkreten Anweisungen in der Patientenverfügung sprechen. Fragen Sie «Ihre Person» zuerst, ob Sie überhaupt Ihre Stellvertreterin sein will. Nicht jeder möchte oder kann diese verantwortungsvolle Aufgabe bewältigen, da solche Entscheidungen belastend sein können. Überlegen Sie daher, wen Sie als Ihre Stellvertreterin oder Ihren Stellvertreter einsetzen. Umgekehrt sollten sich die Angehörigen überlegen, ob sie sich solche folgenschweren Entscheidungen zutrauen. Eine Orientierungshilfe hierzu geben folgende Fragen:

- Wer kennt mich am besten, wer weiss, was mir wichtig ist?
- Kann sich diese Person auch im Spital für mich einsetzen, ist sie der Aufgabe gewachsen, wenn ich im Sterben liegen sollte?

- Kann sie hinter den Entscheidungen stehen, die ich in meiner Patientenverfügung festhalte?
- Welche Konsequenzen hat es möglicherweise für meinen Stellvertreter, wenn ich ihn einsetze?

Händigen Sie Ihrem Stellvertreter und eventuell auch weiteren Vertrauenspersonen eine Kopie der Verfügung aus. Falls es keine Person gibt, der Sie Ihr Vertretungsrecht anvertrauen möchten, kann ein Gespräch mit dem Hausarzt sinnvoll sein. Er kann unter Umständen die Rolle der vertretungsberechtigten Person übernehmen.

ACHTUNG *Wenn Sie in Ihrer Patientenverfügung keinen Stellvertreter nennen, der für Sie über medizinische Massnahmen entscheiden soll, falls Sie nicht urteilsfähig sein sollten, hat der auf* *Seite 105* *aufgeführte Personenkreis gemäss ZGB automatisch das Recht, stellvertretend für Sie zu entscheiden.*

Hinterlegung der Patientenverfügung

Wenn Sie Ihre Patientenverfügung in Ihr Nachttischchen legen und niemanden darüber informieren, wird sie niemand finden, wenn sie gebraucht wird. Es ist wichtig, dass Sie Ihrer Vertrauensperson und Ihrer Hausärztin mitteilen, wo Sie Ihre Patientenverfügung deponiert haben; noch besser ist, ihnen eine Kopie davon zu geben. Tragen Sie eine Hinweiskarte mit den Angaben zu Ihrem Stellvertreter und zum Aufbewahrungsort der Patientenverfügung in Ihrem Portemonnaie. Sie können Ihre Verfügung auch bei verschiedenen Anbietern elektronisch speichern lassen (siehe Anhang). Sie erhalten dann einen Ausweis für Ihr Portemonnaie, sodass im Notfall Ihr Stellvertreter oder Ihr behandelnder Arzt über seinen Computer auf Ihre Patientenverfügung zugreifen kann. Sie können auch auf dem Chip Ihrer Krankenversicherungskarte auf Ihre Patientenverfügung hinweisen. Allerdings verfügen noch immer viele Ärzte, Therapeuten und andere Fachpersonen nicht über das spezifische Lesegerät, mit dem sie die gespeicherten Daten auf Ihrer Versichertenkarte lesen könnten. Bis alle Spitäler, Praxen und Spezialisten damit ausgerüstet sind, dürfte es noch eine Weile dauern.

TIPP *Vergessen Sie nicht, wenn Sie in ein Spital oder in ein Heim eintreten, Ihren behandelnden Arzt oder die Heimleitung darauf hinzuweisen, dass Sie eine Patientenverfügung besitzen. Bei einem Heimeintritt ist es sinnvoll, eine Kopie Ihrer Verfügung der Pflegedienstleitung oder Heimleitung abzugeben.*

Die Grenzen von Patientenverfügungen

Die Patientenverfügung wird nicht zu einem unumstösslichen Vertrag, aufgrund dessen das Behandlungsteam oder Angehörige alle zukünftigen verbalen oder nonverbalen Äusserungen des urteilsunfähigen Patienten ignorieren müssen. Es liege nicht in der Verfügungsgewalt des Menschen, seine Zukunft vollumfassend vorzubestimmen, schreibt die Nationale Ethikkommission (NEK). Wir können nicht wissen, ob ein Leben mit Demenz wirklich so schlimm ist, wie wir uns dies als Gesunde vorstellen. Gesunde können sich nicht vorstellen, als Tetraplegiker oder nur schon als Querschnittgelähmte ein gutes Leben führen zu können. Wenn wir eine Patientenverfügung machen, haben wir Mühe, unsere Lebensqualität in einem zukünftigen Krankheitsfall zu beurteilen. Bedenken Sie beim Ausfüllen einer Patientenverfügung, dass Sie eine Grenzsituation vielleicht besser meistern werden, als Sie sich jetzt vorstellen können. Dazu kommt, dass wir als Laien die medizinischen Massnahmen, die in einer Notfallsituation oder bei einer schweren Erkrankung zum Einsatz kommen könnten, nicht kennen und ihre Auswirkungen nicht einschätzen können. «Viele Patientenverfügungen können vom Behandlungsteam nicht umgesetzt werden, weil sie zu wenig klar formuliert sind, nicht auf die aktuelle Situation anwendbar oder ungültig sind», erklärt die Medizinethikerin Daniela Ritzenthaler (siehe Interview auf Seite 118). Wir sind für eine gute Verfügung auf Fachpersonen angewiesen, die uns helfen herauszufinden, was wir medizinisch wollen oder nicht wollen, wenn wir nicht mehr urteilsfähig sind.

Dies ist das Ziel der «gesundheitlichen Vorausplanung», in der Fachsprache «Advance Care Planning» (ACP) genannt. Mit dieser gesundheitlichen Vorausplanung wollen Fachpersonen (potenzielle) Patientinnen und Patienten befähigen, ihre Werte, Erwartungen und Wünsche zu äussern und diese in Therapieziele, Behandlungsentscheide und entsprechende

ADVANCE CARE PLANNING (ACP): GESUNDHEITLICHE VORAUSPLANUNG

2018 haben das Bundesamt für Gesundheit und *palliative ch,* die Schweizerische Gesellschaft für Palliative Medizin, Pflege und Begleitung (zur Palliative Care siehe Seite 175), das nationale Rahmenkonzept «Gesundheitliche Vorausplanung mit Schwerpunkt Advance Care Planning» verabschiedet. Das englische Wort «advance» heisst «im Voraus», «care» bedeutet «Sorge», «Pflege», «Fürsorge». Ziel dieses Konzeptes ist es, die Gesundheitsversorgung am Willen der Patientin und des Patienten auszurichten. Bei der «gesundheitlichen Vorausplanung» helfen Fachpersonen gesunden oder kranken Menschen, «im Voraus» herauszufinden, wie sie behandelt werden möchten, wenn sie nicht mehr urteilsfähig sind. Es geht dabei letztlich um die Frage, welche medizinischen Massnahmen das Behandlungsteam ergreifen oder unterlassen soll. Die «gesundheitliche Vorausplanung», die auch «Patientenverfügung plus» genannt wird, ist freiwillig. Sie wird nur durchgeführt, wenn sie von jemandem gewünscht wird. Das ACP-Kompetenzzentrum des Universitätsspitals Zürich bildet inzwischen Fachpersonen in Advance Care Planning (ACP) aus.

Eine ACP-Fachperson wird mit Ihnen im Beratungsgespräch zunächst Lebenssinnfragen besprechen. Es geht zum Beispiel um:

- Ihre Sorgen und Wünsche, Ihre Wertvorstellungen, Ihre Auffassung von Lebensqualität;
- die Frage, welchen Wert ein Leben mit körperlicher oder geistiger Beeinträchtigung für Sie hat;
- die Frage, welche Rolle die Spiritualität in Ihrem Leben einnimmt.

Massnahmen für zukünftige Situationen der Urteilsunfähigkeit zu «übersetzen». Sie dokumentieren gemeinsam mit den Patienten die Ergebnisse und stellen dann sicher, dass diese Informationen jederzeit verfügbar sind und umgesetzt werden können. Grundsätzlich können auch gesunde Menschen eine Vorausplanung ins Auge fassen. Sie drängt sich aber vor allem dann auf, wenn jemand erkrankt.

Noch gibt es keine Liste mit ausgebildeten ACP-Beraterinnen und -Beratern nach Regionen. Wer eine solche Beratung wünscht, kann sich an das ACP-Kompetenzzentrum des Universitätsspitals Zürich wenden (Adresse siehe Anhang).

SUZETTE CADUFF erhielt im Alter von 74 Jahren die Diagnose Demenz. Die Demenzerkrankung verschlimmerte sich in den ersten fünf Jahren nur langsam, aber stetig. Frau Caduff hatte Angst, dereinst abhängig zu werden und nichts mehr selbst bestimmen zu können.

Anschliessend bespricht sie mit Ihnen konkrete Notfall- und Krankheitssituationen. Dabei geht es um Fragen wie:

- Welche Massnahmen soll das Behandlungsteam in einem Notfall ergreifen, wenn Sie nicht mehr urteilsfähig sind und der Arzt oder die Ärztin noch keine Prognose machen kann, zum Beispiel nach einem Herzstillstand oder bei schweren Verletzungen nach einem Autounfall?
- Welche Massnahmen wünschen Sie bei schwerer Erkrankung oder Verletzung, zum Beispiel, wenn Sie nach einem Hirnschlag oder einer Blutvergiftung auf der Intensivstation liegen und nicht urteilsfähig sind?
- Welche Behandlung wünschen Sie, wenn das Behandlungsteam eine bleibende Urteilsunfähigkeit prognostiziert, zum Beispiel aufgrund geistiger Beeinträchtigung nach einem Hirnschlag?

Diese Vorausplanung wird schriftlich festgehalten und mündet in einer «Patientenverfügung plus» und ärztlichen Notfallanordnungen. So soll erreicht werden, dass eine Behandlung an den Wünschen der betroffenen Person ausgerichtet ist. Die «gesundheitliche Vorausplanung» kann jederzeit geändert werden. Die Kosten für die Beratung variieren, in Zürich kostet eine Beratung auf der Geschäftsstelle von *palliative zh+sh* 175 Franken (pauschal). Manche Krankenkassen übernehmen die Kosten (fragen Sie an).

Sie machte deshalb ein paar Monate nach der Diagnose eine Patientenverfügung, die sie mit ihrem Mann, ihren erwachsenen Kindern und der Hausärztin besprach. Nach dem fünften Jahr verschlimmerte sich die Krankheit, sodass sie professionelle Betreuung brauchte. Der Mann zog mit seiner kranken Frau in ein Pflegeheim mit einer Demenzabteilung. Im Heim blühte Suzette Caduff auf, sie lachte mehr, summte vor sich hin, ass gern und sass oft in einem Sessel und blickte zum Fenster hinaus. Zwei Jahre später erleidet sie aber bereits zum zweiten Mal innert kurzer Zeit eine Lungenentzündung. Der Hausarzt würde ihr Antibiotika geben, doch in der Patientenverfügung steht, dass sie keine lebensverlängernden Massnahmen will, es ist ausdrücklich festgehalten, dass sie kein Antibiotikum will. Der Ehemann protestiert und sagt, dass seine Frau doch Freude am Leben habe und nicht sterben wolle. Das Nein zu Antibiotika in der Verfügung sei aus der Angst vor der Demenzerkrankung entstanden … (Siehe dazu auch folgendes Interview.)

DANIELA RITZENTHALER

Heilpädagogin, Medizinethikerin und ACP-Beraterin

«Letztlich geht es darum, etwas Kontrolle am Lebensende zu behalten»

Frau Ritzenthaler, muss ich eine Patientenverfügung machen?
Nein, das müssen Sie nicht. Aber wenn Sie es nicht tun, entscheiden Dritte darüber, wie man Sie medizinisch behandeln soll, wenn Sie nicht mehr urteilsfähig sind.

Meine Angehörigen wissen doch, was gut für mich ist?
Das hängt davon ab, ob Sie Ihren Angehörigen gesagt haben, was Ihnen wichtig ist, ob Sie mit ihnen über Ihre Werte gesprochen haben, darüber, was Sie zum Beispiel möchten, wenn Sie dement oder nach einem Unfall im Koma sind. Falls nicht, ist es eine grosse Belastung für die Angehörigen, an Ihrer Stelle über medizinische Interventionen an Ihnen zu entscheiden.

Nach welchen Kriterien würden die Angehörigen entscheiden, wenn ich nie mit ihnen über meine Wünsche gesprochen habe?
Dann müssten sie nach dem mutmasslichen Willen entscheiden, das heisst sie würden zum Beispiel Ihre früheren mündlichen Äusserungen in die Entscheidung miteinbeziehen. Wenn sie Ihren mutmasslichen Willen nicht herausfinden können, dann würden sie gemeinsam mit dem behandelnden Arzt nach dem «besten Interesse» für Sie entscheiden. Das wäre dann das Interesse eines durchschnittlichen Patienten.

In der Regel machen Ärzte aber eher mehr als weniger?
Ja, aufgrund des in der Verfassung verankerten «Rechts auf Leben» gilt bei medizinischen Entscheidungen der Grundsatz «im Zweifel für das Leben». Im Zweifel würden die Ärzte Sie reanimieren, maschinell beatmen und künstlich ernähren, sofern die Therapie medizinisch sinnvoll ist, das heisst einen Vorteil bringt.

Warum machen immer mehr Menschen eine Patientenverfügung?
Letztlich geht es darum, etwas Kontrolle am Lebensende zu behalten. Viele haben Angst, dass sie eine Behandlung erhalten, die sie nicht möchten, oder das Gegenteil: dass sie keine Behandlung erhalten und vorzeitig sterben. Das Problem ist aber, dass viele Patientenverfügungen nicht umgesetzt werden können, weil sie unklar oder widersprüchlich formuliert sind.

Sind deshalb längere Patientenverfügungen besser?
In vielen langen Verfügungen, wie sie zum Beispiel das Institut Dialog Ethik herausgibt, werden ganz konkrete Entscheidungen vorweggenommen, sodass für die Ärzte weniger Interpretationsspielraum besteht. Der Nachteil ist, dass die Verfügung belastend ist und viele auch überfordert. Da braucht es Hilfe und Rat von Fachpersonen. Die vom Bund geförderte «gesundheitliche Vorausplanung», bei der man seine Wünsche in Bezug auf konkrete Krankheits- und Notfallsituationen mit einer Fachperson bespricht, hilft, dass die Patientenverfügung präzise und klar ist. Diese «gesundheitliche Vorausplanung» nennt sich auch «Patientenverfügung plus». Ob man sich für die «gesundheitliche Vorausplanung», für eine lange oder kurze Patientenverfügung entscheidet, hängt davon ab, was man stärker gewichtet: Ist es einem wichtiger, selbst über konkrete medizinische Möglichkeiten zu entscheiden, oder möchte man, dass der Arzt nach bestimmten Werten handelt?

Sie sind selber Beraterin für «gesundheitliche Vorausplanung». Wer nimmt dieses Angebot in Anspruch?
Sowohl gesunde Menschen, die vorsorgen möchten, falls sie dereinst nicht mehr urteilsfähig sein sollten, als auch Menschen, die schon eine lange Krankengeschichte haben.

Ist es nicht schwierig, mit einer fremden Person über solch persönliche Fragen zu reden?
Oft ist es einfacher, mit einer fremden Person darüber zu reden als mit Angehörigen. Beim ersten Gespräch geht es um Lebenssinnfragen, um die Frage, was einem wichtig ist, was das Leben für einen sinnvoll macht. Dieses Erstgespräch berührt mich immer sehr, manchmal weinen die Menschen, die ich berate, weil sie zum ersten Mal über diese Sinnfragen reden. Die meisten sind danach erleichtert, weil für sie das Gespräch klärend war, weil sie herausfanden, was ihnen wichtig ist.

Wie viel medizinische Intervention wünschen sich die meisten?
Ich habe es erst einmal erlebt, dass jemand sagte, er wolle, dass man in jedem Fall alles unternehme, um sein Leben zu erhalten. Dieser gesunde Mann sagte, dass er sehr gerne lebe. Er konnte keinen Zustand definieren, der für ihn nicht mehr lebenswert wäre. Die meisten wollen aber im Falle einer Urteilsunfähigkeit, dass das Behandlungsteam keine lebenserhaltenden Massnahmen mehr ergreift, wenn klar ist, dass sie wegen starker geistiger oder körperlicher Beeinträchtigung von anderen Menschen abhängig würden.

Ich kann als Gesunder nicht wissen, wie es mir geht, wenn ich zum Beispiel dement oder im Rollstuhl bin.
Deshalb ist es wichtig, dass Sie mit einer Fachperson besprechen, was es heisst, mit Antibiotika versorgt, beatmet oder künstlich ernährt zu werden, damit Sie gut informiert entscheiden können. Gerade für Situationen, in denen Sie urteilsunfähig sind und andere für Sie entscheiden müssen, halte ich die «Patientenverfügung plus» für sehr wertvoll: Sie enthält nicht nur Aussagen über medizinische Massnahmen, sondern auch Antworten darauf, was für Sie Lebensqualität bedeutet und was Ihnen Lebensfreude macht. Dass wir als Gesunde eine Situation anders beurteilen, als wir dies vielleicht als Kranke tun würden, ist ein Grunddilemma, das wir nicht auflösen können.

Daniela Ritzenthaler ist Heilpädagogin und befasst sich mit der Patientenverfügung. Sie ist zertifizierte Beraterin für Advance Care Planning (ACP), arbeitet seit 2020 am Aufbau von ACP-Weiterbildungen am Universitätsspital Lausanne mit und bietet selbst Beratungen an (www.ethikbildung.ch).

Patientenvollmacht: Mein Stellvertreter entscheidet alles

Der Wunsch, sich am Lebensende nicht der Hightechmedizin auszuliefern, die Angst vor einer unerwünschten Lebensverlängerung im Alter oder bei schwerer Krankheit und vor einer «Apparatemedizin» sind die wichtigsten Beweggründe dafür, dass Menschen eine Patientenverfügung erstellen. Sie möchten selbst bestimmen, welche medizinischen Interventionen der behandelnde Arzt am Ende ihres Lebens noch machen darf und welche nicht. In ihrer Patientenverfügung geben sie dem Arzt dazu entsprechende Anweisungen.

Manche Menschen möchten aber nicht Lebensend-Situationen vorwegnehmen und im Voraus bestimmen, was dann zu tun sei. Sie überlassen diesen Entscheid lieber einer Vertrauensperson und machen eine Patientenvollmacht. Eine Patientenvollmacht ist sehr kurz und enthält keine konkreten Handlungsanweisungen an den Arzt für diese oder jene Situationen. In der Patientenvollmacht können Sie einen Vertreter oder eine Vertreterin bestimmen, die für Sie entscheidet, wenn Sie nicht mehr urteilsfähig sind.

TIPP *Es ist wichtig, dass Sie die Person, die Sie bevollmächtigen möchten, vorher fragen, ob sie sich dieser Aufgabe gewachsen fühle. Medizinische Entscheidungen für andere – insbesondere nahestehende Menschen – zu treffen, kann sehr belastend sein. Besprechen Sie dann mit Ihrem Stellvertreter Ihre Wünsche und Ängste, und sprechen Sie mit ihm über Ihre Vorstellungen von einem guten Sterben.*

ELEONORE WEBER ist 58 Jahre alt und arbeitet als Informatikerin. Sie lebt mit ihrem Mann in Zürich, Kinder hat das Paar keine. Eleonore hat guten Kontakt zu ihrer fünf Jahre älteren Schwester Berta, die mit ihrem Mann eine halbe Stunde entfernt auf dem Land wohnt und mit der sie viel unternimmt. An einem Nachmittag nach einer gemeinsam besuchten Ausstellung sprechen die Schwestern in einem Café über das Leben und das Sterben. Berta erzählt ihrer jüngeren Schwester, dass sie und ihr Mann am vergangenen Wochenende eine ausführliche Patientenverfügung ausgefüllt und über die Wünsche, Ängste und Erwartungen in Bezug auf das Lebensende gesprochen hätten. Das sei sehr aufschlussreich gewesen, erzählt Berta, weil sie zum Beispiel erfahren habe, dass ihr Mann seine Organe nicht spenden wolle. Er habe gesagt, dass er in Ruhe sterben wolle. Sie aber hätte gedacht, dass ihr Mann, der regelmässig Blut spende, auch seine Organe würde spenden wollen. «So kann man sich täuschen!», sagt sie. Sie sei froh, habe sie mit ihrem Mann über das Lebensende und die Wünsche gesprochen. Eleonore sagt darauf ihrer Schwester, dass es ihr am liebsten wäre, wenn Berta für sie entscheiden würde, falls sie nicht mehr ansprechbar sei. Berta sei ihre «grosse Schwester» und habe schon als Kind für sie gesorgt: «Kein Mensch ist mir so vertraut wie du.» Ausserdem wisse Berta als Pflegefachfrau viel besser Bescheid über medizinische Massnahmen als sie. Berta willigt ein, von ihrer Schwester für medizinische Entscheidungen bevollmächtigt zu werden – aber nur unter der Bedingung, dass sie sich eine Woche später treffen, um über die Wünsche und Werte von Eleonore zu sprechen.

Selbst bestimmen, wann man geht: Die Suizidbeihilfe

Immer mehr Menschen in der Schweiz möchten selbst bestimmen, wann sie gehen. Die Hilfe zur Selbsttötung ist in der Schweiz straflos, wenn sie nicht aus selbstsüchtigen Motiven geschieht. Die meisten Menschen nutzen dafür eine Sterbehilfeorganisation.

Für immer mehr Menschen in modernen Gesellschaften ist ein Leben mit Krankheit, Behinderung oder im hohen Alter nicht lebenswert. Sie möchten lieber sterben, als mit schweren Einschränkungen zu leben oder von anderen Menschen abhängig zu sein, und beanspruchen Suizidbeihilfe.

Die Anzahl der assistierten Suizide hat sich zwischen 2003 und 2017 verfünffacht. Im Jahr 2017 haben gemäss dem Bundesamt für Statistik 413 Männer und 596 Frauen (total 1009 in der Schweiz wohnhafte Personen) auf diesem Weg ihr Leben beendet. Gut 85 Prozent waren über 65 Jahre alt. Die Zahlen für das Jahr 2018 liegen noch nicht vor. Aber allein die älteste und grösste Sterbehilfeorganisation in der Schweiz, Exit, hat im Jahr 2018 insgesamt 905 Menschen bei der Selbsttötung geholfen. Das Durchschnittsalter betrug gemäss dem Jahresbericht von Exit rund 78 Jahre. Hauptgründe für die Suizidbeihilfe waren 2018 gemäss Exit Krebs (38 Prozent), Mehrfacherkrankungen (27 Prozent) und Schmerzerkrankungen (8 Prozent).

In der Schweiz gibt es mehrere Sterbehilfeorganisationen. Der Hauptunterschied zwischen den Vereinigungen liegt bei den Kriterien für die Mitgliedschaft. So nimmt Exit nur Personen mit Schweizer Bürgerrecht oder Schweizer Wohnsitz auf. Anderen Vereinigungen können auch Ausländerinnen und Ausländer beitreten, die nicht in der Schweiz leben. Unterschiede zeigen sich auch bei den Kosten für die Suizidbeihilfe.

Die sogenannte Suizidbeihilfe ist in der Schweiz im Strafgesetzbuch mit einem Satz geregelt: Sie ist straflos, wenn sie nicht aus selbstsüchtigen Motiven erfolgt (Art. 115). Ethische Richtlinien zur Suizidbeihilfe hat sich die Schweizer Akademie der Medizinischen Wissenschaften (SAMW) im Jahr 2004 selbst gegeben. Sie sind für FMH-Ärztinnen und -Ärzte verbindlich. Bis ins Jahr 2018 durfte ein Arzt seinen Patienten bei der Selbsttötung nur helfen, wenn «deren Lebensende nahe» war und sie urteilsfähig waren (zur Urteilsfähigkeit siehe Seite 106).

INFO *Gemäss Art. 2 der Standesordnung der FMH-Ärzte gehören folgende Tätigkeiten zu den Aufgaben des Arztes: «Es ist Aufgabe des Arztes und der Ärztin, menschliches Leben zu schützen, Gesundheit zu fördern und zu erhalten, Krankheiten zu behandeln, Leiden zu lindern und Sterbenden beizustehen.»*

Weil die Sterbehilfeorganisationen aber immer häufiger auch Suizidbeihilfe bei Menschen leisten, die *nicht* am Lebensende stehen, hat die SAMW ihre Richtlinien entsprechend angepasst, was innerhalb der Ärzteschaft, bei Juristen und Ethikern auch Kritik auslöste. Nach den neuen Richtlinien von 2018 darf ein Arzt oder eine Ärztin Suizidbeihilfe auch dann leisten, wenn «die Krankheitssymptome und/oder Funktionseinschränkungen des Patienten für diesen Ursache unerträglichen Leidens» sind. Entscheidend ist nicht mehr, dass der Patient (faktisch) unheilbar

DIE ARTEN VON STERBEHILFE

- **Die direkte aktive Sterbehilfe,** auch Euthanasie oder Tötung auf Verlangen genannt, bezeichnet die Tötung auf Wunsch des Patienten durch eine Drittperson. Der Arzt spritzt dem Patienten dafür das Sterbemittel, das direkt zum Tod führt. Diese Form der Sterbehilfe ist in der Schweiz verboten und strafbar (Art. 114 Strafgesetzbuch). Möglich ist die «Tötung auf Verlangen» in Holland, Belgien und Luxemburg.
- **Von indirekter aktiver Sterbehilfe** spricht man dann, wenn der Arzt dem Patienten zur Linderung seiner Leiden notwendige Schmerz- und Beruhigungsmittel gibt (zum Beispiel Morphium), die den Todeseintritt beschleunigen. Diese Art der Sterbehilfe, bei der nicht der Tod das Ziel ist, sondern die Schmerzlinderung, ist in der Schweiz rechtlich nicht ausdrücklich geregelt, gilt aber grundsätzlich als erlaubt.
- Unter **passiver Sterbehilfe** versteht man ein Sterbenlassen eines Patienten, das heisst den Verzicht auf (weitere) lebenserhaltende Therapien oder den Abbruch solcher Massnahmen (zum Beispiel den Abbruch der maschinellen Beatmung). Diese Art der Sterbehilfe ist ebenfalls nicht geregelt, gilt aber als erlaubt.
- **Beihilfe zum Suizid,** auch assistierter Suizid, Suizidbeihilfe, Hilfe zur Selbsttötung genannt, bezeichnet die Selbsttötung eines urteilsfähigen Menschen mittels eines Sterbemittels (meist Natrium-Pentobarbital). Für das Sterbemittel ist der Sterbewillige auf das Rezept eines Arztes angewiesen; die tödliche Substanz muss er zwingend selbst, das heisst ohne fremde Hilfe einnehmen.

krank ist und bald sterben wird, entscheidend ist, wie der Patient seine Situation *empfindet.* Dass alleine «die Behauptung des Patienten, sein Leiden sei unerträglich», genüge, damit ein Arzt oder eine Ärztin Suizidbeihilfe leiste, erachtet zum Beispiel der Jurist Michael Barnikol als heikel. Ob jemand sein Leiden als erträglich empfinde, hänge nämlich von einer Vielzahl von schwer fassbaren Faktoren ab, «zu denen beispielsweise materielle, soziale oder psychische Ressourcen zählen».

Suizidbeihilfe für Betagte?

Die Diskussion um den «erleichterten Alterssuizid», auch «Bilanzsuizid» genannt, hat im Mai 2014 die Sterbehilfeorganisation Exit lanciert. Die Generalversammlung erweiterte ihre Statuten mit dem Satz: «Exit engagiert sich für den Altersfreitod und setzt sich dafür ein, dass betagte Menschen einen erleichterten Zugang zum Sterbemittel haben sollen.» Das heisst, dass Exit auch Menschen, die nicht todkrank sind, denen «die Summe ihrer Leiden, Schmerzen und Gebrechen aber so zusetzt, dass sie – im strikten Wortsinn – lebensmüde sind», Suizidbeihilfe leistet. Was «unerträglich» oder «unzumutbar» heisst, regelt das Strafrecht nicht.

Selbst bestimmen zu können, wann man genug hat, entspricht einem grossen Bedürfnis. Im Sommer 2014 fanden in einer repräsentativen Umfrage der Kirchenzeitung *reformiert* gut zwei Drittel der 1004 Befragten, dass auch alte Menschen, die nicht todkrank sind, Zugang zur Suizidbeihilfe haben sollten. Vor allem Menschen zwischen 55 und 74 Jahren forderten eine entsprechende Regelung. Jeder zweite der Befragten kann sich vorstellen, im Alter selbst die Suizidbeihilfe zu wählen.

Kritik an Suizidbeihilfe für Betagte: Negatives Altersbild?

Kritiker der Suizidbeihilfe für alte Menschen befürchten, dass Betagte dadurch unter Druck geraten könnten und vermehrt Suizidbeihilfe beanspruchen, weil sie der Familie oder der Gesellschaft nicht (länger) zur Last fallen wollen. Die Schweizerische Gesellschaft für Gerontologie, die Schweizerische Fachgesellschaft für Geriatrie und die Schweizerische Gesellschaft für Alterspsychiatrie und -psychotherapie verfolgen die Debatte um die Suizidbeihilfe im Alter «mit Sorge». In einem Positionspapier weisen sie darauf hin, dass alte Menschen als Grund für Suizidbeihilfe nicht nur die Angst vor Abhängigkeit, vor Kontrollverlust und Schmerzen nannten, sondern auch den Angehörigen oder der Gesellschaft hohe Pflegekosten ersparen wollten. Hier die Suizidbeihilfe als Lösung anzubieten, erachten die drei Verbände als heikel: «Nicht selten basieren diese Ängste und Befürchtungen auf einem einseitig negativen Altersbild, welches ausschliesslich von würdelosem Leiden und Abhängigkeit geprägt ist, oder der Unkenntnis dessen, was Pflege und Betreuung am Lebensende (Palliative Care) zu leisten vermag.» Sie fordern, die Suizidwünsche von Betagten zu hinterfragen, insbesondere dann, wenn die folgenden Gründe genannt werden:

- aus Verzweiflung und Einsamkeit
- wegen fehlender medizinischer und therapeutischer Hilfe bei einer psychischen oder körperlichen Krankheit

- aus Angst, am Lebensende gegen den eigenen Willen am Leben erhalten zu werden
- unter dem Druck negativer gesellschaftlicher Werturteile
- um seinen Angehörigen und der Gesellschaft Kosten für Betreuung und Pflege zu ersparen

In diesen Fällen gehe es um die soziale Verantwortung der Gesellschaft und sei «Hilfe zum Leben zu leisten», betonen die Organisationen.

INFO *Haben Sie Angst, am Lebensende gegen Ihren Willen künstlich am Leben erhalten zu werden? Diese Angst kann Ihnen eine klar formulierte Patientenverfügung sowie das Gespräch mit Ihrem Stellvertreter nehmen (siehe Seite 104). Fürchten Sie sich vor Schmerzen am Lebensende? Hier könnte ein Gespräch mit einem Palliativmediziner helfen (siehe Seite 175): Die Palliativmedizin ist auf Schmerzlinderung spezialisiert.*

Kriterien für Suizidbeihilfe

Es gibt keine ärztliche Pflicht zur Suizidbeihilfe, worunter hier in erster Linie das Ausstellen des Rezepts für das Sterbemittel gemeint ist. Bis 2004 erachtete die SAMW die Suizidbeihilfe ausdrücklich als nicht ärztliche Tätigkeit. In den neuen ethischen Richtlinien von 2018 steht nun, dass es weder zur Aufgabe des Arztes gehöre, von sich aus Suizidbeihilfe anzubieten, noch sei der Arzt oder die Ärztin verpflichtet, diese zu leisten. «Suizidbeihilfe ist keine medizinische Handlung, auf die Patienten einen Anspruch erheben könnten [...].» Bittet ein Patient in einer für ihn unerträglichen Situation einen Arzt darum, ihm bei der Selbsttötung zu helfen, darf der Arzt Suizidbeihilfe leisten – auch wenn der Patient nicht sterbenskrank ist. Er kann das Ausstellen des Rezepts für das tödliche Medikament aus Gewissensgründen aber auch ablehnen.

URTEIL *Das Bundesgericht betont in einem Urteil, dass «Selbstbestimmung» am Lebensende nur bedeute, dass der Mensch das Recht habe, über Art und Zeitpunkt der Beendigung des eigenen Lebens zu entscheiden. Er hat das «Recht auf den eigenen Tod». Er kann*

SUIZIDBEIHILFE NICHT NUR AM LEBENSENDE? ÄRZTE ANTWORTEN WIDERSPRÜCHLICH

Eine von der SAMW in Auftrag gegebene Studie befragte Ärztinnen und Ärzte über ihre Einstellung zur Suizidbeihilfe. Die Studie von Susanne Brauer, Christian Bolliger und Jean-Daniel Strub aus dem Jahr 2014 ergab Folgendes:

- **Grundsätzliche Haltung:** Rund drei Viertel der 1318 antwortenden Ärztinnen und Ärzte finden die ärztliche Suizidbeihilfe grundsätzlich vertretbar. 22 Prozent lehnen die Suizidbeihilfe grundsätzlich ab. Knapp die Hälfte der Antwortenden können sich Situationen vorstellen, in denen sie bereit wären, Suizidbeihilfe zu leisten, das heisst, die Mehrheit kann sich dies nicht vorstellen.
- **Erfahrung mit Suizidbeihilfe:** 9 Prozent der Antwortenden haben schon einmal Suizidbeihilfe geleistet. Der Anteil der Hausärzte ist deutlich höher als jener der Spitalärzte. Es werden mehr Ärzte als Ärztinnen mit Suizidbeihilfewünschen konfrontiert. 56 Prozent der Antwortenden waren noch nie mit einem ernsthaften Suizidbeihilfewunsch konfrontiert.
- **Kriterien für Suizidbeihilfe:** Die Antworten sind widersprüchlich: Einerseits finden es rund zwei Drittel grundsätzlich vertretbar, Suizidbeihilfe auch in anderen Situationen als nur am Lebensende zu leisten. 20 Prozent zum Beispiel finden Suizidbeihilfe bei gesunden, hochbetagten Personen (eher) vertretbar. Andererseits sprachen sich rund drei Viertel der Befragten für das bisherige Kriterium der SAMW aus, wonach für die Suizidbeihilfe das Lebensende nahe sein muss. Suizidbeihilfe bei Polymorbidität (Mehrfacherkrankung) von Hochbetagten akzeptieren die Befragten viel stärker als Suizidbeihilfe bei Personen mit psychiatrischer Erkrankung oder Demenz.
- **Druck auf Alte und Kranke:** 43 Prozent der befragten Ärzte befürchten, dass sich der Druck auf kranke, schwache oder betagte Menschen, Suizidbeihilfe in Anspruch zu nehmen, erhöht, wenn die Richtlinien der SAMW gelockert und zum Beispiel das Kriterium des nahenden Lebensendes aufgehoben würde.

dieses Recht aber nicht vom Staat – und somit auch nicht von einem Arzt – einfordern. Durch das in der Verfassung verankerte Recht auf persönliche Freiheit kann der Einzelne zwar jede medizinische Behandlung ablehnen (siehe Seite 75). Eine Pflicht des Staates, dem Individuum aktiv zu einem schmerzfreien Suizid zu verhelfen, ergebe sich aus diesem Freiheitsrecht aber nicht.

Grundsätzlich gelten in der Schweiz für Menschen, die eine Suizidbeihilfe in Anspruch nehmen möchten, folgende Voraussetzungen:

- **Urteilsfähigkeit:** Die Person muss urteilsfähig sein, dass heisst, sie muss fähig sein, sich einen eigenständigen Willen bilden zu können; sie muss sich der Folgen ihrer gewollten Handlung im Klaren sein und muss ihren Willen äussern können. Die Urteilsfähigkeit muss von einem Arzt bestätigt werden.
- **Tatherrschaft:** Die sterbewillige Person muss fähig sein, die letzte Handlung, die zu ihrem Tod führen wird, selbst auszuführen. Das heisst, sie muss das Getränk mit dem Natrium-Pentobarbital selbst in die Hand nehmen und trinken oder die Rolle am Infusionshahn drehen, damit das Sterbemittel in die Venen fliesst. Ist sie dazu nicht in der Lage, ist eine Suizidbeihilfe nicht möglich (weil es dann keine Suizidbeihilfe wäre, sondern eine Tötung durch Dritte, was in der Schweiz verboten ist).
- **Freiwilligkeit:** Der Sterbewunsch darf nicht auf Druck von Dritten gefasst worden sein. Er muss gründlich durchdacht (wohlerwogen) sein und wiederholt ausgesprochen werden (über eine angemessene Zeit konstant). Damit will man verhindern, dass der Sterbewunsch das Resultat einer depressiven Verstimmung oder einer akuten Krise ist.

Menschen, die über die Sterbehilfeorganisation Exit ihr Leben beenden wollen, müssen zudem folgende Kriterien erfüllen:

- Sie müssen Mitglied von Exit sein. Ab drei Jahren Mitgliedschaft ist die Suizidbeihilfe kostenlos. Eine Mitgliedschaft kostet 45 Franken pro Jahr, eine Mitgliedschaft auf Lebenszeit 1100 Franken. Bei Menschen, die weniger als drei Jahre Exit-Mitglied sind und Suizidbeihilfe wünschen, wird je nach Dauer der Mitgliedschaft ein Kostenanteil zwischen 1100 Franken und 3700 Franken erhoben.
- Als Mitglied aufgenommen wird, wer volljährig ist und Wohnsitz in der Schweiz hat oder Schweizer Bürger ist.
- Für die Suizidbeihilfe braucht es ein Diagnoseschreiben, eine Bestätigung der Urteilsfähigkeit eines Arztes und das Rezept für das tödliche Mittel Natrium-Pentobarbital. Falls der behandelnde Arzt (zum Beispiel der Hausarzt) keine Einschätzung der Urteilsfähigkeit machen oder das Rezept nicht ausstellen möchte, kann man sich an Exit wenden. Die Organisation verfügt über Konsiliarärzte. Doch auch dieser

Konsiliararzt stellt das Rezept laut Exit nur aus, wenn eine medizinische Indikation vorliegt und er mit der Person, die sterben will, mindestens einmal persönlich gesprochen hat. Der Beizug des Konsiliararztes von Exit kostet 450 Franken.

- Die sterbewillige Person muss unter einer hoffnungslosen Prognose, unerträglichen Beschwerden oder unzumutbarer Behinderung leiden (ärztlich attestiert, Exit-Statuten Art. 2).

Suizidbeihilfe bei Demenz und bei psychischen Krankheiten?

Weil die Suizidbeihilfe nur geleistet werden darf, wenn derjenige, der darum bittet, urteilsfähig ist, dürfen Ärztinnen und Ärzte bei Menschen mit fortgeschrittener Demenz keine Suizidbeihilfe leisten. Aus diesem Grund ist auch die Suizidbeihilfe bei Menschen mit psychischen Erkrankungen heikel. Denn die Frage, ob der Betroffene urteilsfähig ist oder ob sein Wunsch zu sterben auf seine Krankheit zurückzuführen ist, ist schwer zu beantworten.

Von den befragten Ärztinnen und Ärzten in der SAMW-Studie (siehe Seite 127) erachteten rund 30 Prozent die Suizidbeihilfe als (eher) vertretbar bei Personen, die psychisch schwer erkrankt sind. Exit schliesst Suizidbeihilfe bei psychisch erkrankten Menschen nicht grundsätzlich aus, prüft aber gemäss eigener Aussage jeden Antrag mit psychiatrischen Gutachten.

§ **URTEIL** *Auch das Bundesgericht kam in einem Entscheid im Jahr 2006 zum Schluss, dass Menschen mit psychischen Erkrankungen nicht generell von der Suizidbeihilfe ausgeschlossen werden dürfen, es mahnt aber zu äusserster Zurückhaltung. Zur Feststellung der Urteilsfähigkeit sei ein vertieftes psychiatrisches Fachgutachten notwendig.*

«Der Tod scheint einfacher zu haben zu sein als Unterstützung»

Wulf Rössler, emeritierter Professor für Psychiatrie an der Universität Zürich, kritisierte Anfang Juni 2016 in einem Artikel in der *NZZ am*

Sonntag die Suizidbeihilfe für psychisch kranke Menschen. Das «psychiatrische Gutachten» für einen assistierten Suizid sei viel kürzer als jene, die er für seine Patientinnen und Patienten bei der Invalidenversicherung jeweils habe einreichen müssen. Sein Fazit: «Der Tod scheint sehr viel einfacher zu haben zu sein als ein Leben mit Unterstützung der Solidargemeinschaft.» Er weist zudem darauf hin, dass 98 Prozent der Patienten, die einen Suizidversuch unternommen hätten, froh gewesen seien, ihn überlebt zu haben. «Wir wissen aus vielen Untersuchungen, dass ein Todeswunsch fast immer ein vorübergehender Zustand ist [...].» Alte Menschen würden sich oft aus «purer Verzweiflung» für Suizidbeihilfe entscheiden, schreibt Rössler. Das habe nichts mehr mit Selbstbestimmung zu tun.

Sind Sie richtig informiert?

Es gibt immer wieder Menschen, die sich für eine Suizidbeihilfe entscheiden, weil sie aufgrund einer Erkrankung ein qualvolles Sterben vermeiden möchten. Palliativmediziner Gian Domenico Borasio schildert in seinem Buch *Selbst bestimmt sterben* den Fall eines Holländers mit ALS (amyotrophe Lateralsklerose). ALS ist eine unheilbare Krankheit mit fortschreitendem Muskelschwund, die in wenigen Jahren zum Tod durch Atemstillstand führt. ALS-Patienten haben oft Angst davor, am Schluss qualvoll zu ersticken. Davor fürchtete sich auch dieser holländische Patient. Er bat seinen behandelnden Arzt, ihn mit einer Spritze zu töten, was in Holland unter bestimmten Bedingungen straffrei ist. Der Arzt hat den Wunsch erfüllt. Zwei andere Ärzte hatten dem Patienten zuvor bestätigt, dass sein Tod qualvoll sein würde. Borasio schreibt: «Das Fatale daran: Diese Information ist falsch.» Über 90 Prozent der ALS-Patienten könnten friedlich einschlafen, wenn sie in der Sterbephase in einen Tiefschlaf versetzt würden. Sie sterben im Schlaf an Atemstillstand – alles andere als qualvoll. Für Borasio zeigt das Beispiel aus Holland, wie sehr «unsere vermeintliche Selbstbestimmung von unserer Umwelt und den Informationen, die wir von dieser erhalten, beeinflusst wird.» Borasio streitet nicht ab, dass es Krankheiten gibt, die unerträglich sind, und dass Patienten auch bei bester palliativer Betreuung (siehe Seite 175) «qualvoll» sterben. Aber dies komme sehr selten vor.

INFO *Haben Sie Angst vor dem Sterbeprozess, vor Schmerzen oder Atemnot? Dann wenden Sie sich an einen Palliativmediziner. Er ist auf das Lebensende spezialisiert, kennt Ihre Ängste und kann Ihnen am besten Auskunft geben und Sie beraten. Auch die Bücher «Über das Sterben» und «Selbst bestimmt sterben» mit vielen Fallbeispielen von Palliativmediziner Gian Domenico Borasio sind informativ und in einer für Laien verständlichen Sprache geschrieben.*

Sterben mit einer Sterbehilfeorganisation – Ablauf

Da derzeit die meisten Schweizerinnen und Schweizer, die Suizidbeihilfe beanspruchen, dies über Exit tun, wird im Folgenden der Prozess geschildert, den ein Exit-Mitglied durchläuft, das sterben will:

- Wer Suizidbeihilfe wünscht, setzt sich direkt mit Exit in Verbindung (telefonisch).
- Nachdem der Verein die nötigen Dokumente wie ärztliches Diagnoseschreiben und Bestätigung der Urteilsfähigkeit geprüft hat, besucht eine sogenannte «Freitodbegleiterin» die Person, die sterben will, zu Hause. Sie spricht mit ihr über ihren Sterbewunsch und die Gründe dafür. Die «Freitodbegleiterin» spreche auch über die sozialen Beziehungen und kläre ab, ob die Person, die sterben wolle, Alternativen zur Suizidbeihilfe kenne, teilt Exit mit. Damit wolle man auch ausschliessen, dass der Sterbewunsch auf Druck von Dritten entstanden oder einer kurzfristigen Krise, zum Beispiel einer momentanen depressiven Verstimmung, geschuldet sei.
- Spricht für Exit nichts gegen die Suizidbeihilfe, löst die Sterbehilfeorganisation das von einem Arzt ausgestellte Rezept für Natrium-Pentobarbital auf den Namen der Person ein, die sterben will, und lagert es in einem Tresor, bis die sterbewillige Person sagt, dass sie so weit sei. Für das Einlösen des Rezeptes und die Lagerung braucht Exit eine Vollmachterklärung der sterbewilligen Person.
- Die Suizidbeihilfe findet meistens zu Hause beim Sterbewilligen statt, in der Anwesenheit von Angehörigen oder Freunden. Exit bietet, falls kein Domizil vorhanden ist, auch ein Sterbezimmer an oder kommt mit dem Sterbemittel in die Institution, in der sich der Patient aufhält, sofern die Institution dies erlaubt.

- Der Sterbewillige muss den letzten Schritt zwingend selbst tun, er muss selbst das Glas heben und austrinken. Die Person, die sterben will, darf an ihrem letzten Tag laut Exit keine üppige Mahlzeit essen, keinen Kaffee, Schwarztee oder Fruchtsaft trinken. Bevor die Sterbehelferin das Glas mit dem tödlichen Mittel übergibt, muss die sterbewillige Person eine «Freitoderklärung» unterzeichnen. Anschliessend erhält sie ein Magenberuhigungsmittel (Paspertin) und danach das Mittel mit der tödlichen Dosis des Schlaf- und Narkosemittels.
- Nach der Einnahme des Barbiturats wird die sterbewillige Person müde, fühlt sich schläfrig, verliert das Bewusstsein und fällt meist nach wenigen Minuten in einen komatösen Tiefschlaf. Sie stirbt kurze Zeit später an Atemstillstand.
- Weil Suizidbeihilfe einen sogenannten «aussergewöhnlichen Todesfall» darstellt, ruft die Sterbehelferin nach Todeseintritt die Polizei. Diese erscheint meistens in Begleitung eines Amtsarztes und eines Staatsanwalts und prüft, ob alles im Rahmen der gesetzlichen Vorschriften abgelaufen ist.

INFO *Nicht alle Alters- und Pflegeheime in der Schweiz gewähren Sterbehilfeorganisationen Zutritt. In diesem Fall müsste jemand, der Suizidbeihilfe will, diese Institutionen dafür verlassen. Die Städte Zürich, Bern, Basel und Neuenburg erlauben den assistierten Suizid in den städtischen Institutionen.*

Das Tod bringende Schlafmittel Natrium-Pentobarbital

In der Suizidbeihilfe wird heute meist Natrium-Pentobarbital eingesetzt. Das Mittel untersteht dem Betäubungsmittelgesetz, deshalb ist ein ärztliches Rezept nötig. Die Person, die sterben will, nimmt vorher ein Mittel, um den später möglicherweise auftretenden Brechreiz zu unterdrücken, da das tödliche Mittel bitter schmeckt. Danach trinkt sie einen Becher mit rund 60 Milliliter Wasser, in dem eine Dosis von 15 Gramm Natrium-Pentobarbital aufgelöst wurde. Sehr geschwächte Personen, die starke Schluckbeschwerden haben und nicht in der Lage sind, das Glas auszutrinken, können sich das Mittel per Infusion intravenös in den Körper fliessen lassen; sie müssen die Kanüle dafür aber selbst öffnen. Innerhalb von zwei bis fünf Minuten nach der Einnahme schläft die Person ein und fällt in eine tiefe Bewusstlosigkeit. Das Natrium-Pentobarbital lähmt das

Atemzentrum, was schliesslich zum Tod durch Atemstillstand führt. Die Substanz wurde früher je nach Dosierung als Beruhigungsmittel, Schlafmittel oder Narkosemittel verwendet und unterliegt dem Betäubungsmittel- und dem Heilmittelgesetz. Deshalb ist es rezeptpflichtig. Auch Tiere werden meist mit diesem Mittel eingeschläfert.

Angehörige belastet die Suizidbeihilfe stark

Wie erleben die Angehörigen den Tod eines Nahestehenden durch assistierten Suizid? Wie geht es den Angehörigen, die dabei waren, als der Sterbewillige das tödliche Mittel trank und ein paar Minuten danach starb?

Die deutsche Psychologin Birgit Wagner ging dieser Frage nach und befragte im Jahr 2007 für eine Studie an der Universität Zürich 85 Familienangehörige oder nahe Freunde, die bei einer Suizidbeihilfe anwesend waren. Das Ereignis lag bei den Befragten ein bis zwei Jahre zurück. Die Befragung ergab, dass 13 Prozent der Bezugspersonen an einer posttraumatischen Belastungsstörung (PTBS) mit voller Symptomatik litten und 6,5 Prozent an einer unterschwelligen posttraumatischen Belastungsstörung.

INFO *PTBS ist eine verzögerte, starke Reaktion auf ein traumatisches Ereignis. Sie kommt häufig bei Kriegs- oder Vergewaltigungsopfern vor, bei Opfern von Naturkatastrophen oder bei Augenzeugen eines Verbrechens. Menschen mit einer PTBS durchleben das traumatische Ereignis immer wieder durch plötzliche Erinnerungen oder Albträume. Viele ziehen sich zurück, sind reizbar, haben Mühe, sich zu konzentrieren, sind schreckhaft oder haben Schlafstörungen.*

16 Prozent der von Birgit Wagner und ihrem Team befragten Angehörigen litten an Depressionen, bei rund 5 Prozent zeigten sich Symptome einer «krankheitswertigen komplizierten Trauer». Der Verlust einer nahestehenden Person durch den assistierten Suizid könne als traumatisches Erlebnis gewertet werden. Ein Grund, dass die Suizidbeihilfe von den Augenzeugen als sehr belastend empfunden wurde, seien auch die Ermittlungen der Polizei und die forensische Untersuchung, nachdem die Person gestorben sei. Ein anderer Grund seien eigene moralische Bedenken sowie «die fehlende soziale Wertschätzung». Viele Angehörige und Freunde, die den

Suizid miterlebten, würden darüber nicht mit anderen Menschen sprechen, aus Angst, dass sie moralisch negativ beurteilt werden, schreibt Birgit Wagner in ihrem Buch *Komplizierte Trauer: Grundlagen, Diagnostik und Therapie.*

Wer beansprucht Suizidbeihilfe?

Die Mehrheit der Sterbewilligen bei Exit beansprucht aus folgenden Gründen Suizidbeihilfe: Krebs, Alterspolymorbidität (Mehrfacherkrankungen) und Schmerzen.

Nicole Steck, Forscherin am Institut für Sozial- und Präventivmedizin an der Universität Bern, und ihr Team untersuchten, wer zwischen 2003 und 2008 in der Schweiz Suizidbeihilfe beanspruchte, und rechneten die Ergebnisse dieser Stichprobe auf die soziodemografischen Eigenschaften der Bevölkerung um. Die Untersuchung zeigte:

- Zwischen 2003 und 2008 haben am häufigsten Personen mit einer schweren Krebserkrankung oder einer degenerativen Nervenerkrankung wie MS oder Parkinson Suizidbeihilfe in Anspruch genommen, im hohen Alter auch wegen Herz-Kreislauf-Erkrankungen.
- Zwei Drittel der Menschen, die zwischen 2003 und 2008 Suizidbeihilfe beanspruchten, waren über 65 Jahre alt.
- Deutlich mehr Frauen als Männer beanspruchen Suizidbeihilfe. Dies gilt auch unter der Berücksichtigung der Tatsache, dass es mehr ältere Frauen als Männer gibt. Bei den älteren Menschen zeigte sich dieser Unterschied bezogen auf die Gesamtbevölkerung nicht.
- Personen mit einem höheren Bildungsabschluss haben eine bis zu zwei Mal höhere Wahrscheinlichkeit, Suizidbeihilfe in Anspruch zu nehmen, als Personen mit einem obligatorischen Abschluss. Menschen, die in der Stadt leben, wenden sich häufiger an eine Sterbehilfeorganisation als Menschen, die auf dem Land wohnen.
- Menschen, die alleine leben, nehmen rund 1,5-mal häufiger Suizidbeihilfe in Anspruch als jene in Mehrpersonenhaushalten. Dabei ist die Wahrscheinlichkeit vor allem für Geschiedene und Verwitwete erhöht.
- Es nehmen sich mehr Menschen mit einer Sterbehilfeorganisation das Leben, die keiner Glaubensgemeinschaft angehören, als Protestanten oder Katholiken und von Letzteren mehr Protestanten als Katholiken.

Wesentliche Fragen vor dem Kontakt mit einer Sterbehilfeorganisation

Viele Menschen werden Mitglied einer Sterbehilfeorganisation, um «im Notfall» die Alternative des assistierten Suizids beanspruchen zu können. Damit der Entscheid für den letzten Schritt wirklich gut bedacht und somit selbstbestimmt ist, hilft es, sich im Voraus mit folgenden Fragen zu befassen:

- Sind Sie über Ihre Erkrankung vollständig aufgeklärt? Gibt es Fragen, Unsicherheiten, die Sie noch nicht angesprochen haben? Falls Sie kein Vertrauen in Ihren Arzt haben oder das Gefühl haben, er nehme sich zu wenig Zeit für Sie, suchen Sie das Gespräch mit einem anderen Arzt, fragen Sie im Freundeskreis nach guten Erfahrungen, schildern Sie Ihre Unsicherheit einer Patientenstelle (siehe Anhang).
- Haben Sie starke Schmerzen oder Angst vor künftigen Schmerzen? Sind Sie über die Möglichkeiten der palliativmedizinischen Schmerzlinderung und Symptomkontrolle aufgeklärt worden (siehe Seite 175)? Palliative Care ist spezialisiert auf die Schmerzbehandlung.
- Ist ein Grund, Mitglied einer Sterbehilfeorganisation zu werden, die Angst vor Übertherapie am Lebensende? Befürchten Sie, dass man Ihr Leiden verlängert, Sie nicht sterben lässt? In diesem Fall wäre die Patientenverfügung das richtige Instrument. Ein Arzt muss sich an Ihre Anweisungen in der Patientenverfügung halten (siehe Seite 106).
- Fühlen Sie sich überfordert mit einer Situation, bringen Sie nicht mehr alles unter einen Hut? Haben Sie sich überlegt, ob Sie etwas abgeben könnten, ob Sie zum Beispiel professionelle Hilfe wie Spitex, eine Haushaltshilfe, den Mahlzeitendienst anfordern könnten? Haben Sie mit Ihren Angehörigen, Freunden oder Nachbarn über Ihre Sorgen gesprochen?
- Haben Sie Angst vor Abhängigkeit, Angst davor, anderen zur Last zu fallen? Haben Sie sich überlegt, dass Ihre Angehörigen und Freunde Ihnen vielleicht gern helfen würden, dass Menschen im Gesundheits- und Sozialwesen tätig sind, *weil* sie sich zum Helfen berufen fühlen? Oder umgekehrt gefragt: Wäre ein Ihnen nahestehender Mensch in Ihrer Situation, würden Sie ihm dann nicht auch gern helfen, wenn Sie könnten? Sprechen Sie mit Ihren Angehörigen, Freunden oder mit dem Hausarzt über Ihre Ängste. Auf Hilfe und Unterstützung angewiesen sein heisst nicht, dass man nichts mehr selbst bestimmen kann (mehr dazu auf Seite 163).

- Was sind die Gründe dafür, dass Sie nicht mehr leben möchten? Haben Sie darüber mit einem nahestehenden Menschen, Ihrem Hausarzt oder einem Psychiater gesprochen? Nach einem schweren Verlust, einem Schicksalsschlag oder einer schlimmen Diagnose wollen viele Menschen nicht mehr leben. Die meisten erholen sich aber wieder und empfinden trotz Einschränkungen oder schwerer Krankheit wieder Lebensqualität, finden etwas, was ihnen Freude macht oder ihnen wichtig ist und womit sie ihre verbleibende Zeit verbringen möchten. Vor allem die Palliative Care (bei nicht heilbaren Krankheiten) oder das Gespräch mit einem Psychotherapeuten (zum Beispiel nach dem Verlust des Ehepartners) helfen einem bei der Verarbeitung eines Schicksalsschlags und bei der Suche nach etwas, was einem wertvoll ist.
- Was konkret müsste sich ändern, damit Sie weiterleben möchten, damit Sie wieder Lebensfreude empfinden könnten? Haben Sie darüber mit Angehörigen, Freunden, einem Seelsorger, je nach Krankheit mit einem Palliativmediziner oder einem Psychiater gesprochen?
- Fühlen Sie sich einsam oder (weil Sie zum Beispiel im Spital sind) isoliert? Haben Sie dies Ihren Angehörigen oder Freunden mitgeteilt, haben Sie Ihnen gesagt, dass Sie sich über Besuche, Post oder ein Telefongespräch freuen würden? Die meisten nahestehenden Menschen freuen sich, wenn sie helfen können (siehe auch Seite 96)!
- Haben Sie sich überlegt, was die Selbsttötung bei Ihren Angehörigen und Freunden auslösen könnte?

INFO *Es wurde vielfach gefordert, die Suizidbeihilfe (restriktiver) zu regeln. Doch der Bundesrat hat 2011 beschlossen, die organisierte Suizidbeihilfe nicht zu verbieten oder im Gesetz ausdrücklich zu regeln, sondern stattdessen die Palliative Care und die Suizidprävention zu fördern.*

5

Das dritte und vierte Lebensalter

Der moderne Mensch hat einen uralten Menschheitstraum verwirklicht: Er darf mit einem langen Leben bei relativ guter Gesundheit rechnen. Vom hohen Alter jedoch haben die meisten jüngeren Menschen ein negatives Bild. Dabei sind auch viele Hundertjährige zufrieden. Was hilft, Einschränkungen zu ertragen, ist: ein gutes soziales Netz, Anpassungsfähigkeit, innere Widerstandskraft und Gelassenheit.

Weniger Junge, mehr Rentner und Rentnerinnen

Weil wir länger leben und weniger Kinder geboren werden, gibt es immer mehr Rentnerinnen und Rentner und immer weniger Junge. Die frisch Pensionierten gehören zu den zufriedensten Menschen. Dank Organisationen wie Pro Senectute oder Spitex können auch Menschen mit Einschränkungen zu Hause wohnen bleiben.

Früher zeigte die grafische Darstellung der Altersstruktur unserer Gesellschaft eine Pyramide: Sie stand auf einem breiten Sockel, der die Anzahl der Jungen repräsentiert, wurde gegen oben dünner und endete in einer Spitze, welche die Anzahl der Hochaltrigen darstellt. Doch die Pyramide ist unförmig geworden: Sie wird gegen oben breiter, der Sockel dagegen ist schmaler geworden.

Der Grund dafür ist: Wir leben erstens deutlich länger als unsere Vorfahren. Buben, die 2018 geboren wurden, haben eine durchschnittliche Lebenserwartung von 81,7 Jahren, Mädchen von 85,4 Jahren. Ein im Jahr 1900 geborener Bub dagegen hatte bei der Geburt eine durchschnittliche Lebenserwartung von 45,7, ein Mädchen von 48,5 Jahren. Zweitens kommen heute pro Frau zwei Kinder weniger zur Welt als vor hundert Jahren. Im Jahr 2015 gab es in der Schweiz erstmals mehr Personen, die ihren 65. Geburtstag feierten, als solche, die ihren 20. Geburtstag feierten.

INFO *Männer sterben nach wie vor früher durch Unfall, Kreislauferkrankung oder Selbsttötung als Frauen. Das liegt daran, dass Männer grössere Risiken eingehen und weniger auf ihre Gesundheit achten als Frauen.*

Das Schöne an der Langlebigkeit ist, dass Enkelkinder «länger von lebenden Grosseltern profitieren können als früher», sagt der Zürcher Alters- und Generationenforscher François Höpflinger. Seine Befragung bei 700 Teenagern und 500 Grosseltern zeigt, dass die Beziehungen zwischen Enkelkindern und Grosseltern enger geworden sind. Das Geheimnis dieser Beziehung ist: Die Grosseltern sind gelassener, haben mehr Zeit und können ihren Enkeln deshalb mehr Aufmerksamkeit schenken als die Eltern. Nicht nur die Enkel, auch die Grosseltern profitieren von diesen Banden. Sie lernen von ihren Enkelkindern Neues, zum Beispiel den Umgang mit neuen Kommunikationmitteln, sie erhalten von ihren Enkelkindern Besuch, werden von ihnen auch gerne um Rat gefragt und können ihr Wissen und ihre Erfahrungen weitergeben.

INFO *Junge und alte Menschen führen ausserhalb der Familie ein getrenntes Leben gemäss dem «Sozialbericht 2012: Fokus Generationen». Freundschaftsbeziehungen zwischen Alt und Jung gibt es wenige. So gaben über 60 Prozent der unter 35-jährigen Befragten an, dass sie keine Freunde hätten, die älter seien als 70 Jahre.*

Die Kehrseite der alternden Bevölkerung sind die Kosten für Pflege und Betreuung, der mögliche Mangel an Fachpersonen und die Finanzierbarkeit des Rentensystems. «So wirft eine massive Zunahme betagter, pflegebedürftiger Menschen vor allem Probleme auf, wenn gleichzeitig die Zahl jüngerer Frauen und Männer sinkt, die eine Pflege übernehmen können», erklärt François Höpflinger (siehe auch Interview Seite 166).

Das Alter wird zudem immer häufiger als Kostenfaktor gesehen – schon heute haben manche Betagte das Gefühl, dass sie der Gesellschaft nur noch zur Last fallen. Dabei werde oft übersehen, sagt Höpflinger, dass pensionierte Menschen soziale Leistungen erbringen, sei es in Form von Freiwilligenarbeit und Nachbarschaftshilfe, sei es im Rahmen familialverwandtschaftlicher Hilfe und Unterstützung zugunsten jüngerer Generationen. Trotzdem sei es nötig, dass wir über das heutige Renten- und das Pflegesystem diskutieren.

Rentnerinnen und Rentner sind mit ihrem Leben sehr zufrieden

Wie bereits im Kapitel Lebensqualität (siehe Seite 46) erwähnt, ist die Zufriedenheit der in der Schweiz lebenden Menschen hoch. Die grösste Zufriedenheit äussern seit Jahren die Rentnerinnen und Rentner. Das Wohlbefinden zwischen 65 und 75 ist so hoch, weil man sich weniger

MEHR EINZELHAUSHALTE BEI ÄLTEREN FRAUEN

Auch im Alter wohnen immer mehr Menschen in einem Einpersonenhaushalt, es sind aber deutlich mehr Frauen als Männer. Das liegt daran, dass Frauen älter werden und oft ein paar Jahre jünger sind als ihre Ehemänner: Deshalb gibt es mehr Witwen als Witwer. Alleine zu wohnen und zu haushalten, sei aber nicht zwangsläufig mit sozialer Isolation verbunden, betont der *Sozialbericht 2012: Fokus Generationen*. Dank vielfältiger Kommunikationsmittel seien auch allein lebende Menschen vernetzt und sozial aktiv. Das zeigt auch die Umfrage zur Lebenszufriedenheit aus dem Jahr 2018: Gut 70 Prozent der 65- bis 74-Jährigen, die alleine leben, sind «hoch» oder «sehr hoch» zufrieden mit ihrem Leben, ebenso 68 Prozent der über 74-Jährigen. Gemäss der Gesundheitsbefragung 2017 fühlen sich die über 65-Jährigen in der Schweiz mit 32 Prozent am wenigsten einsam. Am einsamsten fühlen sich die 15- bis 24-Jährigen mit 48 Prozent. ■

fremdbestimmt fühlt als während der Erwerbszeit. Man muss nicht mehr arbeiten, kein Chef sagt einem mehr, was zu tun ist. Man kann nach dem eigenen Rhythmus, überhaupt nach eigenen Prioritäten leben. Viele Menschen setzen sich vor der Pensionierung mit ihren Werten und Wünschen auseinander, fragen sich, was ihnen wichtig ist, und überlegen sich, worauf sie nach der Pensionierung ihren Fokus legen wollen. Mit steigendem Alter nimmt die Zufriedenheit wieder etwas ab. Das hat mit den zunehmenden Altersgebrechen oder Krankheiten zu tun.

«Ich schätze es, mehr Zeit zu haben für die journalistische Arbeit. Und ich schätze es enorm, diese Arbeit auch im Pensionistenalter in beschränkter Form weiterführen zu können. Das ist für mich Lebensqualität pur, immer vorausgesetzt, dass meine Gesundheit mitspielt. Das ist wohl das grösste Geschenk im Alter. Deshalb fürchte ich mich davor, wenn meine Autonomie eingeschränkt würde, etwa in einer stationären Pflegeeinrichtung, wo Tagesfahrplan und Administration mehr Beachtung finden als der bedürftige Mensch.»

René Regenass, Journalist und Mitbegründer der Internetplattform «Luzern60plus» (www.luzern60plus.ch)

Wie gesund fühlen sich die über 55-Jährigen?

Von den in der Schweiz lebenden Menschen zwischen 55 und 74 Jahren schätzt eine grosse Mehrheit von 77 Prozent ihren Gesundheitszustand als «gut bis sehr gut» ein. Mit steigendem Alter – vor allem ab 75 Jahren – verschlechtert sich der Gesundheitszustand (siehe Grafik Seite 51). Das ergab die Schweizerische Gesundheitsbefragung des Bundesamtes für Statistik im Jahr 2017.

Eine gesundheitspolitische Befragung des *Commonwealth Fund* aus dem Jahre 2014, an der auch die Schweiz teilnahm, hatte ergeben, dass Schweizer Ärztinnen und Ärzte ihre über 55-jährigen Patienten deutlich weniger über Medikamente aufklären als Ärzte in anderen Ländern, insbesondere über mögliche Nebenwirkungen. Die Schweizer Patienten erhalten nach Schweden auch am wenigsten häufig schriftliches Informationsmaterial bei einem Spitalaustritt. Zudem werden in Arztpraxen (vor allem in der Deutschschweiz) relativ wenige Gespräche zu Gesundheitsprävention wie Ernährung, Bewegung, Stress und Rauchen geführt. Eine jüngere Befragung des *Commonwealth Fund* aus dem Jahre 2017, bei der 65-jährige und ältere Menschen in elf verschiedenen Ländern – darunter 3238 Personen in der Schweiz – befragt wurden, bestätigt das fehlende Engagement der Ärztinnen und Ärzte für Gesundheitsprävention. Die Befragten gaben an, dass bei Arztbesuchen in den letzten zwei Jahren gesunde Ernährung, Bewegung oder Depressionen kein Thema gewesen seien. Das sei in allen untersuchten Ländern der Fall, schreiben die Studienautoren. Sie sprechen von einer «verpassten Chance».

TIPP *Ergreifen Sie die Initiative, wenn es Ihr behandelnder Arzt nicht tut: Fragen Sie ihn über mögliche Nebenwirkungen von Medikamenten, fragen Sie ihn auch, was sie präventiv für eine bessere Gesundheit tun können, und bitten Sie Ihren Arzt auch um Informationsmaterial.*

Altersdiskriminierung im Gesundheitswesen

Eine Befragung von 1800 Personen zeigte, dass in der Schweiz Menschen ab 70 Jahren deutlich stärker als Belastung für das Gesundheitswesen betrachtet werden als in anderen europäischen Ländern. Tendenziell am stärksten betroffen seien Personen ab 80 Jahren, geht aus dem *Sozialbe-*

richt 2012 hervor. Die häufigste Form der Altersdiskriminierung besteht darin, dass Ärztinnen und Ärzte gesundheitliche Beschwerden mit einem Verweis auf das Alter der betroffenen Person herunterspielen oder verharmlosen. Besonders schlimm ist es für ältere Menschen, wenn ein Arzt oder eine Ärztin ihnen sagt, eine Behandlung lohne sich nicht mehr (zur Rationierung siehe Seite 83).

INFO *Altersdiskriminierung liegt vor, wenn eine Person wegen ihres Lebensalters schlechter behandelt wird als andere Personen. Diese Diskriminierung erleben sowohl junge Menschen wie auch ältere.*

«**ICH HABE EINE GELENKKRANKHEIT**, sie ist genetisch bedingt. Im Alter zwischen 40 und 50 Jahren kam es zweimal vor, dass ein Spezialist sagte, das ist das Alter, das ist jetzt Arthrose, das ist normal. Diese Diagnose war offensichtlich falsch.»

«**MIT 45 JAHREN** hatte ich Probleme mit dem Knie. Das hat mich beim Einsteigen im Tram behindert. Der behandelnde Physiotherapeut nahm das aber nicht sehr ernst und meinte, das sei doch normal in meinem Alter. Später hatte ich einmal einen Hörsturz, der auch nicht ernst genommen wurde. Der HNO-Arzt fand das normal für mein Alter und hat die Diagnose heruntergespielt.»
(Beide Beispiele sind dem *Sozialbericht 2012* entnommen)

Wenn Sie sich von Ihrem Arzt oder Ihrer Ärztin nicht ernst genommen fühlen, gibt es in der Schweiz verschiedene Stellen, an die Sie sich wenden können, wie zum Beispiel folgende (Adressen im Anhang):

- Unabhängige Beschwerdestelle für das Alter (UBA), Bern. Diese Stelle unterstützt und berät ältere Menschen unter anderem bei Fragen der Betreuung, Pflege, im Zusammenhang mit Versicherungen oder bei Unsicherheiten mit Ärztinnen und Ärzten.
- Schweizerische Stiftung SPO Patientenschutz, Zürich. Die SPO setzt sich für die Wahrung der Patientenrechte ein. Die Beratungsstellen der SPO unterstützen Patienten, die mit Problemen mit einem Therapeuten oder Versicherer konfrontiert sind.
- Die Patientenstelle in Ihrer Region.

Das Lebensende beschäftigt ältere Menschen

Die Wahrscheinlichkeit, alt oder sehr alt zu werden, ist gross. Es sterben immer weniger Menschen im jungen Alter. Weil es immer mehr alte und sehr alte Menschen gibt, nimmt auch die Zahl der Sterbenden zu (mehr dazu auf Seite 172).

BEABSICHTIGTE MASSNAHMEN IM HINBLICK AUF DAS LEBENSENDE

Kategorie	Merkmal	Absprache Vertrauensperson	Schriftliches Dokument vorhanden	Person in Dokument genannt	Mitglied bei Sterbehilfeorganisation	Absicht, zu Organisation zu gehen
	Total (in %)	53,3	22,4	23,8	4,3	8,5
	Männer	49,0	18,8	20,7	4,9	7,4
	Frauen	57,0	25,3	26,4	3,7	9,4
Alter	55–59 Jahre	46,6	18,7	17,1	3,0	17,5
	60–64 Jahre	56,5	18,1	19,7	3,1	8,6
	65–69 Jahre	57,4	19,9	20,1	4,5	6,7
	70–74 Jahre	52,3	26,3	28,9	7,7	7,3
	75–79 Jahre	59,1	27,5	27,8	4,6	3,5
	80+ Jahre	49,4	27,8	34,7	3,7	3,9
Bildung	Oblig. Schule	49,5	18,4	20,6	0,8	7,2
	Sekundarstufe II	54,6	23,3	24,8	4,6	8,3
	Tertiärstufe	52,4	22,8	23,1	6,2	11,5

Quelle: Commonwealth Fund, International Health Policy Survey 2014

Die Befragung des *Commonwealth Fund* im Jahr 2014 ergab auch, dass ältere Menschen sich Gedanken über das Lebensende machen. Mehr als die Hälfte der Befragten gab an, ihre Behandlungswünsche am Lebensende mit einer Vertrauensperson (Partner, Partnerin, Familienmitglied, Freund, Freundin, medizinische Fachperson) besprochen zu haben (siehe Tabelle oben). Knapp ein Viertel hat die Behandlungswünsche schriftlich – zum Beispiel in einer Patientenverfügung – festgehalten. Ein Viertel hat ebenfalls schriftlich eine konkrete Person bestimmt, die über die medizinischen Behandlungen entscheiden soll, wenn man nicht mehr urteilsfähig ist. Frauen haben sich häufiger mit einer Vertrauensperson abgesprochen (und dies schriftlich fixiert) als Männer.

Hochaltrige möchten über ihr Lebensende sprechen

Das Bedürfnis hochbetagter Menschen, über das Thema Sterben und Tod zu sprechen, ist ausgeprägt. Dies ergab eine Befragung von 100-Jährigen in Heidelberg und Umgebung. Dies ergab auch eine Studie in Waadtländer Pflegeheimen im Rahmen des nationalen Forschungsprogramms NFP 67 zum Thema «Lebensende». Die Gespräche über das Sterben und den Tod mit den Forschenden erlebten die hochaltrigen Pflegeheimbewohnerinnen und -bewohner als «positiv» und «entlastend», wie dem Schlussbericht NFP 67 aus dem Jahr 2017 zu entnehmen ist. Oftmals finden Gespräche über das Lebensende und die damit verbundenen Wünsche und Ängste mit den Angehörigen oder Bezugspersonen nicht statt. Es gehöre zum einen zur Selbstverantwortung der Hochaltrigen, dieses Gespräch mit ihren Bezugspersonen anzustossen. Gleichzeitig müssten aber auch nahestehende Personen den Mut aufbringen, solche Gespräche zu führen, halten die Autorinnen und Autoren der Heidelberger Hundertjährigen-Studie fest. Dies ermögliche den Betagten «neben der inneren Auseinandersetzung mit der Endlichkeit auch eine äussere Vorbereitung auf den Tod».

Die jungen Alten, die alten Alten

Die meisten Menschen wünschen sich ein langes, erfülltes Leben. Aber man kann nicht lange leben, ohne alt zu werden. Trotzdem ist das hohe Alter bei den jüngeren Menschen oft mit negativen Vorstellungen behaftet. Dabei kann man 100 Jahre alt werden und trotz Einschränkungen ein gutes Leben haben, wie eine Studie zeigt.

Heute wird das dritte vom vierten Lebensalter abgegrenzt, die «jungen Alten» von den «alten Alten», die Senioren von den Betagten. Früher gab es die Kindheit und Jugendzeit, das mittlere Alter (Familienzeit) und das Alter. In vielen Kulturen gibt es seit jeher ein zweideutiges Bild des Alters. Die Alten waren einerseits die Erfahrenen, die Weisen und jene, die über Besitz verfügten, sie waren aber auch die Ausgestossenen. Dieses zweideutige Bild, sagt Altersforscher François Höpflinger, hätten wir bis heute nicht eliminieren können. Das negative Altersbild hat sich zeitlich weiter nach hinten verlagert, ins sogenannte vierte Lebensalter. Dieses negative Bild vom hohen Alter birgt einen Widerspruch: Einerseits möchten wir möglichst lange leben, andererseits wollen wir nicht altern. Dabei kann man auch im hohen Alter ein zufriedenes Leben führen, wie eine Befragung von Hundertjährigen ergab (siehe Seite 151).

Die moderne Gesellschaft hat sich einen uralten Menschheitstraum erfüllt. Die meisten von uns können ein langes Leben bei relativ guter Gesundheit leben. Die zusätzlich gewonnenen Jahre erweiterten die sogenannte aktive Lebenszeit: Wer in Rente geht, gilt heute nicht als alt. Das Ende der aktiven Arbeitszeit steht vielmehr für neue Lebensmöglichkeiten, steht für Freiheit. Diese Freiheit kann aber nur geniessen und aktiv nutzen, wer sozial abgesichert ist. Nur in wohlhabenden Ländern mit einem guten Renten- und Gesundheitssystem sind die Rentnerinnen und Rentner so aktiv und zufrieden wie zum Beispiel in der Schweiz. Und unter diesen sind es wiederum vor allem jene mit höheren beruflichen Positionen. Jene, die bis 65 körperlich hart gearbeitet haben, sind weniger aktiv, leben bescheidener und leben weniger lang.

«Am meisten Freude macht mir, dass ich zum ersten Mal im Leben in keiner Art und Weise mehr fremdbestimmt bin. Was ich tue und wann ich es tue, bestimme ich selbst. Ich stelle den Blumenstrauss meiner Aktivitäten selbst zusammen und entscheide, wann ich eine Blume aus dem Strauss abgeben will.»

André Hobi, ehemaliger Personalchef der Stadt Luzern

Das dritte Lebensalter: die aktiven Rentnerinnen und Rentner

Vom dritten Lebensalter spricht man ab der Pensionierung. Die Pensionierung bedeute nicht mehr Ruhestand und Rückzug, sondern sei eine Lebensphase mit vielfältigen Möglichkeiten, um beispielsweise auch die Wohnform zu überdenken, schreibt Höpflinger. Die dritte Lebensphase gleicht in vielem der vorangegangenen «zweiten», nur dass man nicht mehr arbeiten muss (aber freiwillig arbeiten kann). Das ist möglich dank der Altersvorsorge und der relativ guten finanziellen Verhältnisse vieler Rentnerinnen und Rentner. Sie erlauben vielen – aber längst nicht allen, rund ein Fünftel bis ein Viertel muss mit bescheidenem Budget leben –, die erste Phase nach der Pensionierung nach eigenen Bedürfnissen zu gestalten. Das Alter ist somit laut Höpflinger nicht nur eine Phase von Defiziten und Verlusten, sondern – jedenfalls in den ersten Jahren nach der Pensionierung – auch eine Phase, in der sich neue Chancen eröffnen und bisher vernachlässigte Kompetenzen ausgelebt werden können, etwa bezüglich sozialer Kontakte, Hobbys und Bildung.

Das dritte Lebensalter ist positiv behaftet. Das liegt nicht zuletzt daran, dass die Rentnerinnen und Rentner gute Konsumentinnen und Konsumenten sind. Die «jungen Alten» gelten als aktive, konsumfreudige, unabhängige, selbstbestimmte und nützliche Mitglieder der Gesellschaft. Ein Wegfall der Rentnerbevölkerung als Konsumenten würde wahrscheinlich zu einer tief greifenden Wirtschaftskrise führen, vermutet Höpflinger in *Demographische Alterung – Trends und Perspektiven.*

Auch die Rentnerinnen und Rentner fühlen sich mit 65 oder 70 Jahren zumeist nicht alt. Dadurch entstehen aber auch neue Zwänge. Man versucht, das körperliche Alter zu verdrängen oder zu bekämpfen, «lebenslanges Lernen, möglichst lange Aktivität, aber auch ein möglichst langer Erhalt der körperlichen Gesundheit und Fitness werden zu neuen Normvorstellungen eines ‹erfolgreichen Alterns›», weiss Höpflinger aus seinen Studien. Dies verstärkt den Druck, sich möglichst lange «jung» zu geben.

TIPP *Ein typischer Rentner-Gruss lautet: «Ich habe keine Zeit, ich muss weiter». Manchmal vergisst man, dass Tiefe und das Erleben der Gegenwart Zeit brauchen – Zeit für Beobachtung, Zeit für Gespräche, Zeit für sich selbst. Wer sich gestresst fühlt, sollte sich fragen: Lebe ich mein Leben oder ein Leben, das andere von mir erwarten, oder eines, das mir so vorgelebt wird? Erobern Sie sich Ihre eigene (biologische) Zeit zurück, ihre Eigenzeit. Die künstliche Zeit ist eine schnelle Zeit und ist nicht (notwendig) identisch mit der Zeit, die man für ein gutes, soziales, tief empfundenes Leben braucht.*

Das vierte Lebensalter: negatives Altersbild

Der Übergang in das sogenannte vierte Lebensalter ist fliessend und hängt von früheren Belastungen im Beruf, von den sozialen Beziehungen und dem allgemeinen Gesundheitszustand der jeweiligen Person ab. Gemäss einer Befragung von Pro Senectute im Jahr 2015 bei den eigenen Mitarbeiterinnen und Mitarbeitern sowie bei externen Fachpersonen aus dem Gesundheits- und Sozialwesen beginnt für die Mehrheit das vierte Lebensalter dann, wenn eine Person in ihrer Mobilität eingeschränkt ist, sie an körperlichen Beschwerden leidet oder wenn die sensorischen oder geistigen Fähigkeiten eingeschränkt sind. Man spricht dann meistens von Fragilität (Gebrechlichkeit) und Vulnerabilität (Verletzbarkeit).

Bei einem gesunden Lebensstil treten diese Einschränkungen im Allgemeinen nach dem 80. Altersjahr auf. Hörverluste, Seheinbussen, Gehschwierigkeiten, erhöhtes Sturzrisiko, soziale Isolation machen ein selbständiges Leben nicht unmöglich, erschweren es aber. Man muss seinen Lebensstil den Einschränkungen anpassen und etwa auf das Autofahren oder grössere Reisen verzichten, in eine altersgerechte Wohnung ziehen oder aktiv Hilfe und Unterstützung suchen (zu Dienstleistungen siehe Seite 163).

INFO *Der Begriff «Fragilität» meint «Zerbrechlichkeit», im Kontext des Alters meist «Gebrechlichkeit». Im Alter wird man fragiler, unsicherer auf den Beinen, die sensorischen Fähigkeiten nehmen ab, die körperlichen Beschwerden zu. «Vulnerabel» bedeutet «verletzlich», «verwundbar» und meint, dass Menschen anfällig sind für (zusätzliche) Belastungen oder Erkrankungen:*
- *auf sozialer Ebene (weil sie zum Beispiel einsam sind),*
- *auf körperlicher Ebene (weil sie gebrechlich, eingeschränkt oder krank sind),*
- *auf geistiger Ebene (weil sie vergesslich oder traurig sind),*
- *auf wirtschaftlicher Ebene (weil sie zum Beispiel keine finanziellen Mittel für Entlastungen haben).*

Fragile und vulnerable Menschen sind auf erhöhte Aufmerksamkeit und Sorge ihrer Mitmenschen angewiesen.

Die Unterscheidung in drittes und viertes Lebensalter ist insofern heikel, weil das «dritte Lebensalter mit Möglichkeiten beschrieben wird und das ‹vierte› mit Einschränkungen», hält die Studie *Erst agil, dann fragil* von Pro Senectute fest. «Die ‹jungen Alten› werden als aktive selbstverantwortliche Koproduzenten ihrer Lebensbedingungen angerufen, hochaltrige Menschen hingegen vorrangig als zu Pflegende, zu Betreuende und zu Versorgende wahrgenommen», gibt auch Höpflinger zu bedenken.

Kein Mensch hat nur Defizite

Doch kein Mensch hat nur Defizite oder ist nur krank, kein Mensch verfügt nur über eine einzige Fähigkeit. Auch bei einem Sterbenskranken findet man noch gesunde Anteile (siehe auch Interview mit Diana Meier-Allmendinger auf Seite 60). Menschen, die hilfsbedürftig sind, sind nicht *nur* hilfsbedürftig. Ein gehbehinderter oder gehörloser Mann ist deswegen nicht geistig eingeschränkt. Eine demente Frau ist nicht blind oder gehbehindert. Wer aber in einem Bereich eingeschränkt ist, an dem verliert unsere Gesellschaft leider oft das Interesse; er wird ignoriert oder sogar als Belastung für die Gesellschaft betrachtet.

Dabei kann ein Fähigkeitsverlust durch andere Fähigkeiten oft kompensiert werden. Oder verlorene Fähigkeiten werden vom Betroffenen nicht als schlimm erlebt. Menschen, die in der Lage sind, bestimmte Ziele zu begrenzen oder aufzugeben, sind oft trotz verschiedener Altersgebrechen und Krankheiten zufriedener als jene, die den alten Fähigkeiten nachtrauern, sie zurückzuerlangen versuchen oder den Verlust ignorieren.

«Ich gebe es zu: Als alter Mann muss ich jedes Jahr mehr Aufwand betreiben, um den bevorstehenden Horror zu verdrängen. Zahnimplantat, Grauer-Star-OP und Krebsbestrahlung waren ja nur der Vorgeschmack. Aber ehrlich, die Verdrängung gelingt mir nicht schlecht. Bisher. Sie macht mich nämlich zu einem beinah glücklichen Menschen. Bisher.»

Klaus Heer, Psychologe, Paartherapeut, Autor, Liebefeld (BE)

TIPP *Schon als junger Mensch muss man seine Ziele korrigieren und anpassen. Eine hoch gesteckte Latte ist mit mehr Ängsten und Stress verbunden. Dafür kann sie motivieren und eine grosse Zufriedenheit auslösen, wenn wir sie erreichen. Ist das Ziel jedoch unerreichbar, sind wir frustriert. Wir müssen stets zwischen Herausforderung und Zufriedenheit abwägen, unsere Ansprüche hinterfragen. Das braucht Übung. Es braucht vor allem Übung, sich von einem gesetzten Ziel oder einer Fähigkeit zu verabschieden. Wer das kann, ist auch im Alter zufriedener. Wir bestimmen durch die Ziele, die wir uns setzen, auch unsere Zufriedenheit.*

Über die Anpassungsfähigkeit und psychologischen Stärken der Betagten

In der erwähnten Studie von Pro Senectute kommt zum Ausdruck, dass die befragten Fachpersonen aus dem Gesundheits- und Sozialwesen vielfach über die Anpassungsfähigkeit älterer Menschen bei der Bewältigung von Verlusten staunen. Die Fähigkeit, sich an neue Lebenssituationen anzupassen, ist eine wichtige Ressource älterer Menschen. Viele können gemäss der Studie sowohl intellektuelle als auch körperliche Einschränkungen gut «wegstecken», indem sie sich sagen: «Das ist jetzt meine Situation, die lässt sich nicht verändern.» Die Fähigkeit, sich an neue Gegebenheiten anzupassen, lässt sich trainieren, zum Beispiel indem man soziale Kontakte pflegt und dabei erkennt, wie andere Menschen mit Einschränkungen umgehen.

TIPP *Soziale Kontakte stärken die Anpassungsfähigkeit auch im Alter. Personen, die Kontakte zu Familienmitgliedern oder Freunden pflegen, trainieren damit automatisch die Fähigkeit, sich Menschen und Situationen anzupassen.*

Wie gut Betagte mit Fähigkeitsverlusten umgehen können, bestätigen auch die Befragungen von 95 Hundertjährigen und ihren Angehörigen der Heidelberger Hundertjährigen-Studie. So schätzen zum Beispiel Hundertjährige ihre funktionale Gesundheit durchweg besser ein als die ihnen nahestehenden Personen. Der Grund für diese unterschiedliche Wahrnehmung ist, dass aussenstehende Personen hauptsächlich die Aktivitäten des täglichen Lebens beurteilen, die Hochaltrigen aber nicht vorwiegend ihre körperliche Leistungsfähigkeit bewerten, sondern psychische Aspekte wie den Gemütszustand.

80 PROZENT DER HUNDERTJÄHRIGEN SIND MIT IHREM LEBEN ZUFRIEDEN

Trotz vielfältiger Einschränkungen und Verluste – es gab keine Person, die keine Krankheit hatte – äusserten nur wenige Hundertjährige den Wunsch zu sterben (12 Prozent).
Die meisten empfanden ihr Leben als lebenswert und mehr als 80 Prozent waren mit ihrem Leben zufrieden. Psychologische Stärken wie Selbstwirksamkeit – das ist das Gefühl, selbst etwas bewirken zu können – eine optimistische Einstellung und das Gefühl, dass das eigene Leben sinnvoll sei, sowie der Lebenswille waren demnach ebenfalls ausgeprägt. Im Vergleich zu diesen psychologischen Stärken waren Gesundheit und geistige Leistungsfähigkeit mit wenigen Ausnahmen deutlich weniger wichtig für die Lebensqualität.
Fazit: Hundertjährige sind genauso glücklich wie in Deutschland befragte mittelalte (56- bis 58-Jährige) und ältere Personen (76- bis 78-Jährige). Wie glücklich sich Hochbetagte fühlen, hängt stark von den eigenen Ressourcen wie Gesundheit oder psychische Widerstandsfähigkeit sowie dem sozialen Netzwerk ab. ■

Doch auch objektiv geht es den Hochbetagten gesundheitlich besser als vermutet: Die heutigen 95- bis 100-Jährigen sind gemäss dieser Studie im Vergleich zu einer Befragung elf Jahre zuvor besser in der Lage, für die Selbstständigkeit zentrale Aktivitäten des Alltags auszuführen wie telefonieren, Geldangelegenheiten regeln oder Mahlzeiten zubereiten. Es zeige sich, dass Hochaltrige über ein «beachtliches Ausmass an psychologischen Stärken» verfügen, die zu ihrem Wohlbefinden beitragen. Ein hohes Mass an Lebenssinn und Lebenswille hilft gemäss den Studienautorinnen und -autoren dabei, schwierige Bedingungen (z. B. schlechte Gesundheit) zu neutralisieren. Trotz geistiger und funktionaler Beeinträchtigungen sähen die meisten Hundertjährigen ihr Leben sehr positiv. Und dies, obwohl jeder dritte der Befragten schwer pflegebedürftig war (benötigt dreimal täglich Hilfe bei der Grundpflege wie Körperpflege, Ernährung oder Mobilität) und jeder zehnte schwerstpflegebedürftig (braucht eine Rund-um-die-Uhr-Pflege).

Bei den Gesundheitsbeschwerden waren Seh- oder Höreinbussen besonders ausgeprägt, 88 Prozent der befragten Personen waren davon betroffen. Das zweitgrösste Gesundheitsproblem waren Stürze (67 Prozent). Mehr als ein Drittel war geistig deutlich eingeschränkt oder von Demenz betroffen. Im Durchschnitt hatten die befragten Hochbetagten vier Erkrankungen.

Der Übergang ins vierte Lebensalter

Der Übergang vom dritten Lebensalter ins vierte ist dadurch gekennzeichnet, dass körperliche und geistige Einschränkungen zunehmen. Viele Veränderungen im Alter beinhalten Verluste von einem «Können» zu einem «Nicht-mehr-Können». Im Gegensatz zu einer vorübergehenden Krankheit ist dieser Verlust nicht mehr rückgängig zu machen. Dieser Übergang verlangt deshalb Kraft und den Mut, um Hilfe zu bitten, respektive Hilfe anzunehmen. Und er verlangt Gelassenheit: die Gelassenheit, Situationen, die nicht zu verändern sind, zu akzeptieren.

TIPP *Ein viel rezitiertes Gelassenheitsgebet, das vermutlich vom US-Theologen Reinhold Niebuhr stammt, lautet: «Gott, gib mir die Gelassenheit, Dinge hinzunehmen, die ich nicht ändern kann, den Mut, Dinge zu ändern, die ich ändern kann, und die Weisheit, das eine vom anderen zu unterscheiden.»*

REHABILITATION UND KRAFTTRAINING EMPFOHLEN

Die Heidelberger Hundertjährigen-Studie betont, wie wichtig es für betagte Menschen ist, nach einer Verletzung oder einer Krankheit eine Rehabilitation zu machen, um die körperlichen, funktionalen und geistigen Leistungsfähigkeiten zu erhalten oder wiederzugewinnen. Das Alter alleine dürfe nicht darüber bestimmen, ob eine Patientin oder ein Patient noch eine Rehabilitation zugesprochen erhalte oder nicht. Die Autoren empfehlen zudem den alten und sehr alten Personen spezielles Krafttraining für den gezielten Muskelaufbau sowie Gleichgewichtstraining. Beides diene der Erhaltung der Mobilität und helfe Stürze zu vermeiden, die oft den Beginn einer Abwärtsspirale darstellten. ■

Der Übergang ins vierte Lebensalter geschieht oft plötzlich, zum Beispiel durch einen Sturz, der einen Spitalaufenthalt und eine Rehabilitation nötig macht, oder durch die Erkrankung und Pflegebedürftigkeit des Partners oder den Tod des Ehemanns oder der Ehefrau. Das sind tiefe Einschnitte. Danach ist nichts mehr wie zuvor. Die neue Situation fühlt sich fremd an, man ist unsicher, hat Angst, fühlt sich hilflos, ist vielleicht wütend oder man hadert mit dem Schicksal. Je besser jemand in ein soziales Netz eingebunden ist, desto besser kann er Schicksalsschläge bewältigen, desto besser lernt er mit der neuen Situation umzugehen und desto grösser ist die Chance, dass er durch Angehörige und Freunde entlastet und unterstützt wird.

Nach solchen Einschnitten drängen sich die «Was-mache-ich-wenn-Fragen» auf: Was mache ich, wenn ich den Alltag nicht mehr selbst meistern kann, wenn ich nicht mehr selbst einkaufen gehen, die Rechnungen nicht mehr selbst einzahlen kann? Wen könnte ich dann um Unterstützung bitten? Kann ich Hilfe annehmen? Kann ich hier wohnen bleiben oder bin ich mit der Wohnung überfordert?

Es ist wichtig, diese Fragen frühzeitig mit Angehörigen zu besprechen oder sich von einer darauf spezialisierten Organisation (Pro Senectute, Spitex, siehe Anhang) beziehungsweise vom Hausarzt beraten zu lassen.

TIPP *Die Wohnform spielt im Alter eine Rolle. Ein grosses Haus mit Treppen könnte im hohen Alter ein Problem sein oder das Risiko für Stürze erhöhen. Manche Seniorinnen und Senioren* *ziehen deshalb lieber frühzeitig in eine kleinere, barrierefreie Alterswohnung. Die Chance, die Wunschwohnung zu erhalten, ist zudem grösser mit 65 als mit 85.*

KARIN SOMMER ist 89 Jahre alt, sie wohnt mit ihrem fünf Jahre älteren Ehemann Erwin seit 60 Jahren in einem zweistöckigen, abbezahlten Haus mit grossem Garten. Das Haus steht rund drei Kilometer ausserhalb des Dorfes. Die zwei Töchter wohnen in anderen Kantonen. Der Garten ist Karins Leidenschaft, die Werkstatt jene von Erwin. Die beiden Töchter haben ihre Eltern immer wieder gefragt, ob es nicht besser wäre, in eine barrierefreie, weniger aufwendige Alterswohnung im Dorf zu ziehen. Karin schwankt, sie hätte gern eine kleinere pflegeleichtere Wohnung, andererseits hängt sie an ihrem Garten. Für Erwin ist klar: «Das ist mein Haus, hier will ich sterben.» Er will über einen Umzug gar nicht diskutieren.

An einem Sommernachmittag fällt Karin beim Jäten von der Gartenmauer auf das Trottoir. Sie verletzt sich an der Halswirbelsäule und muss nach einem zweiwöchigen Spitalaufenthalt für vier Wochen in die Rehabilitation. Ihr Mann, der nie Haushalten und Kochen gelernt hat, ist während sechs Wochen alleine und danach sollte er seine Frau im Haushalt entlasten. Die Tochter, die «nur» 150 Kilometer weit weg wohnt, geht jedes Wochenende zu ihrem Vater und kocht ihm für die ganze Woche das Essen vor, geht einkaufen und wäscht die Kleider. Die andere Tochter erledigt die Bankgeschäfte. Als Karin mit einer Halsstütze wieder nach Hause kommt, wehrt sie sich gegen eine Haushaltshilfe. Das sei zu teuer, sie könne das Nötigste selbst erledigen, sagt sie. Nach drei Wochen muss sie wegen erneuter grosser Schmerzen im Nacken wieder hospitalisiert werden, ebenso ihr Mann Erwin, der seit zwei Wochen Herzrhythmusstörungen hat und nachts nicht mehr schlafen kann.

Die beiden Töchter stellen fest, dass sie mit ihren Eltern früher die «Was-mache-ich-wenn-Fragen» hätten besprechen sollen, zum Beispiel, was macht der Vater, wenn seine Frau ausfällt und umgekehrt? Unter welchen Bedingungen können die Eltern fremde Hilfe annehmen? Was erwarten die Eltern von ihren Töchtern und was können sie, die Töchter, leisten? Die Schwestern wollen nun das versäumte Gespräch mit den Eltern nachholen, sobald es den Eltern besser geht.

Der Abschied von alten Rollen und die Übernahme von neuen

Mit der zunehmenden Gebrechlichkeit einher geht der Abschied von langjährigen Rollen. Männern fällt es zum Beispiel häufig schwer, den Führerausweis abzugeben und öffentliche Verkehrsmittel zu benutzen. Frauen fällt es manchmal schwer, Haushaltshilfe anzunehmen. Manche Senioren haben Mühe, von Ämtern zurückzutreten oder ehrenamtliche Arbeiten aufzugeben. Man hat sich mit den Rollen identifiziert – sie loszulassen drängt einem oft die Frage auf: Wer bin ich jetzt? (Siehe auch Interview mit Judith Stamm auf der nächsten Seite.)

Auch innerhalb der Paarbeziehung oder in der Beziehung zwischen Eltern und ihren erwachsenen Kindern können sich die Rollen ändern. So ist vielleicht der Ehemann nicht mehr fähig, die Rechnungen zu zahlen, und die Frau oder die Tochter muss diese Rolle übernehmen. Oder die Frau wird pflegebedürftig und ihr Ehemann muss Kochen und Waschen lernen. Die Kinder, die ihre Eltern meist als stark, wissend und souverän erlebt haben, sind nun plötzlich in der Rolle der «Beschützer» ihrer schwächer gewordenen Eltern, jene, die sich um sie sorgen und sie unterstützen.

INFO *Befragungen zeigen, dass hochaltrige Menschen meist von ihren in der nähe lebenden Kindern, die selbst auch schon pensioniert sind, betreut werden. Wer keine eigenen Kinder (mehr) hat, erhält insgesamt weniger Hilfe. Die Hundertjährigen-Studie hält fest, dass hochaltrige Menschen immer noch wenig professionelle Unterstützung (Pflege) nutzen, was auch mit der Verfügbarkeit dieser Dienste und mit den Kosten zusammenhänge, die der Betroffene selbst zu tragen hat. Dies habe zur Folge, dass die Familien der Hochbetagten wenig entlastet würden beziehungsweise Hochbetagte ohne Familienunterstützung mit grosser Wahrscheinlichkeit unterversorgt seien.*

JUDITH STAMM

Juristin, ehemalige CVP-Nationalrätin

«Es ist schön, heute alt zu sein»

Frau Stamm, wann haben Sie gemerkt, dass Sie älter geworden sind?
Erst um mein 80. Lebensjahr herum.

Womit macht sich das Alter bemerkbar?
Das Überraschende für mich war, dass man von innen heraus älter wird. Man wird langsamer, braucht mehr Erholungsphasen. Das war für mich zuerst schwierig, aber es wurde dafür etwas gemütlicher. Das Altern verläuft nicht linear. Ich dachte immer, dass ich der gleiche Mensch bleiben würde.

Das Altern hat Ihr Wesen verändert?
Ich hatte ein sehr dynamisches Leben, war immer sehr aktiv, hatte Lust, mich einzumischen. Als ich gegen 80 zuging, fragte ich mich: Soll ich mich noch einmischen? Braucht es mich? Diese Veränderung hat mir auch Mühe gemacht. Es kam mir vor, als ob ich durch ein Dickicht ginge und kaum vorwärts käme.

Altern ist anstrengend?
Altwerden ist nichts für Feiglinge, schrieb Joachim Fuchsberger. Ich habe früher gedacht, das ist ein typischer Männertitel. Heute kommt er mir ab und zu in den Sinn. Altwerden ist eine Herausforderung.

Woraus besteht die Herausforderung?
Ich fragte mich plötzlich: Was ist der Sinn des Lebens? Vielleicht hängt dies damit zusammen, dass ich alleine lebe. Andere betreuen Enkel und haben dadurch eine Aufgabe, ihnen drängt sich die Frage vielleicht weniger auf. Ich habe dann gemerkt, dass auch ich meine Aufgaben habe: Sie werden jeden Tag an mich herangetragen.

Wenn man alleine lebt, sind Freundschaften vermutlich wichtig.
Ja, Freundschaften sind enorm wichtig. Ich könnte jeden Tag dem Himmel danken, dass ich einen guten Freundeskreis habe und regelmässig Freunde oder Bekannte treffen kann.

Fürchten Sie sich davor, einst von anderen Menschen abhängig zu sein?
Nein. Ich habe zu diesem Thema ein schönes Buch gelesen: *Dienstags bei Morrie* von Mitch Albom. Es erzählt die wahre Geschichte eines Studenten, der erfährt, dass sein ehemaliger Professor an ALS erkrankt ist und ihn dann jede Woche besucht. Der Professor hat Angst vor Abhängigkeit, vor allem davor, dass er keine Intimsphäre mehr hat, wenn er gepflegt werden muss. Aber als es dann soweit war, war es für ihn gar nicht so schlimm. Es war einfach so. Ich stelle mir vor, dass dies bei mir auch der Fall wäre. Man wächst in diese Situationen hinein, lernt mit ihnen umzugehen, man ist als Kranker nicht mehr der gleiche Mensch wie als Gesunder.

Können Sie um Hilfe bitten?
Ich bin eher der Typ, der sich gewohnt ist, alles selbst zu machen. Aber ich habe damit angefangen. Ich wohne im vierten Stock und nun trägt mir ein Nachbar die gebündelten Zeitungen runter. Auch im Bekanntenkreis frage ich um Hilfe für dies und jenes.

Haben Sie Kontakt zu Jungen?
Wenig. Kürzlich, als ich mit dem Zug von Olten nach Hause fuhr, sassen drei junge Erwachsene im gleichen Abteil. Wir sprachen über den Konsum und die Kehrseite der billigen Kleider. Als wir uns verabschiedeten, sagte der eine junge Herr zu mir: «Sie sind ein coole alte Dame!»

Was ist das Schönste am Altwerden?
Dass ich keine Verpflichtungen habe und mich auf die Gegenwart konzentrieren kann. Ich bin gesund und geniesse das Leben.

Ihnen geht es gut?
Ja, altersbereinigt geht es mir sehr gut. Wir über 80-Jährigen sind in einer privilegierten Phase, auch bezüglich Sozialversicherung. Die meisten haben keine finanziellen Sorgen, die Medizin versorgt uns mit Ersatzteilen, die Chemie mit Kraft, wir haben Angebote an Kultur, Reisen, Quartierabenden und auch die Gesellschaft geht mit uns Älteren liebenswürdig um. Es ist schön, heute alt zu sein, wenn man gesund ist und sich damit abfinden kann, dass nicht mehr so viele Jahre vor einem liegen.

Judith Stamm war 16 Jahre lang für die CVP im Nationalrat tätig, den sie 1996/97 auch präsidierte. Sie engagierte sich stark für die Gleichstellung von Frau und Mann und kandidierte 1986 auf eigene Faust für den Bundesrat. Sie schreibt heute für die beiden Internetmagazine «Seniorweb» und «Luzern60plus».

Demenz bei gebildeten und gesunden Menschen leicht rückläufig

Demenz kommt im hohen Alter häufig vor, muss jedoch nicht zwangsläufig eintreten. Selbst eine Hundertjährige kann geistig noch ganz fit sein. In der zweiten Heidelberger Hundertjährigen-Studie gaben 52 Prozent der Befragten an, keine oder nur geringe geistige Einschränkungen zu haben. Bei der ersten Befragung elf Jahre zuvor waren es nur 41 Prozent. Auch andere Studien weisen darauf hin, dass die Zahl der Menschen mit Demenz sinkt. Am deutlichsten waren die Rückgänge in einer Langzeitstudie in den USA bei gefässbedingter Demenz. Auch bei einer Untersuchung von 90-jährigen Dänen stieg der Anteil der Personen ohne geistige Beeinträchtigungen innerhalb von zehn Jahren von 52 Prozent auf 60 Prozent.

Dies bedeutet: Wir werden nicht nur älter, wir bleiben auch länger geistig fit. Dass die zwischen 2011 und 2013 befragten Hundertjährigen

«Was mir im Alter Freude macht:

- Aufstehen, wenn ich erwache, ohne Wecker; innehalten, mich für den Tag orientieren, ein bisschen Turnen und dann Frühstück; dazu die NZZ, um mich über die Veränderungen in der Schweiz und im Ausland zu informieren. Diesbezüglich gab es schon bessere Zeiten.
- Spaziergänge in und um Luzern mit Freundinnen.
- Lesen! Aber jetzt muss ich mich beschränken: Ich lese vorwiegend theologische Texte, zum Beispiel von Hans Küng.
- Einladungen, Kontakte zu Verwandten, Freunden und Bekannten, Gespräche bei einem guten Glas Wein. Diskussionen über die Weltlage, auch über das Leben, den Tod und den Glauben.

Gerne möchte ich in rund 50 Jahren einen Blick durch die Wolken werfen, um zu sehen, was aus der Schweiz, Europa und der Welt geworden ist, und auch um zu sehen, wie es den beiden heute drei- und fünfjährigen Buben meiner jungen Verwandten geht, die mich zu meiner Freude oft besuchen.»

Maria Schaller, ehemalige Ärztin (Allgemeinmedizin) mit eigener Praxis, Luzern weniger geistige Einschränkungen aufwiesen als jene elf Jahre zuvor, erklären sich die Studienautoren mit dem Einfluss präventiver Massnahmen (Aufklärung zu Risikofaktoren und daraus folgende Lebensstilveränderungen wie zum Beispiel mehr körperliche Aktivitäten und Sport). Die frühzeitige Erkennung und Behandlung von Herz-Kreislauf-Erkrankungen kann ebenfalls das Risiko senken, an einer (gefässbedingten) Demenz zu erkranken.

BUCHTIPP
Demenz – Den Alltag mit Betroffenen positiv gestalten. Dieser Ratgeber bietet praktische, erprobte Tipps für Angehörige und Pflegende und zeigt Unterstützungsmöglichkeiten auf.
www.beobachter.ch/buchshop

INFO *Eine Langzeituntersuchung von 5200 Bürgerinnen und Bürgern im Alter von 60 bis 101 Jahren in der US-Stadt Framingham unweit von Boston stellte fest, dass seit Mitte der 1990er-Jahre immer weniger Menschen an Demenz erkranken. Während in der ersten untersuchten Zeit zwischen 1977 und 1983 noch 3,6 von 100 Teilnehmern erkrankten, waren es zwischen 1986 und 1991 noch 2,8, zwischen 1992 und 1998 noch 2,2 und zwischen 2004 und 2008 noch 2 von 100 Teilnehmern. Der Trend zu weniger Demenzerkrankungen wurde jedoch nur bei jenen Personen beobachtet, die mindestens einen Highschool-Abschluss hatten. Dass Personen mit guter Bildung weniger oft respektive später an Demenz erkranken, hat vermutlich damit zu tun, dass das Gedächtnis Hirnleistungsabbau länger kompensieren kann.*

Erinnerungen sind nicht «getilgt», sondern nur «zugeschüttet»

An Demenz zu erkranken, ist eine der grössten Ängste des modernen Menschen. Menschen mit einer Demenzerkrankung verlieren den rationalen Zugang zu den Erinnerungen, verlieren ihr Gedächtnis. Je stärker die Erkrankung fortschreitet, umso verlorener fühlen sich die Betroffenen. Die Umgebung wird fremd, Menschen werden fremd, sie sind auf die Hilfe ihrer Mitmenschen angewiesen, von ihnen abhängig. Die Angehörigen andererseits können nicht mehr wie gewohnt mit dem Betroffenen sprechen, sie müssen andere Zugänge finden, um mit ihm kommunizieren zu können.

Das Wort «Demenz» setzt sich zusammen aus dem lateinischen *mens*, was Verstand bedeutet, sowie *de*, was «von, weg» heisst. Dieses sprachliche Bild sei aber irreführend, schreibt der deutsche Medizinethiker Giovanni Maio in *Demenz – oder die durch Beziehung gestiftete Identität.* Dass ein Mensch mit Demenz etwas verliere, sei zwar unbestritten. «Aber zunächst einmal ist es nicht seine Erinnerung, die er verliert. Er verliert vielmehr den geistigen Zugang zu seiner Erinnerung.» Oft könnten aber emotionale und sinnliche Zugänge die Erinnerungen wecken, wie zum Beispiel ein Musikstück aus früheren Zeiten, ein Duft oder ein Gericht aus der Kindheit. Die Erinnerungen von Demenzpatienten «sind nicht einfach getilgt, sie sind lediglich zugeschüttet und damit verdeckt, verborgen und schwerer zugänglich.»

Mehr als die Hälfte der Betroffenen sucht keine spezialisierte Hilfe

In der Schweiz leben rund 155 000 Personen mit Demenz, aber weniger als die Hälfte von ihnen hat eine formelle Demenzdiagnose. Der grösste Teil der Menschen mit Demenz ist zwischen 65 und 95 Jahre alt. Dies sind die ersten Ergebnisse der Nationalen Demenzstrategie 2014–2019 von Bund und Kantonen. Das Risiko, an einer Demenz zu erkranken, beträgt ab 65 Jahren 2,5 Prozent, ab 75 Jahren 11 Prozent, ab 85 Jahren 30 Prozent und ab 95 Jahren 45 Prozent. Die Krankheit ist unheilbar, der Verlauf kann nicht gestoppt werden. Deshalb ist es sinnvoll, wenn Menschen nach einer Demenzdiagnose und deren Angehörige auch das Gespräch mit einem Palliativmediziner suchen, damit sie gemeinsam die «Was-mache-ich-wenn-Fragen» im Voraus besprechen können.

Die Weltgesundheitsorganisation (WHO) hat Demenz als weltweit wichtigste Ursache für Behinderung und Pflegebedürftigkeit im Alter anerkannt und 2017 einen globalen Aktionsplan zu Demenz verabschiedet. Die Schweiz hat 2014 eine «Nationale Demenzstrategie» entworfen, um den Herausforderungen, die aufgrund der älter werdenden Bevölkerung zu erwarten sind, begegnen zu können.

Demenz – frühzeitige Abklärung entlastet Betroffene und Angehörige

Eine Demenzerkrankung entwickelt sich schleichend, man fühlt sich zum Beispiel plötzlich überfordert beim Kochen eines Menüs, beim

HILFSANGEBOTE FÜR MENSCHEN, DIE ZU HAUSE WOHNEN

Mit zunehmendem Alter schränkt sich die Beweglichkeit in körperlicher, finanzieller, kultureller und sozialer Hinsicht ein. Das kann zu Ängsten, Unsicherheiten oder gar Depressionen führen. Es gibt in vielen Gemeinden Hilfsangebote. Allerdings übernimmt die obligatorische Krankenpflegeversicherung grundsätzlich nur Pflegeleistungen. Dazu gehören zum Beispiel das Verabreichen von Medikamenten, das Versorgen von Wunden, die Unterstützung bei psychischen Problemen und Grundpflege wie Ernährung, Mobilisierung und Körperpflege. Die Pflegebedürftigen bezahlen jedoch auch dafür eine Patientenbeteiligung, die von Gemeinde zu Gemeinde variieren kann. Diese Beteiligung kann bis 5800 Franken pro Jahr betragen, dies neben dem normalen Selbstbehalt und der Franchise.

Betreuungs- und andere Angebote wie Haushaltshilfe, Gesellschaft, Sozialberatung müssen in der Regel selbst bezahlt werden. Erkundigen Sie sich zuvor bei Ihrer Krankenkasse oder bei den entsprechenden Organisationen, welche die gewünschten Dienstleistungen erbringen (Pro Senectute, Schweizerisches Rotes Kreuz, Spitex etc., siehe auch Anhang). Beispiele an Unterstützungsangeboten:

- **(Sozial-)beratung:** Pro Senectute, das SRK und andere Organisationen bieten individuelle Beratung an, zum Beispiel bezüglich Finanzen, Pflegehilfe, Seniorenbetreuung, Wohnen im Alter. Diese Organisationen unterstützen Sie bei Bedarf auch bei administrativen Aufgaben wie dem Zahlen von Rechnungen, beim Ausfüllen der Steuererklärung, bei anfallenden Korrespondenzen etc. Pro Senectute empfiehlt gerade älteren Menschen, zunächst die Sozialberatung zu kontaktieren. Im Gespräch kann die Sozialarbeiterin den Bedarf an weiteren Unterstützungen abklären.
- **Notrufknopf oder -telefon:** Wer zu Hause wohnt, sich aber unsicher fühlt, dem kann unter Umständen ein Notrufarmband Sicherheit vermitteln, wie es zum Beispiel das Schweizerische Rote Kreuz zur Miete anbietet. Das Armband hat einen Knopf, über den man einen Notruf auslösen kann. Dank einer Freisprechanlage ist die Person mit der Notrufzentrale des SRK verbunden. Der Einsatzleiter der Notrufzentrale organisiert dann die entsprechende Hilfe, alarmiert entweder eine Bezugsperson in der Nachbarschaft oder die Rettungssanität. Zum Teil günstiger ist das Notruftelefon (verschiedene Anbieter): Damit lassen sich mehrere Rufnummern speichern, die beim Betätigen des Alarmknopfes am Sender automatisch nacheinander angerufen werden, bis jemand abnimmt. Das kann ein Angehöriger oder auch der Sanitätsnotruf 144 sein.
- **Haushaltshilfe:** Sie umfasst Tätigkeiten im Haushalt wie Putzen, Waschen, Bügeln, Einkaufen, Kochen und anderes.

- **Besuchsdienste:** Organisationen wie Spitex, Pro Senectute, aber auch private Stiftungen, Gemeinden oder Kirchen bieten Menschen, die ihre Wohnung nicht mehr verlassen können oder sich einsam fühlen, Besuchsdienste an. Die freiwillige Besucherin oder der freiwillige Besucher plaudert zum Beispiel mit Ihnen während eines Kaffees, liest Ihnen auf Wunsch aus einem Buch oder einer Zeitung vor, geht mit Ihnen spazieren oder besucht mit Ihnen eine Ausstellung, wenn Sie dies möchten. Ein Besuchsdienst kann auch betreuende Familienangehörige entlasten.
- **Mahlzeitendienst, Mittagstisch:** Organisationen wie Spitex, Pro Senectute und andere bringen auf Wunsch Mahlzeiten nach Hause (kostenpflichtig). Dieses Angebot eignet sich dann, wenn Sie nicht mehr weit gehen können oder krank sind. In vielen Gemeinden bieten private Organisationen, die Kirche oder Altersheime offene Mittagstische mit einem günstigen Menü an. Der Mittagstisch hat den Vorteil, dass Sie mit anderen Menschen in Kontakt kommen. Erkundigen Sie sich in Ihrer Gemeinde nach Mittagstischen.
- **Fahrdienst:** Verschiedenen Organisationen bieten Fahrdienste an, die oft mit Freiwilligen betrieben werden (sie sind aber nicht gratis).
- **Betreuung in der Nacht:** Betreuung in der Nacht bieten verschieden Organisationen an, zum Beispiel Spitex. Diese Dienstleistung können sich aber oft nur Menschen in guten finanziellen Verhältnissen leisten.
- **Ambulante Ergotherapie:** Die Ergotherapie unterstützt Menschen, die in ihrer Handlungsfähigkeit eingeschränkt oder von Einschränkung bedroht sind. Die Ergotherapie hilft dem Betroffenen, Strategien zu entwickeln oder passende Hilfsmittel zu finden, um trotz körperlicher Einschränkungen den Alltag möglichst selbständig zu bewältigen. Ergotherapie empfiehlt sich zum Beispiel bei beginnender Demenz.

Zahlen von Rechnungen, man vergisst Termine oder Gesprächsinhalte. Der Betroffene selbst rechtfertigt die Veränderung oft lange mit dem Alter («ich werde halt alt») oder mit aktuellem Stress. Eine frühzeitige Abklärung ist aber wichtig. Die erste Anlaufstelle ist in der Regel der Hausarzt, er macht erste Abklärungen entweder selbst oder verweist an eine Spezialistin oder einen Spezialisten zum Beispiel in einer der 36 «Memory Clinics» in der Schweiz, die eine differenzierte Diagnose stellen können. Eine frühzeitige Diagnose ist auch deshalb wichtig, damit die Angehörigen gemeinsam mit dem Betroffenen die nächsten Schritte überlegen können, Entlastungen besprechen und Wünsche des Betroffenen wie seiner Angehörigen diskutieren können.

Es gibt nicht *die* Demenz. Bei 100 Demenzpatienten gibt es 100 verschiedene Arten der Überforderung, auch die Schnelligkeit des Verlaufs ist unterschiedlich. Zwar ist es oft möglich, einen Angehörigen mit leichter Demenz zu Hause, in der vertrauten Umgebung zu pflegen und zu betreuen. Doch wenn der Patient die Umgebung und seine Angehörigen nicht mehr erkennt, wenn ihm alles fremd ist, dann kann eine professionelle Betreuung in einem guten auf Demenzpatienten spezialisierten Heim die bessere Lösung für den Betroffenen sein.

Das Leben mit Demenz betrifft alle: die Erkrankte, ihre Familie und Freunde, Nachbarn und Kollegen. Demenz schränkt das Alltagsleben der Betroffenen und ihrer Angehörigen stark ein. Sie seien auf Informationen, Begleitung und Unterstützung angewiesen, betont Alzheimer Schweiz. Deshalb ist es wichtig, dass Wünsche, Ängste, Belastungen und Entlastungen und viele andere Fragen dann besprochen werden, wenn der Betroffene noch urteilsfähig ist und mitbestimmen kann.

Anzeichen für eine Demenz

Gemäss Alzheimer Schweiz können folgende Phänomene Anzeichen für eine Demenz sein:

- vergessen
- Probleme mit der Sprache
- sich nicht mehr orientieren können
- unangemessenes Verhalten
- Schwierigkeiten bei Routineaufgaben
- wahnhafte Vorstellungen
- fehlender Antrieb

Aber auch andere Krankheiten haben ähnliche Symptome, zum Beispiel Übermüdung, Stress, hormonelle Störungen, Fehlernährung, Infektion oder Hirnblutung. Wenn Sie das Gefühl haben, etwas stimme mit Ihnen nicht oder Ihr Angehöriger verhalte sich anders, dann sprechen Sie mit Ihrem Hausarzt über Ihre Sorgen. Es ist wichtig, die Symptome abklären zu lassen, damit die mögliche Erkrankung erkannt und optimal behandelt werden kann. Stellen Sie keine Selbstdiagnose!

FRANÇOIS HÖPFLINGER

Alters -und Generationenforscher

«Im hohen Alter hilft es, wenn man gelernt hat, mit Krisen umzugehen»

Herr Höpflinger, was wird im Alter wichtig?
Je älter man wird, desto wichtiger wird die eigene Biografie. Man hat das Bedürfnis, mit der Vergangenheit ins Reine zu kommen. Beziehungen spielen im Alter eine grosse Rolle, man hat lieber wenige, dafür enge Beziehungen. Keine guten Beziehungen zu haben, ist im Alter heikel.

Warum?
Aus guten Familienbeziehungen und Freundschaften kann man Freude, Unterstützung, Mut, Trost schöpfen. Nachbarschaftliche Beziehungen zu haben, kann wichtig sein, wenn man körperlich eingeschränkt ist oder krank wird.

Haben heute alte Menschen solche Beziehungen?
Für die Männer ist es meistens die Ehefrau. Die Frauen haben oft auch ein gutes Freundschaftsnetz und gute Beziehungen zu den Nachbarn. Eine Frau, die ihren Mann verliert, hat meistens ein besseres soziales Netz als umgekehrt.

Was ist die grösste Angst im Hinblick auf das Alter?
Die Selbstbestimmung ist sehr wichtig, deshalb ist die grösste Altersangst jene, an Demenz zu erkranken. Die meisten können sich ein Leben im Rollstuhl

noch vorstellen, mit Demenz dagegen nicht. Viele reden von Selbstbestimmung, was sie damit meinen, ist aber nicht klar. Mit dem Alter nimmt die Selbstbestimmung ohnehin ab. Nur wer reich ist, kann zum Beispiel zu Hause wohnen bleiben, wenn er an mehrfachen Erkrankungen leidet, weil er eine private Rund-um-die-Uhr-Pflege zahlen kann.

Abhängig zu werden, ist für viele das Schlimmste.
Die Frage ist, was man mit Abhängigkeit meint. Man ist nie autonom, man ist immer auf andere Menschen angewiesen. Viele Menschen, die im Alter abhängig werden, haben dann doch nicht so grosse Mühe, wie sie dachten. Die meisten wehren sich lange gegen einen Umzug in eine Alterswohnung oder einen Eintritt in ein Pflegeheim. Wenn sie umgezogen sind, sagen viele, dass sie dies besser früher getan hätten.

Was hilft einem, das vierte Lebensalter zu meistern?
Das Wohlbefinden hängt stark von der Resilienz ab, der inneren Widerstandsfähigkeit. Es hilft einem, wenn man früher gelernt hat, mit Krisen umzugehen, wenn man keine unrealistischen Erwartungen hat, unveränderbare Situationen akzeptieren und die veränderbaren Räume erkennen und nutzen kann. Es hilft einem, wenn man offen ist für Neues. Es hilft auch, wenn man sich auf das konzentriert, was man noch kann und nicht auf das, was man nicht mehr kann. Wenn man zum Beispiel merkt, dass grosse Reisen nicht mehr möglich sind, sinkt das Wohlbefinden, wenn man diesem Verlust nachtrauert. Es steigt, wenn man es akzeptiert und Alternativen sucht, zum Beispiel kleinere Reisen.

Was beschäftigt Menschen im vierten Lebensalter?
Hochaltrige Menschen erinnern sich stark an ihre Jugendzeit. Sie erinnern sich an die schönen wie auch an die unschönen Ereignisse. An die letzten 30 Jahre erinnern sich die meisten kaum.

Was ist die grösste Herausforderung für die moderne Gesellschaft im Hinblick auf die zunehmende Anzahl alter Menschen?
Genügend Pflegefachpersonen zu haben. Das ist weltweit ein Problem.

Müssen sich wieder die Töchter und Söhne um ihre Eltern kümmern?
Was heisst «wieder»? Die Drei-Generationen-Haushalte gab es nie in grossem Ausmass, das ist ein Mythos. Gerade in christlichen Kulturen in Nord- und Westeuropa stand stets das Paar mit seinen Kindern im Zentrum. Um die Alten kümmerte sich schon immer das Gemeinwesen. Wir haben heute nicht weniger gute Familienbeziehungen als früher. In einer Leistungsgesellschaft wie der unsrigen ist es aber schwierig, sich um die Angehörigen zu kümmern. Deshalb braucht es ein professionelles Hilfssystem. Es entlastet die Angehörigen, die Betroffenen werden umsorgt und es fördert die Beziehung zwischen den Familienmitgliedern, was wieder zu weniger Pflegebedarf führt. Das haben Studien in nordischen Ländern gezeigt.

François Höpflinger ist Soziologe und hat sich insbesondere als Alters- und Generationenforscher einen Namen gemacht. Der von ihm und seinen Kollegen verfasste «Sozialbericht Schweiz 2016: Wohlbefinden» ist auf Deutsch, Französisch und Englisch erschienen (Seismo Verlag, Zürich).

Wenn das Ende naht

6

Die neuen medizinischen Errungenschaften haben dazu geführt, dass einerseits die Medizin die Patientinnen und Patienten nicht mehr sterben lassen kann. Andererseits glauben viele Patienten, es gebe gegen alle Krankheiten ein Heilmittel, und machen deshalb bis zum Lebensende Therapien. Palliative Care dagegen unterlässt den medizinischen Aktivismus am Lebensende – sie hat eine urärztliche Aufgabe wieder eingeführt: Sie steht dem Patienten am Lebensende bei.

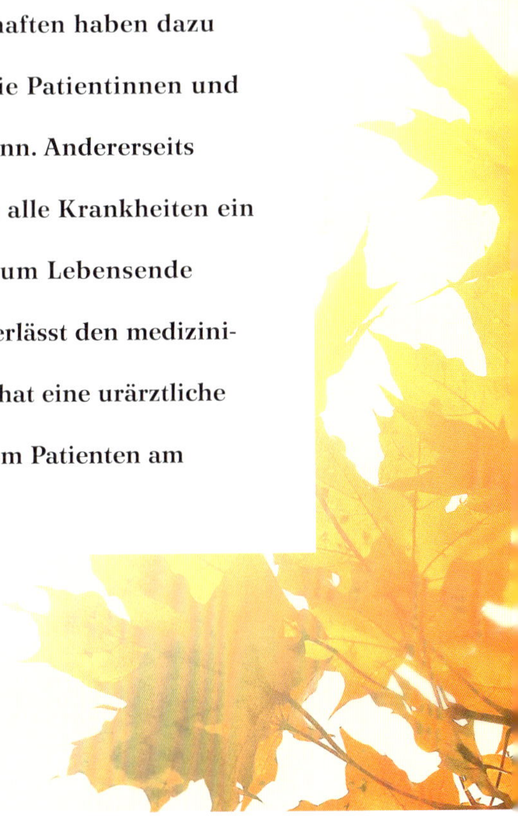

Die Mehrheit ist bei Todeseintritt über 80 Jahre alt

Heute sind die meisten in der Schweiz lebenden Menschen über 80 Jahre alt, wenn sie sterben. Diese Tendenz wird weiter steigen: Es wird noch weniger Menschen geben, die jung ihr Leben verlieren, und noch mehr Menschen, die als Betagte sterben. Heute stirbt die Mehrheit an Herz-Kreislauf-Versagen oder Krebs. Aufgrund der demografischen Entwicklung werden künftig aber deutlich mehr Menschen auch an Demenz sterben.

Ein Drittel der Menschen stirbt in der Schweiz an Herz-Kreislauf-Krankheiten (gut 31 Prozent). Diese Todesursachengruppe ist seit Jahrzehnten die grösste. Gleich dahinter folgt Krebs, rund 26 Prozent starben im Jahr 2017 daran. Je älter jemand ist, desto grösser wird auch das Risiko, an Demenz zu sterben.

Im Jahr 2017 starben in der Schweiz knapp 67 000 Menschen. Die Zahl der Todesfälle ist seit dem Jahre 2012 stetig gestiegen. Während die Anzahl der Todesfälle von Personen unter 80 Jahren abnimmt, sterben immer mehr Personen im Alter von 80 Jahren und mehr. Dies liegt daran, dass nun die Baby-Boomer-Generation im Pensionsalter ist und die Schweizerinnen und Schweizer immer länger leben.

Die meisten möchten zu Hause sterben, 80 Prozent sterben in Institutionen

Verschiedene Befragungen zeigen, dass die meisten Menschen zu Hause sterben möchten. In einer repräsentativen Bevölkerungsbefragung haben rund drei Viertel der Befragten «zu Hause» als bevorzugten Sterbeort angegeben. Eine Erhebung des BFS im Jahr 2009 hat ergeben, dass aber gegen 80 Prozent der Menschen in Institutionen sterben.

Weil die Zahl der jährlichen Todesfälle aufgrund der demografischen Alterung der Gesellschaft zunehmen wird, wird auch der Bedarf an Be-

HÄUFIGSTE TODESURSACHEN NACH ALTERSKLASSEN 2017

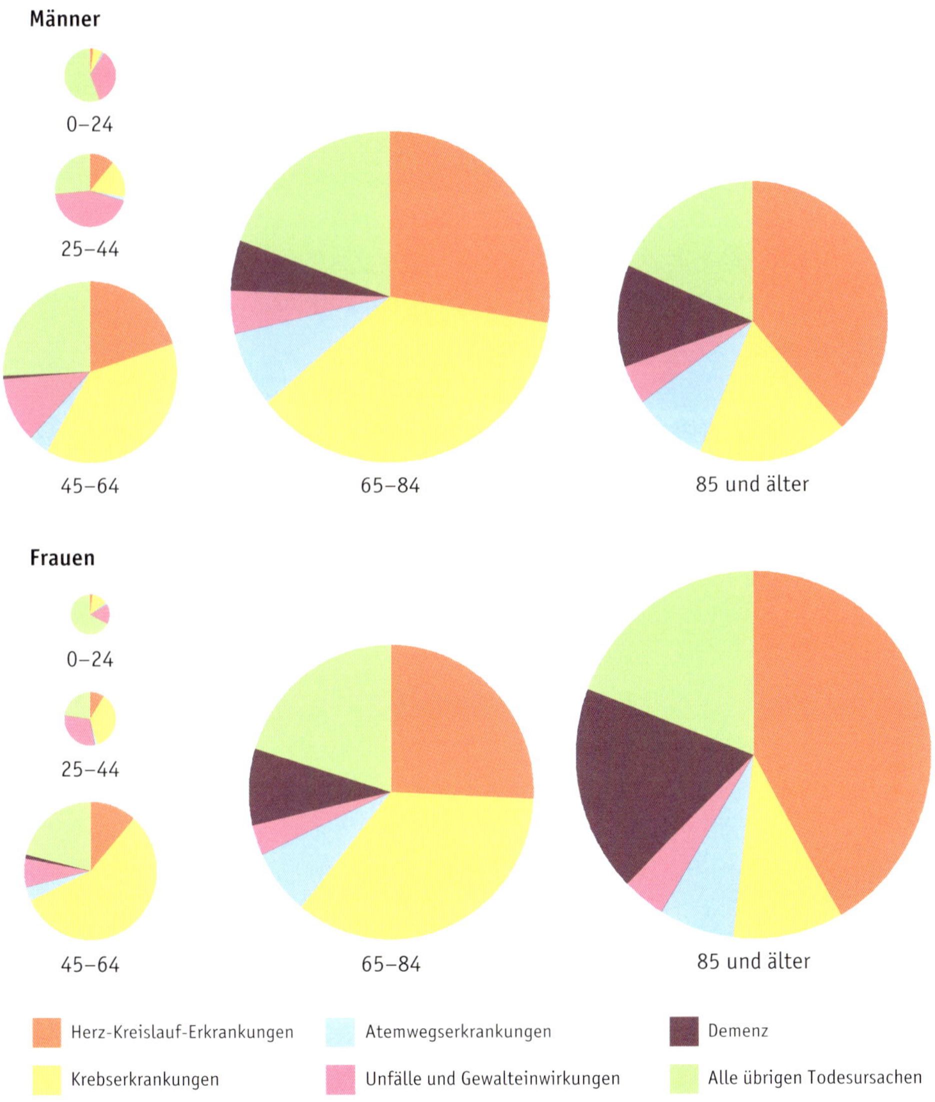

Die Flächen sind proportional zur absoluten Zahl der Todesfälle.

Quelle: BFS – Todesursachenstatistik, 2019

treuung in der letzten Lebensphase höher. Immer mehr Menschen wünschen sich am Ende ihres Lebens Palliative Care. Dies entspricht dem Wunsch nach Selbstbestimmung und dem Bedürfnis, so lange als möglich zu Hause bleiben zu können. Es entspricht auch dem Wunsch, das Leben bei schwerer Krankheit oder im hohen Alter nicht durch medizinische Interventionen zu verlängern. Palliative Care macht keine Lebensverlängerung, sondern lässt die Patientinnen und Patienten gehen, wenn es Zeit dafür ist.

PATIENTEN HÖREN NICHT, DASS IHRE KRANKHEIT UNHEILBAR IST

Das schwierigste Gespräch ist jenes, bei dem die Ärztin oder der Arzt einem Patienten erklären muss, dass seine Krankheit nicht heilbar ist. Doch diese Mitteilung wird von den Patientinnen und Patienten oft nicht gehört (oder akzeptiert), wie eine im *New England Journal of Medicine* publizierte Studie aus den USA zeigte: Die Studie untersuchte, was 1193 Patientinnen und Patienten mit fortgeschrittenem Lungen- oder Dickdarmkrebs (Stadium IV) verstanden, nachdem ihnen ihr Arzt eine palliative Chemotherapie vorgeschlagen hatte. Eine palliative Chemotherapie wird manchmal bei neu auftretenden Metastasen gemacht, die zum Beispiel Schmerzen verursachen. Die Chemotherapie ist aber nicht heilend.

Die Befragung der krebskranken Patienten, denen eine solche Therapie vorgeschlagen wurde, hatte allerdings gezeigt, dass diese von der Therapie (weiterhin) viel erwarteten: 69 Prozent der Patienten mit Lungenkrebs und 81 Prozent der Patienten mit Dickdarmkrebs glaubten, dass die Chemotherapie sie heilen könne. Obwohl Onkologen (wie andere Studien zeigen) ihre Patienten in der Regel darüber aufklären, wenn ihre Krankheit nicht heilbar ist, erreiche diese Information den Patienten oft nicht, lautet das Fazit der Studienautoren. Die Mehrheit der Patienten mit unheilbarem Krebs sei sich nicht im Klaren, dass die Ärzte nichts mehr tun können, es keine Heilungschance mehr gebe. Dies ist unter anderem deshalb problematisch, weil der Patient den Entscheid für die Chemotherapie, die schwere Nebenwirkungen haben kann, in einem Irrtum fälle. Ärzte müssten klarer kommunizieren und nachfragen, ob der Patient den Zweck der Therapie verstanden habe, schreiben die Autoren. Diese Klarheit könne allerdings beim Patienten dazu führen, dass er unzufrieden mit seinem Arzt sei. Paradoxerweise berichteten gerade jene Patienten mit unrealistischen Therapie-Erwartungen von einer besonders guten Arzt-Patient-Beziehung und von einer besonders guten Kommunikation mit ihrem Arzt. Die Studienautoren vermuten, dass Kranke ein Gespräch als angenehmer empfinden, wenn der Arzt eine optimistische Sichtweise vermittelt. ■

Palliative Care: gut leben im Angesicht des Todes

Palliative Care kümmert sich um Personen, die sich wegen einer unheilbaren Erkrankung mit dem Lebensende vorausschauend auseinandersetzen möchten oder die sich am Lebensende befinden. Im Vordergrund stehen die Bedürfnisse und Sorgen des betroffenen Menschen und seiner Angehörigen.

In den letzten 80 Jahren haben sich die medizintechnischen und pharmakologischen Möglichkeiten massiv erweitert – und damit auch die Lebenserwartung. Die Wahrscheinlichkeit ist gross, einen Unfall oder einen Herzinfarkt zu überleben. Die Hightechmedizin vermag selbst den Tod von schwer kranken Menschen manchmal noch um Monate hinauszuzögern. Die Frage ist immer: Zu welchem Preis? Die neuen Errungenschaften hätten dazu geführt, dass die Medizin Menschen nicht mehr sterben lassen könne, schreibt Palliativmediziner Gian Domenico Borasio. Die meisten Ärzte betrachteten den Tod als ein Versagen der Medizin. Was dringend benötigt werde, sei eine Wiederentdeckung dessen, was man als das «liebevolle Unterlassen» am Lebensende bezeichnen könnte.

Palliative Care verzichtet bei unheilbar kranken Menschen auf den «medizinischen Lärm», wie es Roland Kunz, Chefarzt Geriatrie und Palliative Care am Stadtspital Waid Zürich, nennt. Sie betrachtet das Sterben als einen normalen Prozess, der zum Leben gehört und den man nicht mit Aktivismus hinauszögern soll. Als viel wichtiger erachtet Palliative Care die Begleitung von Menschen am Lebensende. Sie wägt das Machbare gegenüber dem Sinnvollen ab und fragt: Ist wirklich alles sinnvoll, nur weil es machbar ist? Ist es zum Beispiel sinnvoll, bei dem Patienten mit fortgeschrittenem Dünndarmkrebs noch eine dritte Chemotherapie zu machen? Ist es sinnvoll, die Patienten mit einer schweren Demenz über eine implantierte Magensonde zu ernähren? Palliative Care spricht also die wesentlichen Fragen für ein gutes Leben am Ende des Lebens an.

INFO *Das Wort «palliativ» stammt vom lateinischen Verb palliare (umhüllen). Das Substantiv Pallium steht für «Mantel». Das englische Wort Care bedeutet Sorge, Pflege, Anteilnahme, Fürsorge. Unter dem Begriff Palliative Care versteht man nicht nur die Palliativmedizin, sondern auch die Pflege, Betreuung und Begleitung. Wie ein Mantel soll Palliative Care den Schwerstkranken schützend umhüllen.*

Palliative Care hat mit dem Leben zu tun

Unser Gesundheitssystem mit seiner Spezialisierung und Fragmentierung sei nicht darauf ausgerichtet, auf die Persönlichkeit des Menschen einzugehen, sondern der Spezialist sehe vor allem «sein Organ», sagt Roland Kunz. Palliative Care gehe auf den individuellen Menschen ein und fragt: Was braucht dieser Mensch, damit es ihm trotz seiner schweren Krankheit gut geht, damit er eine gute Lebensqualität hat bis zum Schluss?

Palliative Care hilft, dass der Betroffene seine letzte Lebensphase so weit als möglich nach seinen Bedürfnissen und Wünschen gestalten kann. «Palliative Care hat, obwohl es sich um die letzte Lebensphase handelt, primär mit dem Leben zu tun. Wir versuchen, die Person in ihrem Leben zu stärken», erklärt Roland Kunz, der am Bezirksspital Affoltern am Albis (ZH) und am Zürcher Stadtspital Waid eine Palliativstation aufgebaut hat.

Während die Angehörigen und Freunde eines Patienten oft nicht wissen, wie sie mit ihm umgehen sollen, sich ohnmächtig fühlen, weil sie mit dem Sterben nicht vertraut sind, spricht Palliative Care die wesentlichen Fragen an. Sie weiss um die Ängste der Schwerkranken und Sterbenden, sie weiss um die Hilflosigkeit der Angehörigen und Freunde, versucht zu

«Ich hoffe, zufrieden zu sterben. Und dann? Ich hoffe nochmals: dass ich da hingehe, wo es schlicht und einfach schön ist. Nicht allein. Sehr spannend und gleichzeitig vollkommen entspannt.»

Bischof Felix Gmür, Bistum Basel

PALLIATIVE CARE ENTSTAND AUS DER HOSPIZBEWEGUNG

Palliative Care hat sich aus der Hospizbewegung in Mitteleuropa entwickelt. Im frühen Christentum hat man aus dem Gebot der Nächstenliebe schwer kranke, sterbende und bedürftige Menschen bei sich zu Hause aufgenommen. Im frühen Mittelalter wurde diese Aufgabe von Ordensgemeinschaften übernommen. Der Name Hospiz stammt denn auch aus dieser Zeit: Das lateinische Wort Hospiz bezeichnete christlich geführte Pilgerherbergen und Armenhäuser. Aus den Hospizen wurden später Hospitäler. Die ursprünglichen, familiären Hospize verschwanden wieder.

Die britische Ärztin, Sozialarbeiterin und Pflegerin Dame Cicely Saunders nahm die Idee des Hospizes als Erste wieder auf. Sie eröffnete 1967 mit dem St. Christopher's Hospice in London das erste moderne stationäre Hospiz mit dem Ziel, unheilbar Kranke in ihrer letzten Lebensphase zu pflegen und zu begleiten, ihnen moderne Schmerzmedizin zukommen zu lassen und auch deren Angehörigen beizustehen. Saunders wollte damit auf die Missstände in der Versorgung Sterbender aufmerksam machen und zeigen, wie eine gute, menschenwürdige und persönliche Sterbebegleitung auszusehen hat. Ihr Engagement war ein Plädoyer gegen das entfremdete Sterben in einem Krankenhaus.

Der kanadische Urologe Balfour Mount, der sich von Cicely Saunders ausbilden liess, sorgte dann dafür, dass die Erfahrungen im Umgang mit den Schwerkranken und Sterbenden im Hospiz wiederum in die Spitäler einflossen. Er gründete die erste Palliativstation im Akutspital des Royal Victoria Hospital in Montreal. ■

beruhigen, zu vermitteln und auf die Bedürfnisse und Wünsche des Patienten einzugehen.

Palliative Care wird gewünscht

Im internationalen Vergleich hat die Schweiz spät Palliative Care eingeführt, auch die ausgeprägte Hospizbewegung in Deutschland und Österreich gibt es in der Schweiz nicht. Erst im Jahr 2010 hat der Bund Palliative Care gesundheitspolitisch verankert und eine Nationale Strategie für die Verbreitung und Bekanntmachung von Palliative Care in der Schweiz erarbeitet.

Dabei entspricht Palliative Care einem grossen Bedürfnis: In einer repräsentativen Umfrage im Jahr 2009 sagten 44 Prozent der Befragten, dass sie Palliative Care sicher in Anspruch nehmen würden, wenn sie unheilbar krank wären. 33 Prozent ziehen es in Betracht. 91 Prozent der Befragten waren der Meinung, dass Palliative Care allen schwer kranken und sterbenden Menschen in der Schweiz zur Verfügung stehen sollte.

Genau dieses Ziel wurde in der Nationalen Strategie Palliative Care 2010–2015 des Bundesamtes für Gesundheit (BAG) verankert: «In der ganzen Schweiz stehen genügend Angebote der Palliative Care zur Verfügung.» Der neue Fokus auf Palliative Care zeigt langsam Wirkung: Gemäss einer Befragung der Kantone im Auftrag des BAG hat sich die Bettenzahl in spezialisierten Palliativstationen von rund 200 Betten im Jahre 2008 auf gut 500 Betten im Jahre 2018 mehr als verdoppelt. Dass sich Palliative Care in der Schweiz dennoch nur langsam zu etablieren beginnt, liege nicht nur daran, dass die Menschen zu wenig über Palliative Care informiert sind, sondern auch daran, dass es «in einer Gesellschaft, die das Thema Tod verdrängt, auch keinen Boden für Palliative Care gibt», sagt Roland Kunz.

TIPP *Eine interaktive Karte der Schweiz zeigt alle Institutionen an, die aus Sicht des Fachverbandes palliative ch qualitativ gute Palliative Care anbieten. Betroffene und Angehörige können sich hier über Palliative-Care-Angebote informieren: www.palliativkarte.ch*

Vorgehen für Menschen, die Palliative Care wünschen

In der Schweiz hat jeder Mensch, der Palliative Care wünscht, auch Anspruch auf Palliative Care. Oft braucht er aber kein Bett in einer Palliative-Care-Abteilung eines Akutspitals. Nur instabile Patientinnen und Patienten oder solche mit komplexen Symptomen, die rund um die Uhr medizinisch überwacht und behandelt werden müssen, können in einem Spital behandelt werden. Ist der Patient aber stabil, kann er zu Hause oder in einem Pflegeheim betreut und gepflegt werden. Grund: Stabile Patienten brauchen die teure Infrastruktur eines Spitals nicht. Auch in vielen Pflegeheimen sind die Fachpersonen heute meist sehr gut in Palliative Care ausgebildet. Wenn Sie für einen Angehörigen Palliative Care wünschen, gehen Sie am besten wie folgt vor:

- Teilen Sie Ihr Anliegen dem behandelnden Arzt mit.
- Erkundigen Sie sich auf der Website *www.palliative.ch*, welche palliativen Angebote es in Ihrer Nähe gibt. Unter «Angebot» finden Sie konkrete Adressen in Ihrem Wohnkanton.

- Wenn der Betroffene in einem Bergkanton wohnt, kann es sein, dass er für eine palliative Betreuung und Behandlung in eine Institution wechseln muss, die weiter weg von zu Hause ist.
- Auf der von privater Seite initiierten Website *www.deinadieu.ch* finden Sie weitere Informationen, aber auch persönliche Geschichten zum Thema Lebensende.

Was übernimmt die Krankenkasse?
Die palliativen Leistungen sind über die Grundversicherung finanziert. Um sicher zu sein, was Ihre Krankenkasse übernimmt, klären Sie Folgendes:

- Braucht der Patient Behandlung und Betreuung im Spital oder kann er in einem Pflegeheim oder in einem Hospiz palliativ betreut werden? Ein Spitalaufenthalt muss vom Arzt begründet werden. Es kann also sein, dass ein Patient zwar palliativer Betreuung und Behandlung bedarf, aber nicht im Spital.
- Lesen Sie bei einer Privat-, Halbprivat- oder Zusatzversicherung im Vertrag (Police) das Kleingedruckte! Manche Krankenkassen schliessen hier bei einer palliativen Situation eine Sonderbehandlung aus (wie bessere Hotellerie, Einzelzimmer, Chefarztbehandlung). Fragen Sie bei der Krankenkasse nach, womit der Patient rechnen darf und welche Kosten selbst zu übernehmen sind.
- Beachten Sie: Wird der Patient in einem Pflegeheim oder in einem Hospiz gepflegt und betreut, fallen täglich rund 200 bis 300 Franken an Kosten an, die der Patient selbst tragen muss. Wird er in einem Spital behandelt, übernimmt die Krankenkasse alle Kosten (ausser Franchise und Selbstbehalt).

Der Bedarf an Palliative Care wird zunehmen

Der Bedarf an Palliative Care wird in den kommenden Jahren deutlich zunehmen. Die Menschen in der Schweiz werden immer älter und unheilbare, chronisch fortschreitende Krankheiten treten im Alter häufiger auf. Multimorbidität – also das gleichzeitige Bestehen mehrerer Krankheiten und Beschwerden bei einer Person – ist ein typisches Altersphänomen. Die Behandlung und die Betreuung in der letzten Lebensphase werden dadurch komplexer. Aber auch jüngere schwer kranke Patientinnen und Patienten mit Krebs, neurologischen Leiden oder chronischen Krankheiten benötigten oft über längere Zeit umfassende Behandlung und Betreuung, hält das Bundesamt für Gesundheit (BAG) in den *Nationalen Leitlinien Palliative Care* fest.

Schmerzen sind in der Endphase von Krebs- oder anderen Erkrankungen das häufigste körperliche Symptom, das die Lebensqualität deutlich mindert. Die Schmerztherapie ist ein wichtiger Bestandteil von Palliative Care. Insbesondere in der letzten Lebensphase konzentriert sie sich darauf, das Leiden des Patienten zu lindern. Dies sei auch ein wichtiger Aspekt zur Stärkung der Selbstbestimmung in der letzten Lebensphase, schreibt das BAG.

Die Ziele von Palliative Care

Viele Patienten mit fortschreitenden Erkrankungen haben nicht Angst vor dem Tod, sondern vor dem Sterben. Diese Angst versucht Palliative Care zu lindern, indem sie die unheilbar kranken und die sterbenden Menschen bis an ihr Lebensende begleitet und mithilft, dass sie so lange wie möglich in ihrer Umgebung bleiben können. Ziel von Palliative Care ist es, diesen Menschen eine gute Lebensqualität in der verbleibenden Lebenszeit zu ermöglichen, ihre Schmerzen zu lindern und ihnen sowie ihren Angehörigen beizustehen. Auch in den medizinethischen Richtlinien «Umgang mit Sterben und Tod» der Schweizerischen Akademie der Medizinischen Wissenschaften (SAMW) steht, dass die Rolle der Ärztinnen und Ärzte am Lebensende darin bestehe, «Symptome zu lindern und den Patienten zu begleiten».

Die Suche nach einem guten Leben trotz unheilbarer Krankheit

Palliative Care versucht, den kranken Menschen «in seiner Ganzheit» zu betrachten, bezieht nicht nur seine körperlichen, sondern auch seine psychischen, sozialen und spirituellen Bedürfnisse in Pflege und Betreuung ein. Sie kämpft nicht gegen die Krankheit an, sondern versucht, ein besseres Leben mit der Krankheit zu ermöglichen. Palliative Care besteht aus einem Team verschiedener Fachpersonen: aus Ärzten, Pflegenden, Ergotherapeuten, Psychologen, Sozialarbeitern zur Unterstützung der Ange-

PATIENTENWILLE IST OFT UNKLAR ODER WIRD BEEINFLUSST

Eine interessante Befragung von Ärztinnen und Ärzten sowie Pflegefachpersonen im Rahmen des Nationalfondprojekts zum Thema «Lebensende» hat unter anderem Folgendes gezeigt:

- Patientinnen und Patienten möchten oft nicht über das Lebensende sprechen. Sie blocken das Thema ab, wenn Ärzte sie darauf ansprechen. Ein Hausarzt sprach von einer «Riesenabwehr» seiner Patienten, sobald er das Lebensende zu thematisieren beginne.
- Die Angehörigen möchten oft Lebensverlängerung oder Therapien, weil sie nicht mit dem Tod des Patienten konfrontiert werden wollen. Sie schätzen den Gesundheitszustand des Familienmitglieds oft auch zu positiv ein oder wollen nicht wahrhaben, dass der Patient kurz vor dem Lebensende steht.
- Manchmal beeinflussen Angehörige den Patienten bei Entscheidungen so, wie sie es möchten, und nicht so, wie es der Patient möchte. Ein Arzt schilderte folgendes erlebtes Beispiel: Einer Patientin wurde offen erklärt, dass sie unheilbar krank war; sie verstand und entschied sich im Gespräch für eine palliative Behandlung. Als ihr Mann kam, sagte er: «Das kommt gar nicht in Frage. Du musst wieder nach Hause kommen und zu den Kindern schauen. Es kommt gar nicht in Frage, dass wir aufgeben.» Die unheilbar kranke Frau nahm ihren Entscheid für Palliative Care zurück und liess weitere Therapien über sich ergehen.
- Auch der Patientenwille ist oft nicht klar: Einerseits wollen die Patienten keine Lebensverlängerung und wünschen, ohne intensivmedizinische Unterstützung zu sterben, andererseits haben sie Angst vor dem Tod oder die Hoffnung, dass dieser Eingriff das Leben vielleicht doch noch verlängern oder die Krankheit wieder heilen könne. Deshalb würden Patientinnen und Patienten Entscheidungen auch oft wieder revidieren.
- Die Entscheidungen des Patienten für oder gegen eine Therapie hängt auch stark davon ab, wie die Ärztinnen und Ärzte informieren, welche Chancen und Risiken sie wie stark gewichten. Sie können grossen Einfluss auf die Entscheidung des Patienten ausüben, was sie offenbar auch tun. Die Befragung ergab, dass Ärztinnen und Ärzte medizinische Interventionen teilweise zu positiv darstellen, ohne die Risiken und Unannehmlichkeiten genügend zu betonen (siehe auch Seite 78 zur Überbehandlung).

Damit Sie nicht in einen medizinischen Automatismus geraten, Therapien zustimmen, die Ihre Lebensqualität stark negativ beeinflussen, oder in eine Situation geraten, mit der Sie sich nicht identifizieren könnten, ist es wichtig, dass Sie Ihre eigenen Bedürfnisse und Wünsche herauszufinden versuchen. Hierzu hilft manchmal ein Gespräch mit einer Freundin oder einem Freund, statt mit dem Partner oder der Partnerin.

(I. Graf, P. Stettler, K. Künzi et al.; 2014: Entscheidungen am Lebensende in der Schweiz)

«Der Tod ist der Moment, in dem sich die Verbindung zwischen dem Geist und dem Körper des hiesigen Lebens auflöst.
Während der Körper des hiesigen Lebens nach dem Tod verwest, existiert das mentale Bewusstsein, oder der Geist, weiter – mit allen Potenzialen (karmische Prägung) positiver und negativer Handlungen aus früheren Leben, die in ihm aufbewahrt sind. Je ausgeprägter eine im geistigen Kontinuum gespeicherte karmische Prägung ist, desto früher manifestiert sie sich.
So liegt letztlich alles in der Hand eines jeden Individuums (seinem persönlichen Handeln und Bestreben) – vom Leiden der ‹niedrig Geborenen› bis hin zur vollkommenen Befreiung von den beständigen Fesseln des Leidens.»

Geshe Thupten Legmen, Abt des Tibet-Instituts Rikon

hörigen und Entlastung von finanziellen Sorgen sowie aus Seelsorgern und Freiwilligen. Dieses Team begleitet und behandelt Menschen vor allem in ihrer letzten Lebensphase. Palliative Care …

- lindert belastende körperliche Beschwerden wie Schmerzen, Verdauungsprobleme, Übelkeit oder Atemnot. Massgebend für den Therapieplan sind die Bedürfnisse des Patienten. Palliative Care versucht, die Selbständigkeit und Selbstbestimmung des Patienten unter Berücksichtigung der vorhandenen Fähigkeiten zu fördern (Hilfe zur Selbsthilfe).
- unterstützt den Patienten wie auch seine Bezugspersonen bei psychischen Leiden wie Angst oder Depression und hilft, belastende Erlebnisse zu verarbeiten sowie Patient und Angehörige zu stabilisieren.
- bietet bei psychosozialen Leiden wie Einsamkeit, Überforderung oder familiären Konflikten Unterstützung an.
- hilft, «letzte» Projekte oder «letzte» Wünsche zu verwirklichen, und versucht, gemeinsam mit dem Betroffenen und seinen Bezugspersonen vorausschauend die letzte Lebenszeit zu gestalten. Dabei orientiert sie sich an den Bedürfnissen, am Alltag und an den Gewohnheiten des Patienten. Palliative Care bespricht mit den Betroffenen auch die Wohnsituation, die finanziellen und sozialversicherungsrechtlichen Angelegenheiten, die Haushaltsführung, die Kinderbetreuung, die Arbeit, die Schule und die Freizeit.

- bietet dem Patienten auf Wunsch spirituelle Begleitung an: bei der Krisenbewältigung; in seinen existenziellen, spirituellen und religiösen Bedürfnissen auf der Suche nach Lebenssinn, Lebensdeutung und Lebensvergewisserung.

INFO *Palliative Care ist eine Wahl. Nur wer sie explizit wünscht, erhält Palliative Care. Manche Patienten wünschen keine Palliative Care, sondern möchten bis zum letzten Atemzug und mit allen vorhandenen medizinischen Mitteln gegen ihre Krankheit kämpfen.*

Wann kommt Palliative Care für mich in Frage?

Palliative Care kann früh im Sinne einer vorausschauenden Planung bei einer unheilbaren Krankheit einbezogen werden, etwa nach einer Demenz-Diagnose oder bei der unheilbaren Nervenkrankheit ALS, die zu fortschreitendem Muskelschwund führt. Vorausschauende Palliative Care bedeutet:

- Der behandelnde Arzt und sein Care-Team erfassen die Sorgen der Patientinnen und Patienten sowie deren Angehörigen und gehen auf sie ein.
- Sie besprechen vorausschauend mögliche Komplikationen und wie darauf reagiert werden kann.
- Sie gehen auf die Ängste des Patienten und seiner Angehörigen in Bezug auf Sterben und Tod ein.
- Sie beraten die Betroffenen bei der Bewältigung der schwierigen Lebenssituation und leisten Hilfe zur Selbsthilfe.

TIPP *Es empfiehlt sich, bereits dann Kontakt mit Palliative Care aufzunehmen (an Ihrem Wohnort oder in Ihrem Kanton, siehe www.palliative.ch), wenn bei Ihnen eine unheilbare Krankheit diagnostiziert wurde. Dazu gehören auch Krankheiten, die erst in ein paar Jahren zum Tod führen wie Demenz. Im Gespräch mit dem Palliativarzt können Sie Ihre Ängste äussern, die nächsten Monate planen, Ihre Wünsche und Bedürfnisse anbringen und die «Was-mache-ich-wenn-Fragen» besprechen.*

DIE 73-JÄHRIGE CLARISSA BUGATTI lebt mit ihrem fünf Jahre älteren Mann in einer Mietwohnung auf dem Land. Das Paar betreut jeden Mittwochnachmittag die zwei Enkelkinder ihrer Tochter, macht gerne Ausflüge in der Schweiz und lädt abends hin und wieder Freunde zum Essen ein. Der Tochter ist aufgefallen, dass ihre Mutter in letzter Zeit viel vergisst, sich nicht mehr an Telefongespräche erinnert und öfters über Müdigkeit klagt. Sie spricht zuerst mit ihrem Vater darüber. Dieser bestätigt, dass seine Frau Besuch weniger gut verträgt und sehr erschöpft sei, wenn sie einen Tagesausflug gemacht hätten. Die beiden besprechen ihre Sorgen mit der Mutter. Sie wird wütend und meint, man dürfe im Alter ja wohl noch etwas «zurückfahren», im Verlaufe des Gesprächs sagt sie dann aber, dass sie das Gefühl habe, irgendetwas stimme nicht mit ihr.

Der aufgesuchte Hausarzt empfiehlt ihr eine Demenzabklärung. Clarissa Bugatti weigert sich zuerst. Als sie sich aber vier Monate später beim Backen eines Geburtstagskuchens für ihre Enkeltochter überfordert fühlt, sagt sie zu ihrem Mann: «Ich muss wissen, was los ist mit mir.» Die aufgesuchte Spezialistin bestätigt nach den Tests, was die Familie befürchtete: Clarissa Bugatti leidet an Demenz. Trotz Vorahnung ist die Diagnose für die Familie ein Schock.

Clarissa Bugatti zieht sich tagelang zurück, sie weint und sagt immer wieder, sie wolle lieber sterben als langsam der «geistigen Umnachtung», wie sie es nennt, anheimzufallen. Mit ihrem Mann und ihrer Tochter lässt sie sich drei Wochen später erneut den Verlauf der Krankheit und die möglichen Folgen für sie und ihre Angehörigen erklären.

Auf Rat der Demenzspezialistin sucht sie das Gespräch mit einer Palliativärztin. Mit ihr spricht sie über ihre Sorgen, Wünsche und ihre Ängste. Sie erzählt, dass sie mit ihrem Mann nächstes Jahr ihren Sohn in den USA habe besuchen wollen. Sie ist auch besorgt, dass sie für ihren Mann nur noch eine Belastung sein wird. Im anschliessenden Gespräch im Beisein von Mann und Tochter besprechen sie den Wunsch von Clarissa Bugatti. Gemeinsam entscheiden sie, dass sie zwar nicht mehr in die USA reisen, dafür aber diesen Spätsommer gemeinsam mit dem in den USA lebenden Sohn nach Frankreich ans Meer fahren, wo die Familie früher immer die Sommerferien verbracht hatte. Lange sprechen die drei auch offen über die Sorge von Clarissa Bugatti, allen «nur noch zur Last zu fallen».

Ihr Mann gibt zu, dass er sich vor dem zunehmenden Betreuungsaufwand fürchte, er sich aber vorstellen könne, in eine betreute Alterswohnung zu ziehen, wenn es «gar nicht mehr gehe». Sie beschliessen, dass sie schon jetzt eine Haushaltshilfe organisieren und bei zunehmendem Pflegeaufwand die Spitex einbeziehen wollen. Zudem möchten sie beginnen, Pflegeheime und betreute Alterswohnungen anzuschauen. Clarissa Bugatti will am Wochenende eine Patientenverfügung machen und sie mit ihrem Mann und ihrer Tochter besprechen. Mit ihrer Palliativärztin hatte sie zuvor über ihre Sorge gesprochen, dass sie verwirrt und pflegebedürftig noch künstlich am Leben erhalten werde. Die Ärztin sagte ihr, dass man sie nicht über eine Magensonde ernähren werde, wenn sie dies nicht wolle und in einer Patientenverfügung festhalte.

Palliative Care auch für die Angehörigen

Palliative Care betreut und begleitet Schwerstkranke und Sterbende ebenso wie deren Bezugspersonen. Die Bezugspersonen des Patienten sind wichtig: Sie sind die Verbindung des Patienten zum Leben jenseits seiner Krankheit. Auch die WHO betont die Wichtigkeit der Angehörigen. Oft, sagt Palliativmediziner Roland Kunz, werde sein Team fast mehr von den Angehörigen beansprucht als vom Patienten selbst. Die Patienten akzeptierten ihr Schicksal meist früher als die Angehörigen. «Schwierig für den Patienten ist es, wenn die Angehörigen ihm immer wieder sagen, er müsse bloss positiv denken oder genug essen, dann komme er schon wieder zu Kräften.» Die Aufgabe von Palliative Care sei dann mitzuhelfen, dass (auch) die Angehörigen das Unvermeidliche annehmen könnten.

«Das Leben ermöglicht mir, an einem umfassenden Sein teilzunehmen. Das tue ich, indem ich als Teil auch auf dieses Ganze höre und mir bei ihm Gehör verschaffe. Aus diesem Dialog mit dem Kosmos weiss ich, dass wir – der Kosmos und ich – *zusammengehören*. Deshalb kann ich darauf vertrauen, dass mir auch im Tod und danach nur das geschieht, was sich gehört. Das ist das Beste, was überhaupt sein und mir geschehen kann.»

Roland Buser, Astronom und Philosoph, Füllinsdorf (BL)

TIPP *Eine Beziehung kann am Lebensende dann zur Belastung werden, wenn zum Beispiel die Partnerin des schwerstkranken Patienten nicht wahrhaben möchte oder akzeptieren kann, dass dieser sterben wird. Der Sterbenskranke hat dann das Gefühl, er müsse für die Partnerin weiterleben, was grossen Stress für ihn bedeutet und sein Leiden vergrössern kann. In diesem Fall sollte die verzweifelte Partnerin beim Palliative-Care-Team um Rat und Unterstützung bitten. Damit entlastet sie auch den Kranken.*

Hochleistungsmedizin in der Palliative Care

Palliative Care heisst nicht, dass man auf Hochleistungsmedizin verzichtet. Palliative Care setzt wenn nötig die gleiche Hightechmedizin ein wie auf einer Intensivstation. Während es dort aber in erster Linie um das Überleben des Patienten geht, fragt Palliative Care vordringlich nach der Lebensqualität des Patienten. Es geht nicht mehr darum, den Betroffenen von seiner Krankheit zu heilen, sondern darum, seine Schmerzen oder Ängste zu lindern. Es kann zum Beispiel sein, dass der behandelnde Arzt einem an unheilbarem Krebs erkrankten Patienten noch eine Chemotherapie, eine Bestrahlung oder eine Operation vorschlägt, um dessen Schmerzen zu lindern. Wichtig ist, dass der Patient weiss, wozu die Massnahme dient. Verschiedene Studien haben gezeigt, dass die Patientinnen und Patienten glaubten, dass die Chemotherapie der Heilung ihrer Krankheit diene und nicht allein der Leidenslinderung (mehr dazu auf Seite 174).

INFO *Eine im Jahr 2014 im «British Medical Journal» publizierte Studie stellt den Nutzen von Chemotherapien am Lebensende in Frage. Von knapp 400 schwer kranken Krebspatienten erhielt die Hälfte zur Schmerzlinderung vier Monate vor dem Tod eine Chemotherapie. Es zeigte sich, dass die Patienten mit Chemotherapie weniger oft am Ort ihrer Wahl starben (65 Prozent gegenüber 80 Prozent), öfter auf einer Intensivstation starben (11 Prozent gegenüber 2 Prozent), öfter künstlich beatmet und ernährt wurden und mehr Herz-Lungen-Reanimationen erhielten als jene ohne Chemotherapie. Sie lebten nicht länger als die Patienten ohne Chemotherapie.*

Was tun, wenn ich unheilbar krank bin?

Wenn bei einer schweren Krankheit keine Hoffnung auf Heilung mehr besteht, ist das für den Betroffenen und seine Angehörigen meist ein Schock. Die Patientinnen und Patienten hoffen oft bis zuletzt, hoffen, dass vielleicht die vierte Chemotherapie oder noch eine experimentelle Therapie sie heilen kann. Wenn der behandelnde Arzt seinem Patienten sagt, dass die Therapien nicht angeschlagen hätten und man nur noch die Symptome lindern könne, dann wollen viele lieber sofort sterben, als «noch lange zu leiden». Sie befürchten, ausgeliefert im Spital und mit Schmerzen auf den Tod warten zu müssen. Sie haben Angst, fühlen sich hilflos und haltlos. Der unausweichliche Bruch mit dem vertrauten Zu-

FRAGEN FÜR DIE LETZTEN LEBENSMONATE

Das Bundesamt für Gesundheit, die Schweizerische Konferenz der kantonalen Gesundheitsdirektorinnen und -direktoren sowie palliative.ch erklären in der gemeinsam herausgegebenen Broschüre *Unheilbar krank – und jetzt?,* was Palliative Care ist und welche Fragen bei unheilbarer Krankheit bei den Betroffenen meist im Vordergrund stehen. Die Fragen lauten:

- Wie viel Zeit bleibt mir noch?
- Wie verbringe ich die verbleibende Zeit?
- Soll ich einen lang gehegten Traum wahr werden lassen?
- Soll ich auf ein Wunder hoffen?
- Soll ich resignieren?
- Soll ich alle nur denkbaren Therapien und Behandlungen ausprobieren?
- Wer steht mir bei?
- Wer hilft mir, meine Angelegenheiten zu regeln?
- Wer kümmert sich um meine Angehörigen, wenn ich nicht mehr da bin?
- Werde ich leiden?
- Was geschieht mit mir am Lebensende?

Andere Bedürfnisse werden bewusst:

- Ich möchte selbst bestimmen.
- Ich möchte meine Würde bis zum Schluss bewahren.
- Ich möchte niemandem zur Last fallen.
- Ich möchte auch auf meinem letzten Lebensabschnitt Freude empfinden.

hause, mit den Angehörigen und Freunden, der Bruch mit den Gewohnheiten und Selbstverständlichkeiten sind schmerzhaft. Viele Betroffene sehen im ersten Moment keinen Sinn mehr im Leben.

In diesem haltlosen Zustand versucht Palliative Care, die Betroffenen aufzufangen und – wenn der Betroffene dies will – den schützenden «Mantel» *(pallium)* um den verunsicherten Patienten und seine Angehörigen zu legen. Palliative Care versucht, sowohl den Patienten wie auch seine Angehörigen zu befähigen, den letzten Lebensabschnitt nach den eigenen Vorstellungen bei möglichst guter Lebensqualität so zu gestalten, dass sie für die verbleibende Zeit noch Lebensfreude empfinden können. Dabei bestimmt der Patient selbst, wie er seine letzte Lebensphase verbringen möchte. Seine Bedürfnisse und Wünsche sind für das Vorgehen des Behandlungsteams ausschlaggebend.

Die meisten wollten sich anfänglich nicht mit dem Lebensende befassen, erzählt Palliativmediziner Roland Kunz. «Sie sagen mir: Vielleicht geschieht ja noch ein Wunder!» Roland Kunz antwortet ihnen dann, dass es gut sei, auf ein Wunder zu hoffen, noch besser sei es, einen Plan B zu haben. Damit seien die meisten Patientinnen und Patienten einverstanden. «Gemeinsam versuchen wir dann, die letzte Lebenszeit zu planen.»

Bei unheilbarer Krankheit, die in den nächsten Wochen oder Monaten zum Tod führt, treten wichtige Fragen in den Vordergrund. In der kurzen Broschüre *Unheilbar krank – und jetzt?* sind ein paar dieser Fragen aufgelistet, die Patientinnen und Patienten helfen, ihre Bedürfnisse und Wünsche zu klären (siehe Kasten Seite 187).

Nach den Erfahrungen von Roland Kunz haben die meisten Patientinnen und Patienten noch etwas zu erledigen. Viele wollen zum Beispiel zu ihren Wurzeln zurückkehren, Migrantinnen und Migranten machten am Lebensende oft noch eine Reise an den Ort ihrer Kindheit. Andere möchten so lange als möglich die Zeit mit ihrem Partner oder ihrer Partnerin geniessen: Sie machen eine letzte gemeinsame Reise, gestalten den Garten neu oder geniessen einfach jeden Tag. Wieder andere möchten ein begonnenes Projekt beenden. Roland Kunz erinnert sich an eine Musiklehrerin, die an einem Lehrmittel für den Flötenunterricht arbeitete. Da sie nur noch wenig Zeit hatte, half ihr das Palliative-Care-Team dabei, eine Flötenlehrerin zu suchen, der sie ihr Projekt zur Beendigung anvertrauen konnte. Die Flötistin besuchte die Schwerkranke regelmässig zuerst zu Hause, später auch auf der Palliativstation, um mit ihr am

Lehrmittel zu arbeiten. «Das gab der Patientin nicht nur Lebensfreude, sondern entlastete sie auch», erinnert sich Roland Kunz. So niedergeschlagen die Patientinnen und Patienten seien, die nicht mehr viel Lebenszeit vor sich haben, «die meisten finden noch etwas, wofür es sich zu leben lohnt», weiss er aus seiner 25-jährigen Erfahrung in der Begleitung von Sterbenden.

BEI STERBENSKRANKEN DIE LEBENSFREUDE GEWECKT

Roland Kunz, Palliativmediziner am Stadtspital Waid Zürich (siehe Interview auf Seite 199) erzählt, wie das Palliative-Care-Team zum Beispiel helfen konnte, den Patienten noch einen Wunsch zu erfüllen:

1. Bei einem Mann Mitte 50 wurde ein aggressiver Dünndarmkrebs diagnostiziert. Heilung war nicht möglich, die Ärzte gaben ihm nicht mehr viel Lebenszeit. Der geschiedene Vater zweier erwachsener Kinder, der früher als Bereiter tätig war und später viele Jahre im Pferdefutterhandel arbeitete, war verzweifelt, zog sich zurück und wollte sofort sterben. Auch in der Villa Sonnenberg, dem Palliativhaus des Spitals Affoltern am Albis, fand das Behandlungsteam lange nicht heraus, was dem kranken Mann noch Freude machen könnte. «In einem der vielen Gespräche erfuhr ich plötzlich von seinem Pferd, das er seit 18 Jahren besass und mit dem er an vielen Concours teilgenommen hatte», erzählt Roland Kunz. Er fragte den Sohn des Patienten, ob er das Pferd nach Affoltern transportieren könne. Man führte das Tier in den Garten der Villa Sonnenberg und den Patienten mit dem Infusionsständer zu seinem Pferd. Der kranke Mann habe unter Tränen sein Pferd umarmt und sich von ihm verabschiedet, sagt Kunz. Zwei Tage später sei er gestorben.
2. Ein krebskranker Patient hatte, lange bevor er auf die Palliativstation kam, mit seinen Jägerkollegen abgemacht, einen Jägeranlass in Deutschland zu besuchen. Doch dem Krebskranken ging es gesundheitlich schlecht, er war auf Medikamentenabgabe mittels einer Schmerzpumpe angewiesen. Das Palliativ-Care-Team besprach mit ihm die Situation und sagte ihm, dass seinem Vorhaben nichts im Wege stünde, wenn seine Jägerkollegen einspringen würden, falls die Pumpe ausfalle. Alle waren einverstanden, eine Pflegende zeigte den Jägerkollegen, wie sie ihrem kranken Freund das Schmerzmittel spritzen müssten, falls die Pumpe nicht funktionieren sollte. Die Reise verlief ohne Probleme, die Männer erlebten zwei schöne

gemeinsame Tage. Dem Patienten ging es danach so gut, dass er noch für eine Weile nach Hause gehen konnte.

3. Eine betagte Dame, die früher Chefsekretärin bei einer grossen Bank war und sich in der Welt des Paradeplatzes in Zürich zu Hause fühlte, kam krank und geschwächt auf die Palliativstation. Die Frau hatte keine Angehörigen. Sie zeigte keine Lebensfreude mehr, wartete jeden Tag auf den Tod. Als Roland Kunz sie fragte, was sie sich wünschen würde, wenn eine Fee ihr einen Wunsch erfüllen könnte, sagte sie: «Ich möchte in der Savoy Bar noch einmal ein Cüpli trinken». Es war zwar nicht möglich, die schwer kranke Frau in die Savoy Bar zu führen, aber das Team richtete eine Savoy Bar auf der Palliativstation mit Fotos der Original-Bar und salzigen Flûtes der Confiserie Sprüngli ein. Dann habe man mit der ehemaligen Chefsekretärin in der nachgebauten Savoy Bar mit einem Glas Prosecco angestossen, erzählt Kunz. Die kranke Frau habe noch viele Tage davon erzählt.

TIPP *Um herauszufinden, was Ihnen wichtig ist, hilft es, wenn Sie immer wieder über Ihre Werte und Lebensziele nachdenken (siehe auch Kapitel 1). Dabei hilft eventuell folgender Gedanke: Was sollen Ihr Partner, Ihre Freunde, Kinder, Enkel oder Arbeitskollegen von Ihnen in Erinnerung behalten? Unheilbar kranken Menschen, die im Moment nicht wissen, wie sie die verbleibende Zeit verbringen sollen, was (körperlich) überhaupt noch möglich ist, kann zudem ein Gespräch mit einem Palliative-Care-Team helfen.*

Zu Hause sterben oder in einer Institution?

Wie Umfragen zeigen, möchten die meisten Menschen am liebsten zu Hause sterben. Die meisten sterben jedoch in einer Institution. Das liegt nicht nur daran, dass die Betreuung zu Hause trotz Einbezug von Fachpersonen oft aufwendig ist, viele Patienten fühlen sich am Lebensende in einer Institution oft auch sicherer als zu Hause: Im Spital oder auch in einem Pflegeheim sind die Fachpersonen vor Ort, sie sind sofort da, wenn man etwas braucht, wenn man Schmerzen hat und die Dosierung des Medikaments angepasst werden muss. Je nachdem ist es auch eine Entlastung für die Angehörigen, wenn der Patient in einer Institution betreut wird.

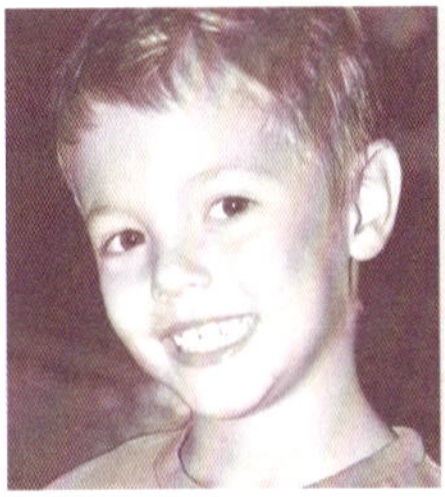

«Wenn wir sterben, kommen wir in den Himmel. Dort ist es dunkel. Aber es hat viele Sterne, Millionen Sterne! Sie machen alles hell. Im Himmel ist es schön, man fühlt sich wohl dort. Wenn man stirbt, geht das Leben im Himmel weiter.»

Constantin, Schüler, Henau (SG)

Spitalexterne Dienste unterstützen zu Hause

Es gibt heute in der Schweiz immer mehr Unterstützungs- und Hilfsmöglichkeiten, damit auch Schwerkranke zu Hause bleiben können. Für Palliativpatienten gibt es in den meisten Kantonen zum Beispiel spezialisierte spitalexterne Dienste, sogenannte mobile Palliative-Care-Teams. Die Pflegenden dieser spitalexternen Dienste werden zu den wichtigsten Ansprechpartnern vor Ort, sie haben Erfahrung, Wissen und Routine in der Betreuung von unheilbar kranken Menschen zu Hause. Auch für betagte Menschen am Lebensende gibt es spitalexterne Dienste. Informieren Sie sich über Angebote an Pflege und Unterstützung zu Hause bei Ihrem Hausarzt oder auf der Gemeindeverwaltung.

TIPP *Möchten Sie oder Ihre Angehörigen mehr Sicherheit zu Hause? Möchten Sie zu Hause sterben? Besprechen Sie mit Ihrem Hausarzt oder dem Palliative-Care-Team frühzeitig, was Ihnen und Ihren Angehörigen Sicherheit geben könnte, und besprechen Sie die «Was-machen-wir-wenn-Fragen». Es gibt auch eine telefonische Notfallberatung für Palliativpatienten, die zu Hause sind. Dieses sogenannte Pallifon (0844 148 148), das durch regionale Fachteams betreut wird, deckt inzwischen fast die ganze Schweiz ab und ist kostenlos (siehe Anhang).*

Wichtig ist, dass man stets versucht, offen und flexibel für neue Lösungen zu sein. Es kann gut sein, dass der Patient sich gewünscht hat, zu Hause zu sterben, dass dieser Wunsch aber plötzlich für ihn nicht mehr stimmig ist. Es kann auch sein, dass es für die Partnerin nicht mehr möglich ist, den Partner weiterhin zu pflegen und zu betreuen. Oder es ist möglich, dass der Patient rund um die Uhr eine professionelle Pflege und Betreuung will oder braucht und diese zu Hause nicht möglich ist. Man kann oft nicht voraussehen, wie sich eine Krankheit bei einer Person entwickelt oder wie diese damit umgehen wird. Man weiss im Voraus auch oft nicht, was eine Betreuung und Pflege zu Hause für einen Betroffenen und seine Angehörigen bedeutet. Dass ein früherer Wunsch plötzlich nicht mehr stimmig ist, ist nicht schlimm. Wichtig ist nur, dass man die Situation immer wieder mit den Bezugspersonen und dem behandelnden Arzt beurteilt und bereit ist, die Situation wenn nötig durch Veränderungen zu verbessern.

TIPP *Sprechen Sie mit Ihren Bezugspersonen über Ihre Ängste und Sorgen, auch darüber, an welchem Ort Sie sich im Moment am sichersten fühlen (zu Hause, im Spital, in einem Pflegeheim?). Diese Gespräche können vor allem bei langjährigen Beziehungen (Partnerin pflegt Partner, Tochter pflegt Mutter) heikel sein. Besprechen Sie diese Frage deshalb am besten im Beisein des betreuenden Arztes oder einer weiteren Bezugsperson.*

Wenn das Ende naht

Menschen können den Todeseintritt auch dadurch beschleunigen, indem sie zu essen und trinken aufhören. Man spricht in diesem Fall vom «freiwilligen Verzicht auf Nahrung und Flüssigkeit» oder von «Sterbefasten». Wie lange es dauert, bis ein Patient ohne Nahrung und Flüssigkeit stirbt, ist nicht vorauszusehen. Die Angehörigen haben oft Mühe, dem Hungernden zuzusehen.

Eine seit einigen Jahren diskutierte Art des Suizides ist der sogenannte «freiwillige Verzicht auf Nahrung und Flüssigkeit», auch «Sterbefasten» genannt. Damit ist gemeint, dass eine urteilsfähige Patientin oder ein urteilsfähiger Patient willentlich auf Essen und Trinken verzichtet, mit dem Ziel, frühzeitig zu sterben. Patienten sehen darin eine Möglichkeit, ein gewisses Mass an Kontrolle über ihre Krankheit und ihr Lebensende zu behalten.

Sterbefasten sollte nicht unterschätzt werden

Für schwer kranke Menschen am Lebensende, die trotz Palliative Care den natürlichen Tod nicht abwarten können, ist diese Art des Sterbens manchmal eine Option. Stark geschwächte Kranke, deren Lebensende nah ist, leiden aller Erfahrung nach nicht unter Hunger- und Durstgefühlen, sofern sie professionell betreut werden, das heisst zum Beispiel Mundpflege erhalten, die das Austrocknen der Mundhöhle verhindert. Sterbefasten erfordert eine professionelle, stetige palliativmedizinische und -pflegerische Begleitung.

BUCHTIPP
Im Todesfall. Der komplette Ratgeber. Für besonders schwere Stunden und für die Zeit danach. Unterstützt Angehörige bei all den Entscheidungen, die es nach einem Todesfall mit Umsicht zu fällen gilt. Musterbriefe und Checklisten helfen, alles richtig zu machen.

Wichtig ist: Gerade von Patienten in gutem Allgemeinzustand oder noch fitten Betagten, die nicht mehr leben möchten, wird das Sterbefasten oft idealisiert und unterschätzt. Für Menschen, die nicht schwer krank und sehr geschwächt sind, ist der Verzicht auf Nahrung und Flüssigkeit meist qualvoll, weil sie an Hunger und grossem Durst leiden, und dies oft über mehrere Wochen. Das Grundbedürfnis nach Nahrung und Flüssigkeit zu überwinden, ist dann mit einer enormen Leidensbereitschaft verbunden. Die Verabreichung von starken Beruhigungsmitteln zur Unterdrückung von Hunger- und Durstgefühlen ist gemäss der Schweizerischen Akademie der Medizinischen Wissenschaften ethisch nicht zulässig.

Derzeit wird häufig über das Sterbefasten berichtet. Obwohl Sterbefasten eine lange Tradition hat, gibt es nur wenige Studien über Wirkungen und Nebenwirkungen auf Körper und Geist. Erwiesen ist, dass Patienten, die nicht mehr trinken, an Müdigkeit, Kopfschmerzen, Muskelkrämpfen, Verwirrung (Delirium) oder Fieber leiden können.

Wie lange es dauert, bis ein Patient ohne Nahrung und Flüssigkeit stirbt, ist nicht vorauszusehen und hängt stark von der (körperlichen) Verfassung des Patienten ab. Gemäss einer Studie aus Holland von Boudewijn Chabot starben in den ersten zwei Wochen nach Beginn des Flüssigkeitsverzichts:

- 28 von 39 Personen mit einer tödlichen Erkrankung
- 20 von 31 Personen mit einer schweren Erkrankung
- 19 von 27 Personen ohne tödliche oder schwere Erkrankung

Bei einer professionellen Begleitung eines Patienten, der mittels Nahrungs- und Flüssigkeitsverzicht sterben will, muss der Arzt oder die Ärztin abklären, ob der Patient urteilsfähig ist. Dabei ist wichtig, den Patientenwillen und insbesondere die Motive des Sterbewunsches zu hinterfragen. Hinter Sterbewünschen stehen häufig Schmerzen, die man lindern könnte, oder Depressionen, die man behandeln könnte.

ACHTUNG *Sterbefasten ist nicht zu verwechseln mit der Verweigerung von Essen und Trinken von Sterbenden (zum Beispiel durch Verschliessen des Mundes). Sterbende haben meist keinen Appetit mehr und kaum Durst. Dass Sterbende nicht mehr essen mögen, gehört zum natürlichen Sterbeprozess. Auch Patienten mit fortgeschrittener Demenz mögen in den letzten Lebenstagen nicht mehr (viel) essen.*

Die Finalphase – jeder Mensch stirbt anders

Die letzten Lebenswochen und Tage sind sowohl für den Betroffenen als auch für dessen Angehörige eine grosse Herausforderung. Der Sterbende und seine Bezugspersonen müssen voneinander Abschied nehmen, sie müssen loslassen. Das ist schwer und schmerzhaft. Oft mag der Sterbende nicht mehr viele Besucher sehen, weil ihn das Sprechen oder das Wachbleiben anstrengt. Verbale Kommunikation ist in den letzten Tagen oft nicht mehr möglich. Ein Sterbender empfindet manchmal auch Scham aufgrund seiner Situation, er fühlt sich allem ausgeliefert und (den ein- und ausgehenden Personen) ausgesetzt. Viele Sterbende benötigen in den letzten Lebenstagen oder -stunden Ruhe, möchten nur die engsten Bezugspersonen bei sich haben. Wen man bei sich haben möchte (oder nicht), kann man übrigens in der Patientenverfügung schriftlich festhalten.

Der Sterbende zieht sich in sich selbst zurück

In den letzten Tagen ziehen sich die meisten Sterbenden stark zurück. Ihre Wahrnehmung ist nach innen gekehrt. Sie sind müde und schlafen viel. Die meisten Sterbenden haben kein Bedürfnis mehr zu essen, später haben sie auch keinen Durst mehr. Das Ausbleiben von Hunger und Durst ist ein natürlicher Prozess, nichts zu essen und zu trinken ist für den Sterbenden nicht mit Qualen verbunden. Wenn Angehörige dem Sterbenden noch Flüssigkeit oder gar Nahrung aufzwingen, belasten sie ihn unnötig. Um ein Austrocknen der Mundhöhle zu vermeiden, sollten hin und wieder die Lippen befeuchtet werden. Manchmal lutscht ein Sterbender auch gern noch an einem Eiswürfel.

TIPP *Angehörige, die dem Sterbenden beistehen, helfen ihm, wenn sie ihn nicht aus seiner nach innen gekehrten Haltung herauszuholen versuchen (aufwecken, ein Gespräch erzwingen, im Bett umlagern etc.). Auch wenn Sie sehr traurig sind, versuchen Sie dem Sterbenden das Gefühl zu geben, dass er gehen darf. Sanfte Berührungen können dem Sterbenden guttun, aber seien Sie aufmerksam: Manchmal sind selbst Berührungen zu viel. Auch leise Musik oder angenehme Düfte können dem Sterbenden wohltun. Aber beobachten Sie seine Mimik. Vielleicht ist es zu viel. Manchmal braucht der Sterbende einfach nichts.*

Der Sterbeprozess: die Anzeichen des nahenden Todes

Der Eintritt in die Finalphase ist als präziser Zeitpunkt schwer zu erkennen. Nach und nach stellen die Organe ihre Funktion ein. Häufige Veränderungen beim Patienten sind:

- **Schwäche:** Der Sterbende wird immer schwächer, er hat Mühe, noch etwas zu halten oder sich im Bett alleine aufzusetzen.
- **Schlafbedürfnis:** Das Schlafbedürfnis nimmt stark zu, das Kontaktbedürfnis, das Interesse an der Umgebung, an Nahrungs- und Flüssigkeitsaufnahme nimmt ab. Der Sterbende kann auch bewusstlos werden.
- **Organe stellen Funktion ein:** Die inneren Organe – wie Verdauungstrakt, Nieren und Leber – stellen langsam ihre Funktionen ein. Die damit einhergehende Vergiftung des Körpers durch Stoffwechselprodukte kann grosse Schläfrigkeit und Bewusstseinstrübungen, aber auch Unruhe, Verwirrung und Wassereinlagerungen verursachen.
- **Veränderte Atmung:** Die Atmung beim Sterbenden wird flacher und unregelmässiger. Das Erlöschen des Atemzentrums kann zu Atempausen und zuletzt zu schnappender Atmung führen. Kurz vor dem Tod kommt es häufig zur sogenannten «Rasselatmung». Sie entsteht, weil der Sterbende nicht mehr schlucken oder husten kann und sich Schleim in seinen Atemwegen ansammelt. Die Belastung für den Patienten selbst ist

aber – wenn er nicht unter erheblicher Luftnot leidet – weniger gross, als es den Anschein hat.

- **Bleiches Gesicht, spitze Nase:** Bei Menschen, die sterben, verändert sich das Gesicht in charakteristischer Weise. Mediziner sprechen von der «Facies hippocratica». Augen und Wangen fallen ein, die Nase erscheint spitz. Kinn und Nasenspitze werden aufgrund der zunehmend schlechteren Durchblutung weiss. Und die Muskulatur erschlafft (hängender Kiefer).
- **Nachlassende Hirnfunktion:** Auch die Hirnfunktion lässt nach. Der Patient hat Mühe mit der Wahrnehmung, verliert den Sinn für Zeit und Raum. Auch das vegetative Nervensystem fällt langsam aus, was zum Erliegen der Darmtätigkeit und zu Inkontinenz führen kann.
- **Kalte Hände und Füsse:** Das Blut zieht sich beim Sterbenden aus den Extremitäten zurück. Hände und Füsse werden kalt und verfärben sich bläulich. Manchmal sammelt es sich in der Haut von Füssen und Unterschenkeln und bildet dort dunkle Flecken.
- **Herzschlag wird langsamer:** Der Herzschlag wird schwächer und unregelmässig, der Blutdruck sinkt. Bleibt das Herz stehen, sterben nach einigen Minuten auch die Hirnzellen ab.

INFO *Der Begriff Finalphase (lat. finalis bedeutet endgültig; finis bedeutet Ende, Abschluss, Ziel) steht für die Sterbephase und bezieht sich auf die letzten Stunden bis Tage des Lebens.*

Der Sterbeprozess verläuft sehr unterschiedlich, man kann ihn nicht voraussehen, nicht planen. Manche Patientinnen und Patienten geraten in ein sogenanntes Delir, einen Zustand der Verwirrung, sind unruhig, zucken oder zittern, schlagen vielleicht um sich oder möchten aufsitzen, gar aufstehen. Gerade unruhige Patientinnen und Patienten, die Laute von sich geben und sich stark bewegen, können den Angehörigen Angst machen. Diese Unruhe wurde früher oft «Todeskampf» genannt. Die Unruhe entsteht aber aufgrund des Ausfalls zentraler Steuerungsmechanismen.

Delir und Halluzinationen kommen vermutlich dadurch zustande, dass die verschiedenen Organe langsam ihre Tätigkeit aufgeben und es zu Vergiftungen im Körper kommt. Ob man dem unruhigen Sterbenden Beruhigungsmittel geben soll, ist umstritten. Manche finden, dass die Geburt und der Tod die wichtigsten Momente im Leben seien und deshalb ohne Einfluss von Medikamenten stattfinden sollten. Andererseits weiss man von Patienten, die nach einer Operation ein Delir hatten, dass dieser Zustand für sie ein traumatisches Erlebnis war. «Wenn ein Sterbender ins Delir gerät, würde ich ihn deshalb zur Linderung mit Medikamenten behandeln», sagt Palliativarzt Roland Kunz. Deshalb fragt das Palliative-Care-Team im Waidspital die eintretenden Patientinnen und Patienten, wie sie am Lebensende behandelt werden möchten, ob sie allenfalls beruhigende Medikamente wünschen. Andere Sterbende sind apathisch, teilnahmslos und schlafen vorwiegend.

TIPP *Besprechen Sie mit Ihrer Ärztin oder Ihrem Arzt die Behandlung am Lebensende. Möchten Sie Schmerzen (zum Beispiel mit Morphium) möglichst grosszügig behandelt haben und nehmen Sie dafür eine Bewusstseinsbeeinträchtigung in Kauf (erhöhter Schlafbedarf, Konzentrationsschwierigkeiten)? Oder möchten Sie möglichst lange bei Bewusstsein bleiben und nehmen dafür mehr Schmerz in Kauf? Falls Schmerzen oder ein Delir nur mit einer Sedation (Tiefschlaf) gelindert werden könnten: Möchten Sie sediert werden, mit dem Risiko, dass Sie früher sterben könnten? Oder möchten Sie keine Sedation und nehmen ein Delir oder Schmerzen in Kauf (zur Patientenverfügung siehe Seite 104)?*

«Wenn ich sterbe, verschwinde ich für all die lieben Menschen um mich herum. Mein Körper liegt leblos dort, wo ich ihn verlassen habe. Mein Inneres, meine Seele, rollt sich weit aus, dehnt sich weit über die Grenzen des Raumes, bis dieser Raum für mich nicht mehr wichtig ist. Dafür wird nun wichtig, was ich in meiner Seele gesammelt habe: meine Erlebnisse, Trauer, Freuden … Das wird für mich zur Seelen-Landschaft, in der ich nun herumgehen kann. Ich bin die Landschaft und erlebe sie zugleich. Mit der Zeit verliere ich auch diese Landschaft und behalte nur noch eine Essenz davon. Mit diesem Konzentrat an Erlebnissen meines persönlichen geistigen Kerns, komme ich wieder auf die Erde und betrete erneut den Raum der Welt irgendwo in einer Mutter, mit dem tiefen Wunsch, mich zu entfalten und meine Erfahrungen weiter zu bereichern.»

Martin Ott, Biobauer, Schulleiter Biodynamische Ausbildung Schweiz und Autor von «Kühe verstehen» und «Bienen verstehen»

Da viele Menschen in unserer Gesellschaft nicht vertraut sind mit dem Sterben, können sie verunsichert sein, wenn der Sterbende zuckt, stöhnt oder sich aufsetzen will. Es ist wichtig, dass die Angehörigen dann nicht in einen Aktivismus verfallen und den Patienten zum Beispiel am Aufsitzen zu hindern versuchen, sondern sich an die Pflegenden wenden, die Erfahrung mit dieser Situation haben. Auch ein Sterbender darf – unterstützt durch die Pflegenden oder Angehörigen – eine Weile auf der Bettkante sitzen, wenn er dies will. Es spricht auch nichts dagegen, ihm beim Aufstehen zu helfen, wenn er einen Bewegungsdrang verspürt. Es gibt auch Sterbende, welche die Bettdecke wegstreifen oder sich ganz ausziehen möchten (obwohl ihre Hände und Füsse kalt sind): Auch dagegen ist nichts einzuwenden, der Anblick eines nackten Sterbenden ist aber für die Angehörigen oft schwierig. Vielleicht hilft es, wenn man dieses Bedürfnis symbolisch betrachtet: Der Patient kam einst nackt auf die Welt und möchte sie nun auch wieder nackt verlassen.

Auch nicht absehbar ist, wie lange der Sterbeprozess dauert. Manche Sterbende sterben erst, wenn sie alleine sind, andere können im Kreise ihrer Familie oder ihrer Freunde sterben.

TIPP *Für die Angehörigen ist die Sterbephase bis zum Tod eine emotionale Ausnahmesituation. Nach Eintritt des Todes kann es helfen, wenn man eine rituelle Handlung vornimmt, zum Beispiel für den Verstorbenen eine Kerze anzündet oder das Fenster öffnet, damit seine Seele davonfliegen kann.*

Absehbar ist aber, dass Unstimmigkeiten, Unausgesprochenes, Unerledigtes, Streit und verpasste Versöhnungen auf dem Sterbebett noch einmal aufflammen können. Ein Vater oder eine Mutter, die keinen guten Kontakt zu den eigenen Kindern hatte, könne auf dem Sterbebett nicht erwarten, dass sie sich noch mit ihnen versöhnen könne. «Viele Kinder, die wir anrufen und denen wir mitteilen, dass ihre Mutter oder ihr Vater im Sterben liegt und sie gerne noch sehen möchte, lehnen ab, sagen, es sei zu spät», sagt Roland Kunz. Das sei zwar für das Behandlungsteam schwer auszuhalten, «aber im Sterbebett sieht der Sterbende noch einmal das Spiegelbild seines Lebens.» Die Menschen sterben, wie sie gelebt haben.

ROLAND KUNZ

Palliativmediziner

«Die meisten Patienten finden etwas, wofür es sich zu leben lohnt»

Herr Kunz, was sind die grössten Sorgen der Menschen, die wissen, dass sie nicht mehr viel Lebenszeit vor sich haben?

Junge Menschen machen sich am meisten Sorgen um ihre Familie, um den Partner oder die Partnerin und natürlich um die Kinder. Ältere Menschen machen sich am meisten Sorgen um den Lebenspartner, der zurückbleibt. Alleinstehende stellen sich oft die Frage, ob sie noch zu Hause wohnen können und wer sie unterstützen könnte? Die meisten Menschen möchten möglichst lange zu Hause bleiben, merken aber, dass dies ohne Unterstützung nicht geht, und heute gibt es dafür oft kein Nachbarschaftsnetz mehr.

Für wen kommt Palliative Care in Frage?

Für Patienten, bei denen klar ist, dass eine Heilung der Krankheit nicht mehr möglich ist. Es muss aber auch dem Patienten bewusst sein, dass es jetzt nicht mehr darum geht, seine Krankheit zu bekämpfen, sondern darum, seine letzte Lebensphase zu gestalten. Will ein Patient weiterhin gegen seine Krankheit kämpfen, wird er Angebote der Palliative Care ablehnen.

Wie schwer ist es für Patienten zu akzeptieren, dass die Medizin sie nicht retten kann?
Viele Patienten wollen es nicht wahrhaben und kämpfen weiter. Das ist gerade bei Krebspatienten auch verständlich. Ihr Lebensrhythmus war oft zwei, drei Jahre lang bestimmt von Terminen, von Chemotherapien, Bestrahlungen, Untersuchungen. Es ist schwierig, wenn nach dem jahrelangen medizinischen Lärm plötzlich die grosse Stille eintritt. Viele Patienten haben dann das Gefühl, dass man sie aufgibt.

Wie kann Palliative Care diese Menschen unterstützen?
Wir versuchen in Gesprächen, die Patienten aus der Perspektivlosigkeit herauszuholen, aus ihrem Gefühl, alles sei nun sinn- und wertlos. Die meisten Patienten finden wieder etwas, wofür es sich zu leben lohnt. Viele wollen noch Zeit mit ihrer Familie, ihrem Partner oder Freunden verbringen, andere möchten etwas Angefangenes beenden oder noch eine Reise machen. Ich erinnere mich an eine Patientin, die sofort sterben wollte, nachdem sie erfuhr, dass man gegen ihre Krebserkrankung nichts mehr tun kann. Sie kam zu uns und fand nach ein paar Tagen wieder Lebensfreude, konnte noch für ein paar Wochen zu Hause leben. Sie sagte zu mir: «Ich werde noch richtig zur Geniesserin dank euch, statt dass ich sterbe.»

Was bereuen Ihre Patienten am häufigsten?
Jene, die im Arbeitsalter gehen müssen, bereuen oft, dass sie sich nicht mehr Zeit genommen haben für ihre Familie und ihre Freunde, auch dass sie sich nicht mehr Zeit für sich selbst genommen haben. Frauen bereuen manchmal, dass sie sich für die Familie aufgeopfert haben und kein eigenes Leben hatten. Ältere Menschen bereuen, dass sie sich zu wenig gegönnt haben.

Spüren die Patienten, die bei Ihnen sind, wenn der Tod anklopft?
Ja, das erstaunt uns immer wieder. Manche Patienten spüren, wann es soweit ist, selbst wenn medizinisch gesehen nichts darauf hinweist. Auch erfahrene Pflegende spüren dies oft bei ihren Patienten. Ich hatte einmal zwei Krebspatienten, einer Anfang 50, der andere Anfang 70, die sich das Zimmer teilten und sich sehr gut verstanden. Sie bildeten eine Art Schicksalsgemeinschaft, gingen immer zusammen essen und in den Garten. An einem Mittagessen

erzählten sie, dass sie am Morgen darüber diskutiert hätten, wer von ihnen wohl früher sterben werde. In dieser Nacht sind beide gestorben. Sie haben das vermutlich beide gespürt.

Was ist das Wichtigste, um gut sterben zu können?
Gelassenheit. Damit meine ich, dass man sich kein Bild macht vom Sterben, sondern sich überraschen, das Sterben auf sich zukommen lässt und nicht versucht, alles zu kontrollieren. Dazu ist Vertrauen nötig. Auf einer Palliative-Care-Station ist das Vertrauen meistens da. Wenn man zu Hause ist, ist es manchmal schwierig, weil der Betroffene die Angst oder die Anspannung seiner Angehörigen spürt. Da ist eine kompetente Ansprechperson wichtig.

Roland Kunz ist Palliativmediziner am Zürcher Stadtspital Waid. Er hat gemeinsam mit dem Theologen und Ethiker Heinz Rüegger das Buch «Selbstbestimmtes Sterben – zwischen Freiheit, Verantwortung und Überforderung» geschrieben (erscheint voraussichtlich im August 2020 bei rüffer & rub).

Eine Palliativpatientin erzählt

IRÈNE SCHLENK (74)

Floristin und vierfache Grossmutter, Regensdorf

«Ich weiss, dass ich von den verstorbenen Freunden empfangen werde»

Ich habe vor ein paar Tagen meinen 74. Geburtstag mit meinen Liebsten gefeiert, es war mein letzter. Vor 10 Monaten habe ich die Diagnose Brustkrebs erhalten, mein Hausarzt sagte, dass ich vermutlich kein Jahr mehr haben würde. Ich bin, weil ich grosse Schmerzen in der betroffenen Brust hatte und nicht mehr essen konnte, seit drei Wochen auf der Palliativstation in der Villa Sonnenberg des Bezirksspitals Affoltern am Albis. Der Aufenthalt hat mir gutgetan. Die Ärzte und Pflegenden nehmen sich Zeit für einen. Sie lachen mit mir, wenn ich Witze mache – und ich mache gern und oft ein Witzchen. Sie lassen mich aber auch sein, wenn ich traurig bin. Ich muss derzeit viel weinen, etwa wenn ich am Morgen früh die Amsel singen höre oder wenn ich an meine Enkelkinder denke.

Morgen ziehe ich ins Pflegeheim. Meine Töchter haben meinen schönen Sekretär und mein altes Fauteuil, auf dem ich zu Hause gern telefonierte, in mein Zimmer gestellt. Es tut weh, dass ich nicht mehr nach Hause gehen kann, als ob ein Teil von mir amputiert würde. Aber ich bin auch froh, dass für mich gesorgt wird. Eine meiner beiden Töchter hat mein Halbtaxabonnement, das noch bis 2018 gültig wäre, zurückgebracht und mir mit dem Geld einen Fernseher gekauft, damit ich meine Lieblingsserie «Dahoam is Dahoam» schauen kann. Meine drei Enkelbuben werden sich morgen von mir verabschieden und dann nach Hause fahren – meine zweite Tochter wohnt mit ihrer Familie in den Vogesen in Frankreich.

Dort werde auch ich bald sein. Meine Töchter werden meine Asche an dem von mir ausgewählten Ort verstreuen. Ich bin ein Naturmensch und möchte in der freien Natur ruhen. Meine Enkel Noah (9) und Liam (7) haben mir gesagt, dass sie über meiner letzten Ruhestätte einen Kirschbaum pflanzen und dann ein grosses Fest zu meinen Ehren machen wollen. Das hat mich gerührt! Kinder haben keine Angst vor dem Tod.

Auch ich habe keine Angst. Ich habe schon mehrmals hinübergeblickt und weiss, dass ich dort von meinen lieben verstorbenen Freunden empfangen werde. Ich fühle mich auch von meinem Schutzengel getragen, fühle mich nicht allein. Ich war immer schon im Austausch mit Jenseitigen, habe früher auch auf Anfrage Sterbende begleitet, ihnen die Hand aufgelegt, mit ihnen gebetet. Ich habe die beiden Welten, das Diesseits und das Jenseits, nie getrennt. Trotzdem kommt der Tod für mich zu früh, ich wurde überrumpelt. Der Abschied von meiner Familie ist schmerzhaft. Ich hätte gern noch etwas mit meiner 21-jährigen Enkelin unternommen, hätte gern die drei Buben aufwachsen sehen. Ich hätte gern noch etwas länger gelebt. Dennoch sehe ich dem Tod gelassen entgegen.

Die Medikamente und die fortschreitende Krankheit machen mich müde. Dabei fühle ich mich innerlich noch jugendlich. Ich sah früher aus wie eine Zigeunerin, ich hatte schwarzes lockiges Haar, trug grosse Ohrringe und lange, bunte Kleider, darüber viele Ketten. Kinder waren immer gern bei uns, sie sagten, bei uns sehe es aus wie bei einer Fee. Ich habe hübsche Möbelstücke aus der Brockenstube, Spiegel, Bilder, Schüsseln und anderes vom Flohmarkt in unserer Wohnung schön arrangiert. Es gab auch immer viele Blumen bei uns, ich war Floristin und gestaltete gern. Weil ich aussah wie eine Zigeunerin, stand ich auch als Statistin – unter Dirigent Nikolaus Harnoncourt – für den «Zigeunerbaron» auf der Bühne des Zürcher Opernhauses.

Ich bin Synästhetikerin, ich sehe Wörter in Farbe. Das Wort «Brust» ist braungelb. Das Wort «Krebs» ist blaugelb und wird von einer Aura umschlossen. Vielleicht war die Diagnose Brustkrebs für mich nicht negativ, weil ich das Wort in Farbe sah. Ich fiel nicht in ein Loch. Es war einfach so.

Wenn mich junge Menschen fragen würden, was das Wichtigste für ein gutes Leben ist, würde ich antworten: Seid ehrlich mit euch und mit euren Mitmenschen. Denn die Vergangenheit holt einen immer ein!

Das Interview wurde am 14. April 2016 aufgezeichnet. Irène Schlenk ist am 3. Juni 2016 gestorben.

Anhang

Nützliche Adressen und Links

Literatur

Quellen

Nützliche Adressen und Links

Beratung

Beobachter-Beratungszentrum
Das Wissen und der Rat der Fachleute stehen den Mitgliedern des Beobachters kostenlos zur Verfügung. Wer kein Abonnement der Zeitschrift oder von Guider hat, kann online oder am Telefon eines bestellen und erhält sofort Zugang zu den Dienstleistungen.

- www.guider.ch: Guider ist der digitale Berater des Beobachters mit vielen hilfreichen Antworten bei Rechtsfragen.
- Beratung am Telefon: Montag bis Freitag von 9 bis 13 Uhr. Direktnummern der Fachbereiche unter www.beobachter.ch/beratung (→ Telefonische Beratung) oder unter Tel. 043 444 54 00
- Kurzberatung per E-Mail: Links unter www.beobachter.ch/beratung (→ E-Mail-Beratung)
- Anwaltssuche: vertrauenswürdige Anwälte und Anwältinnen in Ihrer Region unter www.beobachter.ch/beratung (→ Anwaltssuche)

Ratgeber und Informationen zum Arzt-Patienten-Gespräch und zur gemeinsamen Entscheidungsfindung

www.dialog-ethik.ch
Die Informationsbroschüre «Arzt-Patienten-Partnerschaft» des Ethik-Instituts Dialog Ethik und der schweizerischen Herzstiftung kann auf dieser Website für Fr. 12.50 bestellt oder für Fr. 5.– heruntergeladen werden (D/F/I/E).

www.medix.ch
Gesundheitsdossier von MediX Schweiz, mit Informationen über die Rechte und Pflichten von Patientinnen und Patienten. MediX ist ein Netzwerk von Ärztinnen und Ärzten, die sich für eine qualitativ hochstehende, bezahlbare Gesundheitsversorgung einsetzen. Medix hat zudem verschiedene Gesundheitsdossiers zusammengestellt, die zum Beispiel auch darüber aufklären, wann welche Vorsorgeuntersuchung sinnvoll ist. Die Gesundheitsdossiers können Sie kostenlos auf der Website herunterladen.

www.patientenstelle.ch
Beim Dachverband Schweizerischer Patientenstellen gibt es Merkblätter zu diversen medizinischen Untersuchungen oder Interventionen, zum Beispiel zur Früherkennung von Prostatakrebs, zu den Fragen vor einer Operation und zu vielem mehr.

www.spo.ch
SPO Patientenschutz
Häringstrasse 20
8001 Zürich
Tel. 044 252 54 22 (Montag bis Donnerstag 10–12 und 14–16 Uhr)
Bei der Stiftung SPO Patientenschutz können Sie den Ratgeber «Patientenkompass» für Fr. 29.90 (Mitglieder 26.–) über die Website oder per Telefon bestellen.

Patientenverfügungen

www.beobachter.ch/buchshop
Patientenverfügung und Patientenvollmacht im Rahmen eines umfassenden Vorsorgedossiers des Beobachters: «Ich bestimme. Mein komplettes Vorsorgedossier» beinhaltet sowohl sämtliche Vorsorgedokumente als auch leicht verständliche Erklärungen und klare Anleitungen mit Beispielen zu Vorsorgeauftrag, Vollmachten, Testament, Anordnungen für den Todesfall, Organspende und Notfallkarte.

www.dialog-ethik.ch
Stiftung Dialog Ethik
Schaffhauserstrasse 418
8050 Zürich
Tel. 044 252 42 01
Ausführliche Patientenverfügung des Ethik-Instituts Dialog Ethik. Kostenloses Herunterladen oder Bestellen der gedruckten Version für Fr. 18.50. Dialog Ethik bietet auch ein Vorsorgedossier mit Patientenverfügung, Vorsorgeauftrag, Testament etc. an. Es kann für 38.50 über die Website oder telefonisch bestellt werden.

www.fmh.ch
FMH Verbindung der Schweizer Ärztinnen und Ärzte
«Patientenverfügung»
Postfach 300
3000 Bern 15
Auf der Website der FMH finden Sie eine Verfügung zum kostenlosen Herunterladen. Oder Bestellen per Post mit frankiertem Rückantwortcouvert (C5) in den Sprachen D/F/I (gratis).

www.prosenectute.ch
Patientenverfügung im Rahmen des Docupasses von Pro Senectute: Der Docupass umfasst eine Patientenverfügung, einen Vorsorgeauftrag, eine Anordnung für den Todesfall, ein Testament und einen Vorsorgeausweis. Auf der Website können Sie den Docupass für Fr. 19.– bestellen.
Tel. 044 283 89 89
Bestellen des Docupasses per Telefon

Für krebskranke Menschen

www.krebsliga.ch
Die Patientenverfügung der Krebsliga können Sie kostenlos herunterladen oder als gedruckte Version bestellen.
Tel. 0844 85 00 00
Bestellen der Verfügung per Telefon

Für Menschen mit Parkinson

www.parkinson.ch
Bestellen einer gedruckten Verfügung von Parkinson Schweiz für Fr. 13.– (Mitglieder) resp. 16.– (Nichtmitglieder) auf der Website. Parkinson Schweiz bietet auch ein Vorsorgedossier mit Patientenverfügung, Vorsorgeauftrag, Testament etc. für Fr. 15.– (Mitglieder) resp. 19.– (Nichtmitglieder) an.
Tel. 043 277 20 77
Bestellen der Verfügung oder des Vorsorgedossiers per Telefon

Psychiatrische Patientenverfügung

www.promentesana.ch
Eine Psychiatrische Patientenverfügung von Pro Mente Sana zum Herunterladen (gratis)
Tel. 044 446 55 00
Bestellen der kostenlosen Printversion

Links zu Hinterlegungsorten für Ihre Patientenverfügung

Hier können Sie zum Beispiel Ihre Patientenverfügung registrieren und hinterlegen:

www.PV24.ch
Als spezialisierte Hinterlegungsstelle erfasst PV24 Ihre Patientenverfügung in elektronischer Form und speichert sie verschlüsselt (ohne inhaltliche Überprüfung) ab. Sie erhalten das Originaldokument zurück, zusammen mit einer Notfallkarte. Auf dieser befinden sich die Zugangsdaten zur elektronischen Version. Damit können Sie, Ihre Vertrauenspersonen, Ihr Hausarzt jederzeit auf das Dokument zugreifen. Es ist wichtig, dass Sie die Zugangsdaten den Berechtigten weitergeben. Mit der Notfallkarte mit Zugangsdaten im Portemonnaie stellen Sie zudem sicher, dass bei einem Unfall oder einem medizinischen Zwischenfall der Arzt direkt vom Spital aus Ihre Verfügung abrufen kann. Die Hinterlegung kostet Fr. 42.– pro Jahr (einschliesslich einer Änderung).

www.patientenverfuegung-srk.ch
Schweizerisches Rotes Kreuz (SRK): Eine Fachperson des SRK überprüft Ihre eingereichte Patientenverfügung auf Verständlichkeit, Gültigkeit und Widersprüche. Sie erhalten einen Ausweis mit der Telefonnummer der Hinterlegungsstelle, wo die Patientenverfügung im Notfall rund um die Uhr abgerufen werden kann. Beim SRK haben Sie zudem die Möglichkeit, sich beim Erstellen der Patientenverfügung von Fachpersonen beraten zu lassen. Beratung und Hinterlegung sind kostenpflichtig. Es können nur Patientenverfügungen des SRK hinterlegt werden. Die (zeitlich unbegrenzte) Hinterlegung kostet Fr. 130.–, darin enthalten ist eine dreimalige Erinnerung an eine Aktualisierung der Verfügung nach zwei bis drei Jahren. Die Hinterlegung der aktualisierten Patientenverfügung kostet Fr. 65.–.

Dienstleistungen, Hilfe und Unterstützung bei Krankheit, im Alter und im Zusammenhang mit medizinischen Fragen

www.prosenectute.ch
Pro Senectute

www.redcross.ch
Schweizerisches Rotes Kreuz (SRK)

www.spitex.ch
Nationales Spitex-Tel. 0842 80 40 20

Patientenstellen in Ihrer Region

Patientenstelle Aargau/Solothurn
Tel. 062 823 11 66
www.patientenstelle-aargau-solothurn.ch

Patientenstelle Basel
Tel. 061 261 42 41
www.basel.patientenstelle.ch/basel

Patientenstelle Ostschweiz
Tel. 052 721 52 92
www.patientenstelle-ostschweiz.ch

Patientenstelle Westschweiz
Tel. 079 197 21 15
www.federationdespatients.ch

Patientenstelle Zentralschweiz
Tel. 041 410 10 14
www.zentralschweiz.patientenstelle.ch

Patientenstelle Zürich
Tel. 044 361 92 56
www.zh.patientenstelle.ch

www.spo.ch
Schweizerische Stiftung SPO Patientenschutz, Zürich

- Tel. 0900 56 70 47
(Beratung für Nichtmitglieder kostet Fr. 2.90 pro Minute ab Festnetz)
- Tel. 044 252 54 22
(Beratung für Mitglieder ist gratis. Eine Mitgliedschaft kostet pro Jahr Fr. 60.– für Einzelpersonen; Fr. 90.– für Familien)

www.uba.ch
Unabhängige Beschwerdestelle für das Alter (UBA), Bern
Tel. 0848 00 13 13 oder 058 450 60 60
(Montag bis Freitag von 14–17 Uhr)

Fachliche Beratung für die gesundheitliche Vorausplanung (Advance Care Planning)

ACP Kompetenzzentrum
Klinische Ethik, Universitätsspital Zürich
Tel. 044 255 17 91 / 044 255 34 89
E-Mail: acp@usz.ch

Informationen und Beratung bei Alzheimer und Demenz

www.alzheimer-schweiz.ch
Alzheimer Schweiz
Gurtengasse 3
3011 Bern
Alzheimer-Telefon: 058 058 80 00

www.bag.admin.ch
Demenzstrategie von Bund und Kantonen mit Berichten, Fakten und Zahlen. Abrufbar unter → Strategie & Politik → Nationale Gesundheitsstrategien → Demenz

Informationen zu Palliative Care

www.bag.admin.ch/palliativecare
Informationsbroschüre über Palliative Care für Interessierte und Patienten: «Unheilbar krank – und jetzt?» Die Broschüre gibt es in Deutsch, Französisch, Italienisch. Sie können sie auf der Website herunterladen oder als Druckversion bestellen (kostenlos).

www.palliative.ch
Schweizerische Gesellschaft für Palliative Medizin, Pflege und Begleitung

www.deinadieu.ch
Schweizer Online-Portal mit Unterstützungsangeboten rund um die letzte Reise

Palliative Care: Übersicht über Angebote in der Schweiz

www.palliativkarte.ch
Bietet eine interaktive Übersicht über die Institutionen, die in der Schweiz qualitativ gute Palliative Care anbieten.

Palliative Care: Notfallberatung per Telefon
Das Pallifon ist eine kostenlose Notrufnummer für Palliativpatienten, ihre Angehörigen und Betreuungspersonen. Ein Fachteam steht rund um die Uhr und kostenlos unter der Nummer 0844 148 148 zur Verfügung.

Hier können Sie sich melden, wenn Sie Begleitung oder Besuch möchten

www.praxas.ch
Praxas, Soziale Dienstleistungen (Biglen, BE) bietet Besuchsdienste auch auf der Website an.
Tel. 031 701 20 30

www.prosenectute.ch
Bei Pro Senectute finden Sie Freizeitangebote wie Ausflüge oder gemeinsames Jassen.
Tel. 044 283 89 89

www.redcross.ch
Das SRK bietet in jedem Kanton Besuchs- und Begleitdienste an. Mehr Informationen finden Sie auf der Website des Schweizerischen Roten Kreuzes.
Tel. 058 400 41 11

www.spitex.ch
Auf der Website erhalten Sie Informationen zu kostenpflichtigen Dienstleistungen. Dienstleistungen erfragen oder bestellen können Sie auch über die nationale Spitexnummer: Tel. 0842 80 40 20

Links zu Alter und Generationenzusammenarbeit

www.generationenakademie.ch
Eine Plattform für Projekte über die Generationen hinweg

www.grosseltern-magazin.ch
Ein Magazin für Grosseltern

www.intergeneration.ch
Plattform zur Vernetzung verschiedener Generationen für Projekte

www.luzern60plus.ch
Eine Internet-Plattform für Menschen ab 60 (Region Luzern)

www.meet-my-life.net
Eine Plattform, auf der Sie Ihre Lebensgeschichte (oder Geschichten aus Ihrem Leben) mitteilen und teilen können

Literatur

Beobachter-Ratgeber

Becker, Stefanie: **Demenz.** Den Alltag mit Betroffenen positiv gestalten. Beobachter-Edition, Zürich 2018

Noser, Walter: **Alles über die Kesb.** Rechte und Pflichten im Umgang mit der Behörde. Beobachter-Edition, Zürich 2020

Von Flüe, Karin: **Letzte Dinge regeln.** Fürs Lebensende vorsorgen – mit Todesfällen umgehen. 5. Auflage, Beobachter-Edition, Zürich 2018

Von Flüe, Karin; Zeugin, Käthi: **Im Todesfall.** Der komplette Ratgeber. Beobachter-Edition, Zürich 2018

Zeugin, Käthi: **Ich bestimme. Mein komplettes Vorsorgedossier.** 5. Auflage, Beobachter-Edition, Zürich 2020

Bücher und Zeitschriften zum Thema Alter(n)

Brenner, Andreas: **Altern als Lebenskunst.** Die Graue Edition, Zug/Schweiz 2019

Mayer, Susanne: **Die Kunst, stilvoll älter zu werden.** Berlin Verlag, Berlin 2016

Schwager, Susanna: **Das volle Leben. Frauen über achtzig erzählen.** Porträts. Wörterseh Verlag, Gockhausen 2007

Schwager, Susanna: **Das volle Leben. Männer über achtzig erzählen.** Porträts. Wörterseh Verlag, Gockhausen 2008

Zeitlupe. Das Magazin für Menschen mit Lebenserfahrung von Pro Senectute. www.zeitlupe.ch

Bücher zum Thema Sterben

Anwar, Petra; Von Düffel, John: **Was am Ende wichtig ist.** Piper Verlag, München 2014

Borasio, Gian Domenico: **Selbst bestimmt sterben.** dtv, München 2016

Borasio, Gian Domenico: **Über das Sterben.** dtv, München 2013

Panian, Rebecca; Ibello, Elena: **Zu Ende denken.** Buch zum Film «Zu Ende leben». Wörterseh Verlag, Gockhausen 2015

Rüegger, Heinz; Kunz, Roland: **Selbstbestimmtes Sterben.** Zwischen Freiheit, Verantwortung und Überforderung. rüffer & rub, Zürich 2020 (August/September)

Filme zum Thema Leben und Sterben

Lüchinger, Thomas: **Being there – da sein.** Dokumentarfilm 2016

Panian, Rebecca: **Zu Ende leben.** Dokumentarfilm 2014

Rathgeb, Stephan: **Sterben heute.** Bundesamt für Gesundheit 2015. Abrufbar unter → www.bag.admin.ch/palliativecare

Quellen

Ariès, Philippe: Studien zur Geschichte des Todes im Abendland. Carl Hanser Verlag, München/Wien 1976

Aristoteles: Die Nikomachische Ethik. Deutscher Taschenbuch Verlag, München 2002

Aurel, Marc: Selbstbetrachtungen. Dieterich'sche Verlagsbuchhandlung, Leipzig 1954

Banderet, H-R. et al.: Advanced Care Planning und seine Bedeutung in der Hausarztpraxis: Wie gehen Schweizer Hausärzte vor? In: Swiss Medical Forum, 2014/15, S. 328–329

Barnikol, Michael: Die Regelung der Suizidbeihilfe in den neuen SAMW-Richtlinien. In: Schweizerische Ärztezeitung 2018/99 (41), S. 1392–1396

Battaglia Denise; Baumann-Hölzle Ruth: Gutes Leben – gutes Sterben. Schulthess, Zürich 2013

Battaglia, Denise: «Der moderne Mensch leidet an Versäumnisangst», Interview mit Marianne Gronemeyer. In: Thema im Fokus: Langsamer! Dialog Ethik, Zürich 2015/122

Bergmann, Anna: Der entseelte Patient. Franz Steiner Verlag, Berlin 2004

Birnbacher, Dieter: Ist Sterbefasten eine Form von Suizid? In: Ethik in der Medizin. Springer, Berlin 2015, 27/4, S. 315–324

Borasio, Gian Domenico: Selbst bestimmt sterben. C.H. Beck, München 2014

Borasio, Gian Domenico: Über das Sterben. 2. Auflage, C.H. Beck, München 2012

Brauer, S.; Bolliger, Ch.; Strub, J.-D.: Haltung der Ärzteschaft zur Suizidhilfe. Studie im Auftrag der Schweizerischen Akademie der Medizinischen Wissenschaften, Zürich 2014

Bühlmann, F., Schmid Botkine, C. (Hg.): Sozialbericht 2012: Fokus Generationen. Seismo Verlag, Zürich 2012

Bundesamt für Gesundheit/palliative ch: Gesundheitliche Vorausplanung mit Schwerpunkt «Advance Care Planing» – Nationales Rahmenkonzept für die Schweiz. Bern 2018

Bundesamt für Gesundheit / Schweizerische Konferenz der kantonalen Gesundheitsdirektorinnen und -direktoren: Nationale Demenzstrategie 2014–2019. Erreichte Resultate 2014–2016 und Prioritäten 2017–2019. Bern 2016

Bundesamt für Gesundheit / Schweizerische Konferenz der kantonalen Gesundheitsdirektorinnen und -direktoren: Demenz in der Schweiz. Eine Übersicht der Ergebnisse der Nationalen Demenzstrategie 2014–2019. Bern 2019

Bundesamt für Gesundheit: Unheilbar krank – und jetzt? Informationsbroschüre über Palliative Care für Interessierte und Patienten. Bern 2014

Bundesamt für Gesundheit und Schweizerische Konferenz der kantonalen Gesundheitsdirektorinnen und -direktoren (GDK): Nationale Leitlinie Palliative Care. Bern 2011 (aktualisiert 2014). www.bag.admin.ch/palliativecare

Bundesamt für Gesundheit: Repräsentative Bevölkerungsbefragung Palliative Care durch das Marktforschungsinstitut GfK. Hergiswil 2009

Bundesamt für Statistik: Subjektive Einschätzung der Lebensqualität nach verschiedenen soziodemografischen Merkmalen 2018. Neuchâtel 2020.

Bundesamt für Statistik: Gesundheitsbefragung 2017. Selbst wahrgenommener Gesundheitszustand. Neuchâtel 2018

Camenzind, P.; Petrini, L.: Personen ab 55 Jahren im Gesundheitssystem: Schweiz und internationaler Vergleich 2014. Auswertung der Erhebung «The Commonwealth Fund's 2014 International Survey of Older Adults» im Auftrag des Bundesamtes für Gesundheit (BAG)

Chiolero, A. et al.: Ursachen und Verhütung der Überdiagnostik. In: Swiss Medical Forum 2013/13, S. 566–570

Commonwealth Fund: International Health Policy. Survey of Older Adults. Washington DC 2017

Cosandey, Jérôme: Generationenungerechtigkeit überwinden. Avenir Suisse und Verlag Neue Zürcher Zeitung, Zürich 2014

Deutscher Ethikrat: Patientenwohl als ethischer Massstab für das Krankenhaus. Berlin 2016. www.ethikrat.org/dateien/pdf/stellungnahme-patientenwohl-als-ethischer-massstab-fuer-das-krankenhaus.pdf

Eurostat: Quality of life 2018. How satisfied are people with their lives? In: Eurostat newsrelease, 7. November 2019.

Eychmüller, S.; Amstad, H.: Freiwilliger Verzicht auf Nahrung und Flüssigkeit (FVNF). In: Folia Bioethica 2015/39

Faude-Koivisto, Tanja; Gollwitzer, Peter: Wenn-Dann Pläne: eine effektive Planungsstrategie aus der Motivationspsychologie. In: Birgmeier, Bernd (Hg.): Coachingwissen. Denn sie wissen nicht, was sie tun? VS Verlag für Sozialwissenschaften, Wiesbaden 2009, S. 207–225

Gasche, Urs P.: Schwere Körperverletzung von Ärzten: Von A bis Z. In: Infosperber, 14. September 2019

Gasser, N.; Knöpfel, C.; Seifert, K.: Erst agil, dann fragil. Studie vom «dritten» zum «vierten» Lebensalter bei vulnerablen Menschen. Pro Senectute Schweiz, Zürich 2015

Gesis Leibnitz-Institut für Sozialwissenschaften: International Social Survey Programme: Religion III – ISSP 2008. Gesis Data Archive, Cologne 2008

Gigerenzer, G.; Kuoni, J.; Ritschard, R.: Was Ärzte wissen müssen. In: Swiss Medical Forum – Schweizerisches Medizin-Forum 2015/36, S. 787–793

Gøtzsche, P.C.; Jørgensen, K.: Screening for breast cancer with mammography. Cochrane Database of Systematic Reviews 2013/6/4

Graf, I. et al.: Entscheidungen am Lebensende in der Schweiz. Studie im Rahmen des Nationalen Forschungsprogramms 67 «Lebensende», Bern 2014

Gronemeyer, Marianne: Das Leben als letzte Gelegenheit. Wissenschaftliche Buchgesellschaft, Darmstadt 1993

Holt-Lunstad, J.; Smith, T.B.; Layton, B.J.: Social Relationships and Mortality Risk: A Meta-analytic Review. In: Plos Medicine 2010/7

Höpflinger, François: Wandel des Alters – neues Alter für neue Generationen. 2014. www.hoepflinger.com

Höpflinger, François: Demographische Alterung – Trends und Perspektiven 2011. www.hoepflinger.com

Johnson, K.; Dunbar R.: Pain tolerance predicts human social network size. In: Scientific Reports 2016/6

Jones, D.S.; Greene J.A.: Is Dementia in Decline? Historical Trends and Future Trajectories. In: The New England Journal of Medicine 2016/374, S. 507–509

Jopp, D. et al.: Zweite Heidelberger Hundertjährigen-Studie. Herausforderungen und Stärken des Lebens mit 100 Jahren. Robert Bosch Stiftung GmbH, Stuttgart 2013

Jopp, D. et al.: Versorgung und Pflege hochaltriger Menschen. Hinweise aus der Heidelberger Hundertjährigen-Studie. Broschüre des Instituts für Gerontologie der Universität Heidelberg

Kelley, Nicholas J.; Schmeichel, Brandon J.: Thinking about Death Reduces Delay Discounting. In: PLoS ONE 2015/12

Knausgård, Karl Ove: Sterben. Luchterhand-Literaturverlag, München 2011

Kulik, J.A.; Mahler, H.I.: Social support and recovery from surgery. In: Health Psychology 1989/8, S. 221–238

Kurina, L. et al.: Loneliness is associated with sleep fragmentation in a communal society. In: Sleep 2011/34, S. 1519–1526

Lebert, A.; Uchatius, W.: Was wollen wir weitergeben? Die grosse Studie zur Zukunft der Deutschen. In: Die Zeit, 18.2.2016, S. 13–15

Long, C.; Greenwood, D.: Joking in the face of death: a terror management approach to humor production. In: Humor 2013/26 (4), S. 493–509

Lulé, D. et al.: Depression und Lebensqualität bei Patienten mit amyotropher Lateralsklerose. In: Deutsches Ärzteblatt 2008/23, S. 397–403

Marti, Jürg; Furrer, Jürg; Priester, Tom: Wohlstand, Wohlfahrt und Lebensqualität – Herausforderungen für die öffentliche Statistik. In: ValeurS, Informationsmagazin des Bundesamtes für Statistik, 2011/1

Matter-Walstra, KW. et al.: Delivery of health care at the end of life in cancer patients of four swiss cantons: a retroperspective database study. In: BMC Cancer 2014/14, S. 306

Montagne, Michel: Philosophieren heisst sterben lernen. In: Essais. Erstes Buch. Deutscher Taschenbuch Verlag, München 2011

Naef, J.; Baumann-Hölzle, R.; Ritzenthaler-Spielmann, D.: Patientenverfügungen in der Schweiz. Basiswissen Recht, Ethik und Medizin für Fachpersonen aus dem Gesundheitswesen. Schulthess, Zürich 2012

Nagel, Thomas: Tod. In: Nagel, Thomas: Über das Leben, die Seele und den Tod. Essays. Verlag Anton Hain, Königstein 1984

Nationale Ethikkommission im Bereich Humanmedizin: Patientenverfügung. Stellungnahme Nr. 17/2011

Petzold, Theodor Dierk: Bedürfniskommunikation und Zugehörigkeitsgefühl: Zur Psychoneurophysiologie und gesunden Gestaltung von Beziehungen. In: Psychotherapie Forum, Springer-Verlag 2007/15, S. 127–133

Platon: Alkibiades. Meiner-Verlag, Hamburg 2004

Rand: Medical Outcomes Study: 36-Item Short Form Survey Instrument RAND 36-Item Health Survey 1.0 Questionnaire Items. www.rand.org/health/surveys_tools/mos/36-item-short-form/survey-instrument.html

Rehbock, Theda: Autonomie und Kompetenz. Zur Kritik des Autonomiebegriffs in der Medizinethik. In: Rentsch, Thomas (Hg.): Anthropologie, Ethik, Politik. Grundfragen der praktischen Philosophie der Gegenwart. Thelem, Dresden, 2004, S. 68–91

Satizabal, C.L, et al.: Incidence of Dementia over Three Decades in the Framingham Heart Study. In: The New England Journal of Medicine 2016/374, S. 523–532

Schnabel, Ulrich: Grosse Koalition des Mitgefühls. In: Die Zeit, 10.9.2015

Schnell, Martin W.; Schulz, Christian (Hrsg.): Basiswissen Palliativmedizin. Springer Medizin Verlag, Heidelberg 2012

Schwarzenegger, Christian: Das Mittel zur Suizidbeihilfe und das Recht auf den eigenen Tod. In: Schweizerische Ärztezeitung 2007/88 (19), S. 843–846

Schweizerische Akademie der Medizinischen Wissenschaften SAMW: Rationierung im Schweizer Gesundheitswesen: Einschätzung und Empfehlungen 2007

Schweizerische Akademie der Medizinischen Wissenschaften: Recht der Patientinnen und Patienten auf Selbstbestimmung. Medizinisch-ethische Grundsätze der SAMW. Basel 2006

Schweizerische Akademie der Medizinischen Wissenschaften: Betreuung von Patientinnen und Patienten am Lebensende. Basel 2014

Schweizerische Akademie der Medizinischen Wissenschaften: Umgang mit Sterben und Tod. Basel 2019

Schweizerische Ärztezeitung: Die Meinung der FMH: Shared Decision Making 2014/95 (50), S. 1890–1891

Schweizerische Gesellschaft für Gerontologie SGG, Schweizerische Fachgesellschaft für Geriatrie SFGG, Schweizerische Gesellschaft für Alterspsychiatrie und -psychotherapie SGAP: Suizidbeihilfe für alte Menschen – Positionspapier 2014

Schweizerischer Nationalfonds: Lebensende. Nationales Forschungsprogramm NFP 67, Synthesebericht. Bern 2017

Steck, N.; Zwahlen, M.; Egger, M.: Time-trends in assisted and unassisted suicides completed with different methods: Swiss National Cohort. In: Swiss Medical Weekly 2015/145

Steck, N.; Egger, M.; Zwahlen, M.: Assisted and unassisted suicide in men and women: longitudinal study of the Swiss population. In: The British Journal of Psychiatry 2016/208, S. 484–490

Steck, N. et al.: Suicide assisted by right-to-die associations: a population based cohort study. In: Interanational Journal of Epidemiology 2014/43, S. 614–622

Stiftung für Konsumentenschutz: Merkblatt für Arzt- und Spitalbesuche. «Überbehandlung vermeiden – Zweitmeinung einholen» 2015

Swiss Medical Board: Stellenwert des PSA-Wertes bei der Früherkennung des Prostatakarzinoms. Bericht Oktober 2011

Thema im Fokus: Gemeinsam zum Entscheid. Arzt und Patient auf Augenhöhe. Dialog Ethik, Zürich 2015/120

Thema im Fokus: Überbehandlung von Patienten. Dialog Ethik, Zürich 2014/116

Thema im Fokus: «Going to Switzerland» – Hilfe zur Selbsttötung in der Schweiz. Dialog Ethik, Zürich 2015/119

Thema im Fokus: Demenz – über Stigmatisierung, Ängste und die Sorge umeinander. Dialog Ethik, Zürich 2016/125

Thema im Fokus: Care-Arbeit von Angehörigen. Dialog Ethik, Zürich 2014/117

Tolstoi, Leo. N.: Der Tod des Iwan Iljitsch. Aus dem Russischen von Gisela Drohla. Insel Verlag, Frankfurt a. M. 1985

Tugendhat, Ernst: Über den Tod. Suhrkamp, Berlin 2006

Udell, J.A. et al.: Living alone and cardiovascular risk in outpatients at risk of or with atherothrombosis. In: Internal Medicine 2012/172, S. 1086–1095

Vail, K.E. et al.: When death ist good for life: considering the positive trajectories of terror management. In: Personality and Social Psychology Review 2012/4

Verbindung der Schweizer Ärztinnen und Ärzte: Standesordnung FMH. www.fmh.ch/files/pdf16/Standesordnung_20150829_D.pdf

Von Randow, Gero: Wir Genesungs-Gläubigen. In: Die Zeit, 23.3.2016, S. 29

Wagner, Birgit: Komplizierte Trauer: Grundlagen, Diagnostik und Therapie. Springer-Verlag Berlin 2013

Wagner, B.; Müller, J.; Maercker, A.: Death by request in Switzerland: posttraumatic stress disorder and complicated grief after witnessing assisted suicide. In: European Psychiatry 2011, S. 1–5

Wahl, H.-W.; Schmitt, M.; Kruse, A.: Interdisziplinäre Längsschnittstudie des Erwachsenenalters (ILSE). Bundesministerium für Familien, Senioren, Frauen und Jugend, Berlin 2008

Ware, Bronnie: 5 Dinge, die Sterbende am meisten bereuen. 6. Auflage, Arkana, München 2013

Weeks, J. et al.: Patients› expectations about effects of chemotherapy for advanced cancer. In: The New Enland Journal of Medicine 2012/367, S. 1616–1625

Wegwarth, O.; Gigerenzer, G.: Overdiagnosis and Overtreatment: Evaluation of what physicians tell their patients about screening harms. In: JAMA Internal Medicine 2013/173 (22), S. 2086–2087

Wilkinson, R.; Marmot, M.: Soziale Determinanten von Gesundheit. Die Fakten. Weltgesundheitsorganisation 2004, zweite Ausgabe. www.euro.who.int/_data/assets/pdf_file/0008/98441/e81384g.pdf

Wils, Jean-Pierre: ars moriendi. Über das Sterben. Insel Verlag, Frankfurt a.M. und Leipzig 2007

Wils, J.-P.; Baumann-Hölzle, R.: Sinn und Zukunft des Gesundheitswesens. Wege aus der Vertrauenskrise. Schulthess, Zürich 2013

Wright, A. A.; Zhang, B.; Keating, N.L.; Weeks, J.C.; Prigerson, H.G.: Associations between palliative chemotherapy and adult cancer patients' end of life care and place of death: prospective cohort study. In: Britisch Medical Journal 2014 (348)